Der Autor wurde 1950 in Er‍ Weimar Bauingenieurwesen un mit der Promotion ab. Danach w.. .... den Ruhestand im Jahr 2015 in einem Erfurter Planungsbüro tätig.
Seit mehr als 40 Jahren beschäftigt sich der Autor mit romanischer und vorromanischer Kunst sowie mit der Geschichte des frühen Kirchenbaus vom frühchristlichen Kirchenbau bis zum Kirchenbau des 13. Jahrhunderts.

Veröffentlichungen des Autors zum Thema:

"Frühe Kirchenbauten in Mitteldeutschland. Alternative Rekonstruktionen der Baugeschichten"
2. überarbeitete und ergänzte Auflage
Im Anhang: *Frühe Geschichte Mitteldeutschlands - Versuch einer Rekonstruktion*
2019, 302 S., BoD-Books on Demand, Norderstedt
ISBN: 9783749454624

"Der frühchristliche Kirchenbau - das Produkt eines Chronologiefehlers. Versuch einer Neueinordnung mit Hilfe der HEINSOHN-These"
Im Anhang u. a. *Exkurs: Die Erschaffung der karolingischen und ottonischen Baukunst*
2017, 280 S., BoD - Books on Demand, Norderstedt
ISBN: 9783848256686

"Das Heilige Grab in Gernrode - alles klar, oder? Eine alternative Baugeschichte"
Im Anhang *Exkurs: Die "Reliquienkammer" in der Ostkrypta der Stiftskirche in Gernrode*
2018, 60 S., BoD-Books on Demand, Norderstedt
ISBN: 9783746097381

"Die ottonischen Kirchen St. Servatii, St. Wiperti und St. Marien in Quedlinburg. Eine notwendige Revision"
2018, 104 S., BoD-Books on Demand, Norderstedt
ISBN: 9783752824902

"Frühe Kirchenbauten in Deutschland - alle zu früh datiert.
Kirchenbau ohne Karolinger, Ottonen, Salier, Staufer"
Im Anhang: *Exkurs: Schweizer Beispiele*
2019, 284 S., BoD - Books on Demand, Norderstedt
ISBN: 9783749483129

"Frühe Kirchenbauten in Frankreich. Alternative
Rekonstruktionen der Baugeschichten"
Im Anhang: *Frühe Kirchenbauten in Deutschland und in der
Schweiz - eine Nachlese*
2020, 204 S., BoD - Books on Demand, Norderstedt
ISBN: 9783750436848

"Frühe Kirchenbauten in Italien. Alternative Rekonstruktionen
der Baugeschichten"
2020, 308 S., BoD - Books on Demand, Norderstedt
ISBN: 9783751934053

Michael Meisegeier

Frühe Kirchenbauten in England, Schottland und Irland

Alternative Rekonstruktionen der Baugeschichten

Herstellung und Verlag: BoD – Books on Demand, Norderstedt.
ISBN: 9783752689587

Inhaltsverzeichnis

Inhaltsverzeichnis 5

Vorbemerkungen 7

Chronologisches Wirrwarr 9

Frühmittelalterliche Schriftleere und deren "Reparatur" 14

Frühgeschichte Englands 20

Die Kirche 25

Die Kirche in England 30

Schottland und Irland 33

Frühe Kirchenbauten in England alle fehldatiert 40

Traditionelle Datierungen 43

Ausgewählte Kirchenbauten 44

England 44
    Barton-upon-Humber, St. Peter.............................44
    Bosham, Holy Trinity Church (Dreifaltigkeitskirche)..58
    Bradford-on-Avon, St. Laurence..............................62
    Bradwell-on-Sea, St. Peter-on-the-Wall 65
    Brixworth, All Saints' Church (Allerheiligenkirche) 71
    Canterbury, St. Martin, St. Pancras, St. Augustine's
    Abbey und die Kathedrale Christ Church 78
    Durham, Kathedrale (Cathedral Church of Christ,
    Blessed Mary the Virgin and St Cuthbert of Durham)99
    Earls Barton, All Saints (Allerheiligenkirche) 110
    Escomb Church 116

Hexham, St. Andreas und Ripon, St. Peter und
St. Wilfrid............ 118
Monkwearmouth und Jarrow, Doppelkloster St. Peter
und Paul........... 137
Lindisfarne Abbey.............. 149
Reculver, St. Mary.............. 156
Winchester, Kathedrale of the Holy and Indivisible
Trinity (der Heiligen und Unteilbaren Dreieinigkeit) 162
Wing, All Saints Church (Allerheiligenkirche)......... 170

Schottland............ 174
  Dalmeny, Dalmeny Kirk (St. Cuthbert's Parish
  Church)........... 174
  Dunfermline Abbey.......... 177
  Dunkeld Cathedral............ 184
  Edinburgh, St Margaret's Chapel........... 188
  Inchcolm........... 191
  Iona Abbey.......... 196
  Jedburgh Abbey, Augustinerabtei St. Maria......... 202
  Kelso Abbey.......... 207
  Whithorn............ 211

Irland.......... 221
  Glendalough, Clonmacnoise, Inis Cealtra (Holy
  Island), Durrow, Kells, Monasterboice, Nendrum -
  Frühmittelalterliche Klostersiedlungen in Irland...... 221
  Ardfert, St Brendan.......... 241
  Ardmore, St Declan's Church............ 244
  Clonfert, Kathedrale St Brendan.......... 248
  Mellifont Abbey, Zisterzienserabtei...... 251

Literaturverzeichnis:......... 255

Vorbemerkungen

Nachdem ich mich mit den frühen Kirchenbauten in Deutschland, Frankreich, der Schweiz und Italien befasst hatte, war ich neugierig, wie sich die Situation diesbezüglich in Großbritannien und Irland darstellt. Der frühe Kirchenbau in England, Schottland und Irland war mir vorher nur lückenhaft bekannt. Auch hatte es sich leider für mich bisher noch nicht ergeben, wenigstens die wichtigsten Denkmäler persönlich zu besuchen, obgleich der Erkenntnisgewinn anlässlich einer kurzen, touristischen Besichtigung nicht überbewertet werden darf. (Das Internet mit seinen verfügbaren Informationen und einer Unmenge von Fotos war bei der Recherche ein fast vollwertiger Ersatz.)

Die traditionelle englische Frühgeschichte nach dem Abzug der Römer um 410: Die sächsische Eroberung, die angelsächsischen Kleinkönigreiche, die Wikinger, die dänische Herrschaft, die Entstehung des Königreichs England unter Alfred den Großen, die normannische Herrschaft und die Herrschaft des Hauses Anjou-Plantagenet, etc. Die Eroberung der Herrschaft über England durch die Normannen unter Wilhelm dem Eroberer 1066 wird wie ein Wendepunkt in der Geschichte (und Kunstgeschichte) Englands gesehen.

Demgegenüber weist ARNDT [109ff] nach, dass die englische Geschichte bis in das 16. Jh. konstruiert ist. Wie schon in Deutschland und Frankreich sind auch in England die Königsnamen und Herrscherzeiten und -dynastien eindeutig konstruiert. ARNDT verweist auf JOHNSON, der bereits um die Jahrhundertwende zum 20. Jh. zu dem Schluss kommt, dass die englische Geschichte bis Heinrich VIII. (1491-1547) gefälscht sein muss [ARNDT, 113]. Nach JOHNSON sind alle Schriften, die dieser Zeit zugeordnet werden, wie z. B. die *Historia* Bedas, im 16. Jh. entstanden.

Leider konnte ARNDT nur den Fakt feststellen, dass die englische Geschichte konstruiert ist. Der Ablauf der wirklichen Ereignisgeschichte bleibt bei ihm offen.

Eine Erklärung für das von ARNDT festgestellte Phänomen habe ich mit meiner These versucht, dass es im Zeitraum von etwa 600 bis in das 12. Jh. keine zeitgenössischen Schriftquellen gibt und die Ereignisgeschichte nachträglich ab dem 12. Jh. bzw. später konstruiert ist. Angeblich zeitgenössische Schriftquellen (Urkunden, Chroniken, etc.) des o. a. Zeitraumes sind m. E. sämtlich Fälschungen bzw. Pseudepigraphen, d. h. Falschzuschreibungen. Meine These habe ich in meinem Buch zu den frühen Kirchenbauten in Mitteldeutschland [MEISEGEIER 2019-1, 14ff] erstmals vorgestellt. Die Gültigkeit der o. a. These habe ich nicht nur für Deutschland, sondern auch für Frankreich und Italien erklärt. Sie trifft zweifellos auch für England zu.

In diesem Zusammenhang beziehe ich mich ebenso auf die These von HEINSOHN, nach der in der traditionellen Chronologie des ersten Jahrtausends 700 überzählige Jahre enthalten sind. Die HEINSOHN-These, wonach das hohe Mittelalter unmittelbar auf die römische Antike folgt, liefert sozusagen den Ausgangssituation für die von mir aufgestellte These.

Dass die Architektur- und Kunstgeschichte ausnahmslos der traditionellen Geschichte folgt, ist offensichtlich. Gibt es eine Geschichte, so weisen die Kunsthistoriker ihr auch eine Kunstgeschichte zu, auch wenn diese Zuweisung oft ziemlich problematisch ist.
Was passiert jedoch, wenn sich herausstellt, dass die traditionelle Geschichte falsch ist?

Chronologisches Wirrwarr

Es scheint unter den Historikers weitgehend Konsens zu herrschen über die Ereignisgeschichte des Früh- und Hochmittelalters in Europa. Für grundlegende Zweifel ist da eigentlich kein Raum. Für eine kleine, jedoch nur kurz andauernde Erschütterung sorgte ca. 1990 ILLIG mit seiner Phantomzeitthese, nach der er die Zeit von 614 bis 911 als Phantomzeit ansieht und ersatzlos streicht und damit Karl den Großen und seine Zeit in das Reich der Märchen verbannt. Reale Bauten, die traditionell dieser Zeit zugeordnet werden, datiert er entweder vor 614 bzw. nach 911. Nach einem kurzen medialen Hofieren im TV folgte ein Shitstorm von der Fachwelt wie von Laien und danach ein völliges Ignorieren (Totschweigen) seiner offenbar unbequemen These, womit man glaubt, diese damit aus der Welt zu schaffen. ILLIG vertritt bis heute seine These. Für meine Begriffe greift jedoch ILLIGs These zu kurz.

Seit etwa 2013 wird die von Gunnar HEINSOHN erarbeitete These der radikalen Verkürzung der traditionellen Chronologie des ersten Jahrtausends auf ca. 300 Jahre in einem begrenzten Personenkreis diskutiert. Wohlweislich vermied HEINSOHN bisher den großen Auftritt, um nicht ähnlich wie ILLIG zu enden.
Ich möchte an dieser Stelle nur kurz auf die HEINSOHN-These eingehen, die ich prinzipiell für zutreffend erachte. Das habe ich bereits in meinen früheren Veröffentlichungen getan, z. B. [MEISEGEIER 2017, 12ff] und [MEISEGEIER 2019-1, 252ff].
HEINSOHN, der seine These vorwiegend stratigraphisch begründet, sieht die Zeitabschnitte der Jahre 1 - 230 in Westrom und 290 - 520 in Ostrom bzw. Byzanz sowie Anfang 8. Jh. - 930 im Norden und Nordosten zeitgleich. Er sieht jeweils am Ende dieser Zeitabschnitte, d. h. um 230 in Westrom, um 520 in Byzanz und um 930 im Norden/Nordosten eine größere Naturkatastrophe, die derzeit

als drei einzelne Katastrophen erscheinen, die jedoch für ihn eine globale Naturkatastrophe darstellen. HEINSOHN gibt auf der Webseite "www.q-mag.org/gunnar-heinsohns-latest.html" unter dem Artikel "The Creation of the First Millenium" eine Kurzvorstellung seiner Hauptthesen. Weiterhin ist eine 70-seitige englische Kurzfassung des rund 700-seitigen deutschen Manuskriptblocks von WIE LANGE WÄHRTE DAS ERSTE JAHRTAUSEND? unter http://www.q-mag.org/gunnar-heinsohn-the-stratigraphy-of-rome-benchmark-for-the-chronology-of-the-first-millennium-ce.html zu finden.

Wie bereits angeführt setzt die HEINSOHN-These die weströmische Antike (0-230), die byzantinische Spätantike (290-520) und unser Frühmittelalter (700-930) zeitgleich. Es resultiert daraus zwangsläufig auch folgende chronologische Beziehung 230 = 520 = 930. Das wäre auch das Jahr der von HEINSOHN gesehenen globalen Naturkatastrophe.

Die letzte Konsequenz aus der HEINSOHN-These ist, dass die Zeit von ca. 230 bis ca. 930 nicht existent ist, also eine ca. 700 Jahre während Phantomzeit. Die Chronologie des ersten Jahrtausends verkürzt sich damit auf ganze 300 Jahre.

Zur Entstehung dieses Chronologiephänomens hier nur so viel dazu: Anscheinend gab es im ersten Jahrtausend zwei Veränderungen in der Chronologie der Ereignisgeschichte. (Diese Überlegung, die ich noch heute für zutreffend erachte, stammt ursprünglich von BEAUFORT im Zusammenhang mit der Diskussion der HEINSOHN-These.)

Eine erste mit der allgemein bekannten, mit dem Namen Dionysius Exiguus verbundenen Einführung der Zeitrechnung nach Christi Geburt unter Justinian I. im 6. Jh., bei der wahrscheinlich die weströmische Antike gegenüber der Spätantike um 284 Jahre in die Vergangenheit verschoben wurde. Etwa ein Jahrhundert später erfolgte eine nochmalige Korrektur des Zeitpunktes der Geburt Christi. Byzanz wähnte sich nicht im 7. Jh. n. Chr., sondern bereits im 11. Jh. n. Chr., womit eine weitere Verschiebung der gesamten bisherigen Ereignisgeschichte in die Vergangenheit um 418 Jahre stattfand. Initiator kann nur das byzantinische Kaiserhaus gewesen sein. Diese zweite Verschiebung blieb offenbar nach außen unbemerkt, genauso ist ihr Motiv unbekannt (Byzanz hatte sicher kein Interesse daran, diese Verschiebung wem auch immer bekannt zu machen. Wer hätte sie sonst publik machen können?). Mit dieser zweiten Verschiebung entstand unsere aktuelle Zeitrechnung nach u. Z., die nach meiner Auffassung jedoch erst mit den Kreuzzügen nach Europa kam, also frühestens im 12. Jh., und die erst in der Folgezeit sukzessive übernommen wurde.

Durch diese Verschiebungen sind in der heutigen Chronologie Leerjahre oder Phantomjahre entstanden, d. h. Jahre ohne reale Ereignisgeschichte. Das sind einmal die 284 Jahre vor 525 (Dionysius Exiguus) und die 418 Jahre vor Mitte des 11. Jh. Diese wurden nachträglich vielleicht erst im Zusammenhang mit der Schaffung der Chronologie im 16. Jh. mit "Geschichte" gefüllt. Die erste mit der realen Geschichte des spätantiken Byzanz, die jetzt um 284 Jahre zu Westrom versetzt erscheint, und die zweite mit frei erfundener Geschichte, sowohl in Byzanz als auch in Mittel- und Westeuropa.

Die Ereignisgeschichte der weströmischen Antike bis ca. 230/40 und der Spätantike bis ca. 600 ist anscheinend in zeitgenössischen Quellen einigermaßen glaubhaft überliefert. Die Quellenlage für die weströmische Antike und die Spätantike lässt sicher kein pauschales Verwerfen der Ereignisgeschichte zu. Sie bleibt von mir im Prinzip unberührt. Die Zeitgleichheit von Antike, Spätantike und Frühmittelalter erfordert jedoch zum Verständnis der Ereignisgeschichte eine Vereinbarung zur Korrektur der Datierung.
Hilfsweise kann man sich vorstellen, dass im antiken Westrom, in Byzanz und im Norden/Nordosten (West- und Mitteleuropa) unterschiedliche, zueinander versetzte Zeitrechnungen bzw. Datierungen existierten.
Ich belasse die weströmisch-antike Datierung bis ca. 230/40 n. Chr. unverändert in der Chronologie und setze diese fort mit dem Jahr 940 u. Z. Die dazwischen liegende Zeit von ca. 700 Jahren sehe ich als Leerzeit oder Phantomzeit. Die reale

spätantike Ereignisgeschichte (von Diokletian bis Maurikios bzw. Phokas?) ordne ich der Zeit vor 230/40 bzw. der Zeit nach 940 zu, wobei ich für die Trennung das Jahr ca. 520 (wegen 230/40 = 520) gewählt habe. Das Frühmittelalter von ca. 700 bis 940, das eigentlich parallel zur Antike stattfand, lasse ich ganz außen vor, da ich die überlieferte Ereignisgeschichte dieser Zeit für nicht real, d. h. erfunden halte, womit keine Ereignisgeschichte zuzuordnen ist. Aus der HEINSOHN-These folgt unausweichlich, dass chronologisch auf die römische Antike unmittelbar das Mittelalter folgt.

Insbesondere für die Geschichte Deutschlands und Frankreichs ist darüber hinaus zu beachten, dass die spätantike Datierung von den mit Justinian I. zeitgleich im Frankenreich herrschenden Merowingern übernommen wurde. Die Merowinger datierten bis zu ihrem Ende spätantik. Von der zweiten Verschiebung blieben sie jedoch unberührt, da ihre Herrschaft vorher endete.

Im ehemals merowingischen Herrschaftsgebiet kam es stellenweise durch die Fortführung der spätantiken Datierung zu einer Überschneidung mit der Datierung nach u. Z. (A. D.), wobei die traditionelle Forschung auch die spätantike Datierung als A.D.-Datierung missverstand bzw. noch missversteht.

Damit haben wir den Umstand zu konstatieren, dass in Mittel- und Westeuropa alle drei Datierungen, d. h. die antike weströmische durch die Römer in Gallien und Germanien, die spätantike durch die Merowinger und natürlich die Datierung nach u. Z. vorkommen. Damit kommen die Historiker bis heute nicht klar.

Nun ergibt sich zwangsläufig die Frage, wie die Ereignisgeschichte im Norden und Nordosten, wozu das Gebiet des heutigen Deutschland gehört, bis 930 verlief? Die nächste Frage, wie die Geschichte danach?

HEINSOHN sieht die Richtigkeit der überlieferten Ereignisgeschichte auch für das Frühmittelalter. Für ihn gehört die überlieferte Geschichte mit den Karolingern und frühen Ottonen, d. h. die Zeit von 700 bis 930, die in der Antike (0-230), wenn auch nicht ganz 1:1.

Die das frühmittelalterliche 8. und 9. Jh. bevölkernden Karolinger werden damit für ihn Zeitgenossen der römischen Antike. Die überlieferte Karolingergeschichte einschließlich Karl den Großen sieht er als "plausibel" an. Dass wir die karolingischen Bauten noch nicht gefunden haben, soll seiner Meinung daran liegen, dass bisher nicht in der Antike gesucht wurde.

Wenn auch außerhalb seiner These, hält er die überlieferte Ereignisgeschichte ab 930 (Ottonen, Salier und Staufer) für i. W. zutreffend.

BEAUFORT, der HEINSOHN im Prinzip folgt, formuliert in seinem Aufsatz "Wer waren die Karolinger?" (2014): "Aus Sicht der Heinsohnthese ist anzunehmen, dass die rheinfränkischen Herrscher als Karolinger zu identifizieren sind." Ihre Herkunft sieht er in Herstal/Jupille nördöstlich von Lüttich gelegen. Jupille, heute ein Ortsteil von Herstal, ist der Legende nach der Geburtsort von Pippin dem Kurzen und Karl dem Großen.

Durch die HEINSOHN-These kommt die Herrschaft der Merowinger, nach Korrektur der spätantiken Datierung in u. Z., in das 10./11. Jh. Die Herrschaft der Merowinger endete mit dem Tod König Dagoberts I. im Jahr 639 = 1057 (Dagobert I. war der letzte wirkliche Merowingerkönig. Die Könige nach ihm sind fiktiv. Nach einem Vorschlag von BEAUFORT, dem ich folge). Da bleibt kein Platz mehr für irgendwelche Karolinger und Ottonen.

ARNDT zeigt zwar auf, dass die gesamte Geschichte von 768 bis 1493 konstruiert ist, lässt sich jedoch nicht darüber aus, wie es zu diesem Konstrukt kam und wie die reale Geschichte verlaufen ist bzw. sein könnte.

Nach meiner Auffassung irren bzgl. der wahren Ereignisgeschichte des Frühmittelalters sowohl HEINSOHN als auch BEAUFORT. Ich halte die überlieferte Ereignisgeschichte des Frühmittelalters als auch die des anschließenden Hochmittelalters für ein Konstrukt, d. h. i. W. für frei erfunden.

13

Ich arbeite im Weiteren aus rein praktischen Gründen konsequent mit den Katastrophenjahren 238, 522 und 940 und den Differenzjahren der spätantiken Datierung zur weströmisch-antiken Datierung von -284 Jahren bzw. zur heutigen Datierung nach u. Z. von +418 Jahren, auch wenn andere Autoren, die mit der HEINSOHN-These arbeiten, geringfügig abweichende Jahreszahlen für die Katastrophenjahre und die Differenzjahre verwenden. Für mein spezielles Anliegen spielt die jahrgenaue Datierung eine untergeordnete Rolle.

Frühmittelalterliche Schriftleere und deren "Reparatur"

In [MEISEGEIER 2019-1, 14ff] habe ich die folgende These formuliert:
Alle Schriftquellen, wie Chroniken, Urkunden, etc., die unseren mitteleuropäischen Bereich betreffen und von denen die Forschung ausgeht, dass sie im Zeitraum von ca. 600 bis dem 12. Jh. verfasst sind, sind im Wesentlichen Fälschungen ab dem 12. Jh., also nachträglich verfasst und rückdatiert. Der Fälschungsumfang dürfte auch noch die meisten Quellen des 12. Jh. betreffen und möglicherweise noch darüber hinaus. Betroffen sind auf jeden Fall alle karolingischen und alle ottonischen Quellen, aber eben auch die dem 11. Jh. zugeschriebenen Quellen sowie auch spätere. D. h., alle auf uns überkommenen, sogenannten zeitgenössischen Schriftquellen des frühen und hohen Mittelalters sind Pseudepigraphen, d. h. Falschzuschreibungen, oder Fälschungen.

Der Grund ist nach meiner Meinung der zeitweilige Verlust der Schriftkultur nach dem Untergang des Weströmischen Reiches, wobei außerhalb des ehemaligen römischen Herrschaftsbereichs, z. B. im Osten Deutschlands, eine solche sowieso nie bestand.

Frühestens ab dem fortgeschrittenen 12. Jh., eher sogar später, begann man "Geschichte" rückwirkend zu schaffen. Zentren der "Geschichtsschreibung" und der Fälschungen waren die im Schreiben geübten Klöster, sozusagen eine neue Arbeitsbeschaffungsmaßnahme und Geschäftsmodell für Mönche und Nonnen bzw. der den Klöstern vorstehenden Äbte und Äbtissinnen. Verschiedene Klöster taten sich dabei besonders hervor, wie St. Denis und Corvey. Es kam zu einem massenhaften Fälschen von Urkunden und anderen Dokumenten, i. d. R. zum nachträglichen Nachweis von vorhandenen Besitz und alten Rechten.

Mit Pseudepigraphen wie Alkuin, Einhard als angeblicher Nachfolger als Leiter der Hofschule Karls des Großen mit seiner *Vita Karoli Magni*, Widukind, Thietmar etc. wurde Geschichtsschreibung "nachgeholt".

Die in den angeblich "zeitgenössischen Geschichtswerken" vermittelte Ereignisgeschichte war weitestgehend frei erfunden.

Es wurde die scheinbar 418 Jahre dauernde geschichtslose Zeit zwischen den Merowingern des 6./7. Jh. und der damaligen Gegenwart mit konstruierter Geschichte gefüllt.

Nach meiner Auffassung überlagerten sich hier zwei Phänomene. Zum einen die Verschiebung der Zeitrechnung zwischen den spätantik datierenden Merowingern und u. Z. und zum anderen die völlige Abwesenheit von Schriftzeugnissen zwischen dem Ende der Merowinger und dem späten 12. Jh.

Dass zwischen dem Ende der Merowingerzeit im Jahr 1057 und dem 12. Jh. in Wirklichkeit nur ca. 100 Jahre lagen, war den Verfassern der "Geschichtswerke" zum Zeitpunkt der Abfassung vermutlich nicht bewusst.

Der früh- und hochmittelalterliche Abschnitt der konstruierten Geschichte reicht nach ARNDT von 768 (Besteigen des Königsthrons durch Karl den Großen) bis 1313 (Tod Heinrich VII.). Er wurde mit den konstruierten Herrscherdynastien der Karolinger, Ottonen, Salier und Staufer aufgefüllt. Der Anschluss nach unten an die Realgeschichte der Merowinger, deren Ende mit König

Dagobert I. († 639 = 1057 u.Z.) markiert ist, wurde durch eine Verlängerung der Merowingerherrschaft mit weitgehend herrschaftsunfähigen Merowingerkönigen bis 768 hergestellt.

Die Fortführung des Systems nach 1313 bis 1493 ist im Zusammenhang mit dem gewählten Thema nicht relevant.

Mit der Schaffung der Chronologie im 16. Jh. wurde die erfundene "Geschichte" fest in die Chronologie integriert. Möglicherweise gehören diese Vorgänge auch zusammen. Das heißt konkret: Es gibt keine Realgeschichte der Karolinger, der Ottonen, der Salier und der Staufer, und damit kann es auch keinen karolingischen, ottonischen, salischen bzw. staufischen Kirchenbau gegeben haben.

Und damit hat ARNDT natürlich recht, indem er auf seiner Webseite formuliert: "Karl der Große, Otto der Große und Friedrich Barbarossa - alles nur Märchen wie Rotkäppchen und König Drosselbart!" [https://www.historyhacking.de/geschichtsanalytik/mediävistik/]
Bei den Ottonen sieht es ähnlich aus. Für die Zeit der Ottonen gibt es eine, wenn auch relativ geringe Anzahl an Schriftquellen, in denen die Orte oder auch die Bauten selbst erwähnt werden. Das sind insbesondere die Chroniken zur Ottonengeschichte wie z. B. die Sachsenchronik von Widukind, die Chronik des Thietmar von Merseburg sowie *Gesta Oddonis* der Hrotsvith von Gandersheim. Sie gelten der etablierten Wissenschaft als zeitgenössische Quellen und haben für sie einen absoluten Wahrheitswert.

Merkwürdig ist nur, dass verschiedene, dort berichtete Ereignisse mit den archäologischen Untersuchungs- ergebnissen nicht in Einklang zu bringen sind. Anzuführen ist hier die vergebliche Suche nach dem Grab Heinrichs I. in Quedlinburg oder die vergebliche Suche nach dem Moritzkloster und der ottonischen Pfalz in Magdeburg oder die vergebliche Suche nach der ersten Marienkirche in Memleben, in der Otto I. aufgebahrt gewesen sein soll, sowie der dortigen ottonischen Pfalz. Genauso wie für Quedlinburg zahlreiche

Besuche der späteren Ottonen - insbesondere immer zu den Osterfeierlichkeiten schriftlich „bezeugt" sind, weswegen Quedlinburg als „wichtigste Pfalz der ersten Liudolfinger", als Osterpfalz angesehen wird, obwohl dort die baulichen Voraussetzungen vor der Jahrtausendwende gar nicht vorhanden waren.

Berichten die vermeintlich zeitgenössischen Quellen doch nicht die Wahrheit? Betreffend Widukind ist es nach FAUßNER [ANWANDER zu FAUßNER 23f] erwiesen, dass die Sachsenchronik eine Fälschung des 12. Jh. durch Wibald (1098-1158), Abt von Stablo und Corvey, ist. Nach FRANZ ist neben der Sachsenchronik Widukinds auch die Chronik Thietmars zweifelsfrei durch Wibald im 12. Jh. geschaffen worden. Sowohl die Sachsenchronik als auch die Chronik Thietmars dienten Wibald dazu, "seinen Urkundenreihen einen Halt, einen geschichtlichen Kontext zu verleihen." [FRANZ, 239]
So sind von den schon nicht sehr zahlreichen so genannten zeitgenössischen Quellen zwei weitere für unsere Kenntnis der Ottonenzeit als solche ausgefallen. Von FAUßNER sind schon Werke wie die *Gesta Oddonis* der Hrotsvith von Gandersheim, die *Vita brunonis* von Ruotger, das *Ottonianum* von Heinrich II. und andere als Werke Wibalds benannt worden [ILLIG 2007, 410]. Und es gab nicht nur die Fälscherwerkstatt Wibalds.

Die damals konstruierte Geschichte ist bis heute Gegenstand ernsthafter Forschung der Historiker.

Bei der Aufstellung meiner o. a. These hatte ich zunächst Mitteleuropa, d. h. das Gebiet des ehemaligen Ostfrankenreichs im Sinn.
Im Zusammenhang mit der späteren Bearbeitung der frühen Kirchenbauten in Frankreich und Italien habe ich die Gültigkeit meiner These der fehlenden zeitgenössischen Schriftquellen und die Erfindung von Geschichte auch für Frankreich und Italien erklärt.

Wie sieht es in England diesbezüglich aus?
Die traditionelle Geschichtsschreibung Englands beruft sich auf verschiedene angeblich zeitgenössische Schriften, z. B.: Die *Historia Brittonum* soll im frühen 9. Jh. von einem Mönch aufgeschrieben worden sein. "Nennius' *Geschichte der Brittonen* gehört zu den wichtigsten Quellen der Kolonisierung Britanniens durch die Angeln und Sachsen." [NENNIUS, Rückentext] Verfasserschaft, Datierung und historische Glaubwürdigkeit sind unklar [ebd., 8]. Zum ersten Mal in der lateinischen Literatur taucht hier der berühmte Sagenheld Arthur auf, aber auch andere bekannte Sagengestalten und sagenhafte Handlungen. Vierzig Handschriften vom 10. bis zum 16. Jh. mit starken Überarbeitungen sind überliefert. [ebd., 7f]

Für die angelsächsische Periode Englands ist die Angelsächsische Chronik neben der *Historia ecclesiastica gentis Anglorum* (Kirchengeschichte des englischen Volkes) des Beda Venerabilis eine der wichtigsten Geschichtsquellen. Die sog. Angelsächsische Chronik ist eine Sammlung von frühmittelalterlichen Annalen aus dem angelsächsischen England ist. Eine erste Version soll "vermutlich in den frühen 890er Jahren am Hof von König Alfred dem Großen von Wessex" entstanden sein. [Wikipedia].
"Die Einträge in den Annalen wurden ab dem Ende des 9. Jahrhunderts regelmäßig ergänzt und in einem Manuskript sogar über die normannische Eroberung Englands 1066 hinaus fortgesetzt (*Peterborough Chronicle*, bis 1154). Unter Verwendung älterer, heute meist verlorener Texte wurden auch frühere Ereignisse, bis zurück in die römische Zeit, in die Angelsächsische Chronik hinzugefügt." [ebd.]
Dieses "Werk" ist zweifelsfrei ein späteres Konstrukt, was allein die Datierung der ersten Version in das 9. Jh., also in die Zeit der zweiten Chronologieverschiebung, nahelegt.

Die *Historia ecclesiastica gentis Anglorum* von Beda Venerabilis, der angeblich von 672/73 bis 735 lebte, ist darüber hinaus im Prinzip die einzige Schriftquelle zur frühen Kirchengeschichte Englands. Beda Venerabilis soll damals zum ersten Mal die Jahreszählung nach Christi Geburt des Dionysius Exiguus verwendet haben, die die erste Verlängerung der Chronologie enthielt, welche nach BEAUFORT auf Justinian zurückgeht. Nach JOHNSON ist Beda ein Pseudepigraph, d. h. eine Falschzuschreibung. Schon ILLIG stellte zu Beda fest: "Vielmehr dürften wesentliche Schriften von ihm ins 12. Jahrhundert gehören, so daß der Begriff Pseudo-Beda angebracht wäre. Aber diese Bezeichnung ist bereits vergeben, kennt man doch weitere Schriften, die unter seinem Namen in Umlauf gesetzt worden sind ..." [ILLIG 2001, 127].

Ich halte alle diese sog. zeitgenössischen Schriftquellen für spätere Fälschungen bzw. Pseudepigraphen. Sie bieten ausschließlich erfundene Geschichte.
In der Endkonsequenz gibt es auch in England (einschließlich Schottland und Irland) keine zeitgenössischen Schriftquellen vom Abzug der römischen Truppen bis in das hohe, vielleicht späte Mittelalter. Es gibt also ein Quellenvakuum von vermutlich mehr als 800 Jahre, wovon natürlich 418 Jahre, resultierend aus der zweiten Verschiebung, sowieso fiktiv sind. Trotzdem wurde die gesamte "Lücke" von 800 und mehr Jahren mit "Geschichte" gefüllt.
In Wirklichkeit wissen wir nichts über die Ereignisgeschichte dieser Zeit.

Streng genommen muss ich meine o. a. These für das in diesem Buch behandelte Gebiet Großbritanniens und Irlands etwas anpassen, da meine ursprüngliche untere Grenze "ca. 600" aufgrund der Merowinger gewählt wurde, bei denen die Schriftkultur noch nicht völlig außer Gebrauch kam.
Da die Merowinger in der Geschichte Englands keine Rolle spielen, entfällt diese Markierung. Vermutlich verschwand in England die Schriftkultur etwa mit dem Rückzug der römischen Truppen um 410.

Frühgeschichte Englands

Bis auf die römische Antike Englands ist die traditionelle Geschichte Englands bis ins Hochmittelalter als Konstrukt anzusehen. Damit haben wir außer Märchen und Legenden so gut wie nichts Greifbares über die früh- und hochmittelalterliche Geschichte in England. Erst im 16. Jh. scheint die englische Geschichte wieder real zu sein. Mein Versuch ist zugegebenerweise spekulativ und kann nur ein sehr grober Umriss, ein Szenario, sein, Zirkelschlüsse inklusive. Ich sehe in England eine etwa analoge Entwicklung wie in Deutschland und Frankreich.

Durch seine römische Antike mit ihrem Ende um 410 ist auch England von der HEINSOHN-These betroffen. Der Abzug der Römer um 410 ist spätantik datiert und ist entsprechend zu korrigieren. Die nach 410 in der englischen Geschichte enthaltenen Datierungen sind weder spätantike, noch frühmittelalterliche Datierungen, sondern konstruierte Datierungen ohne realen Hintergrund, d. h. in späterer Zeit erfundene Geschichte.

Das Jahr 410 ist korrigiert das Jahr 126 n. Chr. Das bedeutet, schon in der 1. Hälfte des 2. Jh. zogen, nach nicht einmal zweihundert Jahren Besetzung, die Römer ihre Truppen aus dem heutigen England ab. Zum Schutz der römischen Bevölkerung wurden Sachsen und Angeln als *foederati* ins Land gerufen.

Der Hadrianswall wurde von 122-128 n. Chr. errichtet. Die Zeitgleichheit ist sicher kein Zufall. Nach der aktuellen Forschungsmeinung diente er jedoch nicht der Verteidigung, wozu er angeblich nicht geeignet war, sondern lediglich der Kontrolle des Handels- und Personenverkehrs.

Bereits kurz vor Mitte des 2. Jh. n. Chr., also wenig später (ohne Römer), wurde weiter nördlich der sog. Antoniuswall (benannt nach Kaiser Antoninus Pius (138-161)) errichtet. Der

Antoniuswall, eine Holz-Erde-Befestigung, soll bereits Ende des 2. Jh. n. Chr. wieder aufgegeben worden sein. Im frühen 3. Jh. n. Chr. soll er noch einmal mit römischen Truppen besetzt worden sein bevor er endgültig aufgegeben wurde. Danach zog man sich angeblich zum Hadrainswall zurück. Ich sehe in dem sog. Antoniuswall keine römische Befestigungslinie, sondern eher eine Befestigung der südlich dieser Linie herrschenden Territorialherrschaften gegen die Übergriffe der Pikten und Scoten im Norden ähnlich dem mächtigen Wall zwischen Dee und Severn (Offa's Dyke) gegen die Kelten in Wales, angeblich von König Offa von Mercia (trad. 757-796) errichtet [STOLL, 12] und weiteren angeblich anglosächsischen Grenzwällen wie Wat's Dyke, Wansdyke und Devil's Dyke.

Der Abzug der Römer hatte für den britischen Althistoriker Bryan WARD-PERKINS (Trinity College Oxford), der auch als Archäologe arbeitete, einschneidende Konsequenzen, wie er in seinem Buch *Der Untergang des Römischen Reiches und das Ende der Zivilisation,* 2007 in Deutschland veröffentlicht, eindrucksvoll beschreibt:
"In vielen Fällen ist der offensichtliche Niedergang erschreckend: von einer römischen Landschaft, die dicht besiedelt und kultiviert war, zu einer nachrömischen Welt, die nur sehr verstreut bewohnt zu sein scheint." [WARD-PERKINS, 147f] WARD-PERKINS ist bezüglich einer möglicherweise dramatischen Abnahme der Bevölkerung etwas vorsichtig - mit Verweis auf die Verwendung vergänglichen Materials - und möchte aufgrund des "scheinbaren Mangels an nachrömischen Stätten" noch nicht von "einem verheerenden Bevölkerungseinbruch in nachrömischer Zeit" sprechen [ebd., 149].

"Die nachrömische Welt kehrte zu einem Niveau wirtschaftlicher Einfachheit zurück, das sogar niedriger war als das unmittelbar vorrömischer Zeit, mit wenig Bewegung von Gütern, armseligen Wohnstätten und nur elementarsten gewerblichen Erzeugnissen." [ebd., 144]

Möglicherweise spielte bei seiner Beschreibung des drastischen Niedergangs schon die ca. hundert Jahre spätere globale Naturkatastrophe im Jahr 238 n. Chr. eine entscheidende Rolle.

Vermutlich lebte die römische Bevölkerung nach dem Abzug der römischen Truppen zunächst ihr gewohntes Leben neben den neuen Herren, den Sachsen und Angeln, wenn auch wegen der sicher beeinträchtigten Infrastruktur eingeschränkt weiter.

Nach dem Untergang Westroms 476 (korrigiert 192 n. Chr.) trat anstelle Westroms Ostrom in den Förderatenvertrag ein. Die von FAUßNER erwähnte "Bestallung eines Reichsstatthalters" durch den oströmischen Kaiser Anastasius I. (491-518, korrigiert 207-234 n. Chr.) [ILLIG 2015-3, 368] dürfte zu diesem Vorgang gehören. Anastasius I. erkannte u. a. auch Chlodwig als Regent in Gallien an [https://de.wikipedia.org/wiki/Liste_der_römischen_Kaiser_der _Antike]. Nach meiner Auffassung haben die britannischen Sachsen und Angeln, im Gegensatz zu den Merowingern, die oströmische Nachfolge nicht anerkannt. So kam es in England z. B. nicht zur Übernahme der römischen Reichskirche bzw. zur Gründung einer englischen Landeskirche.

Ein gravierender Einbruch der Siedlungsentwicklung erfolgte durch die globale Naturkatastrophe im Jahr 238 n. Chr. (= um 940 u. Z.).
Die ehemals vorhandenen römischen Städte wurden in der Naturkatastrophe weitgehend zerstört und unter Schlamm begraben.
Offenbar begann nach der Katastrophe die Siedlungsentwicklung im Prinzip überall weitestgehend neu.
Dieser Neuanfang nach der Katastrophe begann vermutlich auf einem sehr viel niedrigerem Niveau als vor der Katastrophe.

Vielleicht schon zu Beginn des 11. Jh. bildeten sich erste lokale Territorialherrschaften heraus. Davon zeugen zahlreiche Herrschaftssitze. Die archäologisch nachgewiesenen Verteidigungsanlagen (Motten), die ich gegen Ende des 11. Jh. bzw. um 1100 datiere, scheinen diese Entwicklung zu belegen. Die zunehmende Konkurrenz untereinander führte sicher bald zu gewälttätigen Auseinandersetzungen und zu einer Konzentration auf einige wenige mächtige Adelsgeschlechter. Die Umnutzung der Verteidigungsanlagen zu Kirchenstandorten bzw. die Aufgabe dieser frühen Verteidigungsanlagen ab dem 12. Jh. dürften auch diese Entwicklung belegen.

Die sog. angelsächsischen Kleinkönigreiche, die Besetzung durch die dänischen Wikinger und auch die normannische Eroberung und Herrschaft sehe ich als Konstrukt. Dass die o. a. Ereignisse ein Konstrukt sind, bedeutet nicht zwingend, dass alles frei erfunden ist.
So hat bereits ILLIG in seinem Artikel zum Frühmittelalter auf den britischen Inseln ausgeführt, dass die angelsächsischen Kleinkönigreiche der Heptarchie aufgrund der zahlreichen Münzfunde nicht einfach ersatzlos gelöscht werden können, so wie es bei den Karolingern auf dem Kontinent möglich war. Als Lösung sieht ILLIG die Verschiebung der Kleinkönigreiche in die Zeit vor 614 [ILLIG 2015-3, 372].
Dieser "Lösung" von ILLIG kann ich nicht zustimmen. Ich sehe ein völlig anderes Szenario: Bei der Erfindung der angelsächsischen Kleinkönigreiche der Heptarchie wurde eine vorhandene politische Konstellation aus der Zeit der nachträglichen Erschaffung von Geschichte, vermutlich des 14./15./16. Jh., als Grundlage für eine konstruierte Ereignisgeschichte gewählt. Die aktuellen Territorialherrschaften wurden in der weit zurückliegenden Geschichte zu Kleinkönigreichen.
Mit diesem Szeanario erklärt sich deutlich leichter die Nachfolge der heutigen Grafschaften. Natürlich gehören auch die Münzfunde in die spätere Zeit. Leider kenne ich mich bei

Münzen nicht aus, so dass ich die Neueinordnung dieser einem kompetenteren Bearbeiter gern überlasse.

Ich gehe davon aus, dass diese Territorialherrschaften vielleicht bis in das späte Mittelalter relativ selbständig, d. h. ohne ein Königtum, in ihren Territorien herrschten.

Es ist sicher auch nachvollziehbar, dass es gelegentlich zu kriegerischen Auseinandersetzungen zwischen den benachbarten Territorialherrschaften zu beiden Seiten des Ärmelkanals kam. Die schmale Meerenge war sicher kein unüberwindbares Hindernis.
Die berühmte Schlacht von Hastings, die auch auf dem Teppich von Bayeux dargestellt ist, könnte eine solche Auseinandersetzung gewesen sein, die später zu einer Eroberung Englands umgedeutet wurde.. Die Normannenherrschaft über England als Resultat des möglichen Sieges der kontinentalen Angreifer (Normannen) erachte ich als Konstrukt.

Ob es auch in England zu einem Agreement zwischen den mächtigsten Territorialherrschaften gab, wie in Deutschland ("Goldene Bulle"), weiß ich nicht. Eine ähnliche Vereinbarung konnte ich in der traditionellen Geschichte Englands nicht auffinden. Die sog. Magna Charta, die angeblich 1215 unterzeichnet worden sein soll, ist m. E. eine spätere Fälschung, möglicherweise erst entstanden im Umfeld der revolutionären Auseinandersetzungen zwischen Krone und Parlament im 17. Jh.
"Als es im 17. Jahrhundert zu revolutionären Auseinandersetzungen zwischen Krone und Parlament kam, wurde sie als Dokument englischer Freiheitsrechte umgedeutet und gilt seither als das wichtigste englische Staatsgrundgesetz." [https://www.wasistwas.de/archiv-geschichte-details/die-magna-charta.html]

Wie in Deutschland und in Frankreich führte diese Entwicklung vermutlich zu einem Königtum, sozusagen zu einer ordnenden Macht, einem *primus inter pares*, um einen zerstörerischen

Konkurrenzkampf zu vermeiden. In Deutschland sehe ich Ludwig IV., den Bayer, als ersten deutschen König (1314) gesehen, in Frankreich Philipp VI. aus dem Haus Valois (1328) als ersten französischen König.

Ich vermute in Heinrich IV. (1399-1413) aus dem Haus Lancaster den ersten englischen König. Angeblich wurde der vorherige König Richard II. 1399 zur Abdankung gezwungen. Danach wurde vom Parlament Heinrich IV. die Krone zugesprochen. Die nachfolgenden Rosenkriege waren vielleicht die Auseinandersetzung um diese Königswahl zwischen dem Haus Lancaster und dem Haus York, in deren Ergebnis 1485 Heinrich VII. aus dem Haus Tudor (Erbe des Hauses Lancaster) den Thron von England einnahm.

Nach ARNDT war Heinrich II. (1154-1189) aus dem Haus Anjou-Plantagenêt, Herzog der Normandie und von Aquitanien sowie Graf von Anjou,) "der erste König mit dem Titel "König von England" (Rex Angliae)" [ARNDT, 109]. Trotzdem halte ich das Königtum des Hauses Haus Anjou-Plantagenêt für ein Konstrukt.

Die Kirche

Diesen Abschnitt habe ich aus meinem Buch über die frühen Kirchenbauten in Deutschland [MEISEGEIER 2019-2, 23ff] wörtlich übernommen. Er dient der Bekanntmachung mit meinem, von der traditionellen Forschung abweichenden Ansatz. Wer meine früheren Veröffentlichungen kennt, kann diesen Abschnitt überspringen.

Die traditionelle Forschung schreibt die Begründung der römischen Reichskirche Kaiser Theodosius I. (trad. 379-95) zu, wogegen die neuere Forschung, u. a. auch BEAUFORT, eher Justinian I. diesbezüglich als Protagonisten sieht. Ich habe ich mich der neueren Forschungsmeinung angeschlossen, wonach Kaiser Justinian I. (trad. 527-565) den

Katholizismus zur Reichsreligion erhob und die römische Reichskirche begründete. In [MEISEGEIER 2017, 9ff] habe ich dazu etwas mehr ausgeführt.

Der Katholizismus war damals eine von mehreren nebeneinander existierenden christlichen Glaubensgemeinschaften. Die korrigierten Herrscherdaten von Justinian I. sind 945-983, d. h. er herrschte im späten 10. Jh. Alle anderen christlichen Glaubensrichtungen erklärte Justinian danach für ketzerisch bzw. arianisch.

Im Prinzip gleichzeitig übernahmen sowohl das Frankenreich als auch Sachsen den Katholizismus als verbindliche Religion für ihre Herrschaftsgebiete und begründeten ihre ursprünglich vermutlich völlig eigenständigen Landeskirchen. Diese sofortige Übernahme des Katholizismus durch die Franken als auch durch die Sachsen ist mit ihrem, von mir angenommenen Status als *foederati* nachvollziehbar.

Diese Landeskirchen kannten anfangs noch keine Oberherrschaft eines Papsttums, welches sich erst etwas später herausbildete. Diese erste, frühe Kirchenorganisation war das Eigenkirchenwesen. Ihre Gliederung entsprach der Gliederung der feudalen Gesellschaft in Lehnsherren und Vasallen, an oberster Stelle der König. Die adligen Grundherrn hatten das Recht, Kirchen zu gründen und zu betreiben, was sich zu einem relativ lukrativen Geschäftsmodell entwickelte, wobei die Religion meist nur Mittel zum Zweck war. Für die kirchliche Aufsicht wurde das Herrschaftsgebiet in Bistümer unterteilt und Bischöfe eingesetzt, die jedoch keinerlei wirkliche Befugnisse hatten.

Diese Situation fand das sich in der ersten Hälfte des 11. Jh. herausbildende Papsttum vor. Als Keimzelle des Papsttums sehe ich das Patriarchat Rom, eines der fünf von Justinian I. im 10. Jh. gegründeten Patriarchate zur Organisation der Reichskirche neben Konstantinopel, Alexandria, Jerusalem und Antiochia. Wikipedia: "Die Patriarchate waren untereinander ranggleich und standen zueinander in einer festen Ehrenordnung, deren Spitze Rom mit den Gräbern der Apostel Petrus und Paulus als Primus inter pares bildete."

Nach meiner Auffassung ist die Ranggleichheit mit dem Vorrang von Rom eine spätere Interpretation der römischen Kirche. Das Patriarchat Konstantinopel, wo sich die Residenz Justinians I. befand, dürfte die Vorherrschaft zunächst innegehabt haben. Wollte die römische Kirche die Herrschaft über die Christen im Westen ausüben, musste sie sich zuerst von diesen Fesseln befreien. Im sogenannten Streit um den Ostertermin ging es in Wirklichkeit um die Befreiung aus dieser Vormundschaft. Dieser Befreiungsschlag gelang letztendlich 1054 mit der Trennung von Ost- und Westkirche. Erst danach hatte die römische Kirche, deren Bischof jetzt als Papst "firmiert", den Rücken frei, um sich um die Belange im beanspruchten Herrschaftsbereich zu kümmern.

Wollte das Papsttum seinen Anspruch, das Oberhaupt der Kirche im Westen zu sein, verwirklichen, so musste es diese vorangegangene Entwicklung stoppen und eine neue Kirchenorganisation installieren, in deren Hierarchie das Papsttum in oberster Position stand. Natürlich ging das nicht konfliktlos vonstatten. Diese Auseinandersetzung ist als Investiturstreit in die Geschichte eingegangen, der allgemein von 1076 bis 1122 datiert. Der desolate Zustand der Kirche infolge der weitgehend ökonomischen Ausrichtung des Eigenkirchenwesens spielte dem Papsttum in diesem Streit als Argumentationshilfe in die Hände.
Von der römischen Kirche wurde ein ganzes Maßnahmenpaket eingesetzt. Neben der ideologischen Auseinandersetzung (Investiturstreit) erfolgte die Gründung von Klöstern, die der Benediktinerregel folgten und die nicht mehr dem Bischof unterstellt waren, sondern direkt der römischen Kirche. Möglicherweise hatte diese Aktion ihren Ausgang in Cluny. Die traditionelle Geschichte stellt dieses Vorgehen als Reform bestehender Klöster dar, wobei ich in Cluny III die eigentliche Gründung des Benediktinerordens sehe (vielleicht das erste Kloster im ehemaligen Frankenreich), das an der Stelle einer schon bestehenden Kirche (Cluny I und II) errichtet wurde.
Kurze Zeit später wurden weitere neue Orden gegründet, denen leicht abweichende Regeln des Zusammenlebens

zugrunde lagen und die ebenso direkt Rom unterstellt waren. Damit untergrub man die bestehende Kirchenhierarchie.

Eine weitere Maßnahme zur Infiltration war die Schaffung von Erzbistümern, ein vom Papst verliehener Ehrentitel (Residierende Erzbischöfe erhielten vom Papst ein über die Schulter zu tragendes Band, das Pallium.). Wichtiger waren natürlich die erweiterten Rechte wie z. B. die Gründung von Suffraganbistümern. Ich sehe die erstmalige Erhebung einzelner Bistümer zu Erzbistümern in der 1. Hälfte des 12. Jh. Mit dem Ende der Merowingerherrschaft fiel im Frankenreich der König, das bisherige Kirchenoberhaupt, ersatzlos weg. Die Bistümer waren sozusagen herrenlos geworden, was diesen kaum missfallen haben dürfte, obwohl die Einflussnahme des Königs auf die "Geschäfte" der Bischöfe sicher gering war. In diese "Lücke" sprang das Papsttum ein, vermutlich mit attraktiven Angeboten seitens Rom.

Ich sehe als eines der ersten, vielleicht das erste Erzbistum in Magdeburg, sozusagen als Einfallstor in die bestehende Bistumslandschaft.

Die Altbistümer Mainz, Köln und Trier wollten sicher auch in den Genuss der "römischen" Privilegien kommen und folgten nicht viel später. Eines dieser Privilegien war vermutlich die Erlaubnis zur Gründung von Suffraganbistümern. So sehe ich die Bistumsgründung in Würzburg als Suffraganbistum des Erzbistums Mainz im 12. Jh. (1161?).

Das dürfte den Durchbruch für das Papsttum bedeutet haben.

Vielleicht bemerkenswert ist, dass in Sachsen kein Erzbistum entstand. Die Bemühungen des Bischofs von Hildesheim (Azelin-Dom) schlugen letztendlich fehl. Die Altbistümer Hildesheim und Halberstadt wurden keine Erzbistümer. Sachsen hatte vermutlich noch sein kirchliches Oberhaupt in Person des sächsischen Königs/Herzogs, der natürlich kein Interesse hatte, Kompetenzen nach Rom abzutreten. Das Erzbistum Magdeburg war kein aus einem Altbistum erwachsenes Erzbistum. Es entstand sozusagen außerhalb der sächsischen Kirchenorganisation.

Am Ende konnte sich das Papsttum weitestgehend durchsetzen. Im Jahre 1179 wurde das Eigenkirchenrecht der Laien in ein Patronatsrecht umgewandelt (Wikipedia). Das war das Ende des Eigenkirchenwesens, da nach dem Patronatsrecht der Zehntanteil des Grundherrn nunmehr dem Bischof zufiel.

Zur Durchsetzung der kirchlichen (päpstlichen) Interessen bis nach ganz unten erfolgte ebenfalls im 12. Jh. die Einführung des Pfarrsystems.

Meine Sicht der Entstehung des Papsttums im 11. Jh. widerspricht scheinbar der schriftlichen Überlieferung, z. B. dem *Liber Pontificalis*. Der *Liber Pontificalis* ist eine chronologisch geordnete Sammlung von Biographien der Päpste (Wikipedia) und entstand nach traditioneller Auffassung in seiner ersten Ausgabe um 530 mit Felix III. (526-530) als letzten Papst.

"Der Liber Pontificalis wurde im 6. Jahrhundert in mehreren Stufen aktualisiert und ab dem 7. Jahrhundert mehr oder weniger regelmäßig nach dem Ableben eines Papstes aktualisiert. Der ältere Text bricht im 9. Jahrhundert mit dem Pontifikat von Stephan V. (Papst) ab. Eine Neuredaktion des Buches begann im 12. Jahrhundert durch Kardinal Boso." (Wikipedia)

Den *Liber Pontificalis* in seiner ersten Ausgabe halte ich für eine weitgehend zuverlässige Quelle. Der o. a. Widerspruch lässt sich leicht auflösen. Mit der Verschiebung der Antike zuerst um 284 Jahre und dann noch einmal um 418 Jahre in die Vergangenheit (in Summe 702 Jahre) wurde auch die Auflistung der Päpste mit verschoben, da der *Liber Pontificalis* bereits in der Antike beginnt (nach Wikipedia ist Anterus 235/236 "der erste historisch eindeutig gesicherte Bischof von Rom"). Da der *Liber Pontificalis* keine direkten Jahreszahlen aufführt, sondern nur die Päpste und die Dauer der Pontifikate, wurde der gesamte Block verschoben. Die heute bekannten Datierungen der Pontifikate in der Papstliste sind später erfolgt. Die tatsächlichen Datierungen der Pontifikate - bezogen auf unsere gültige Chronologie - erhält man, indem man jeweils 702 Jahre hinzuzählt. Damit endet die erste Ausgabe des *Liber Pontificalis* im Jahr 1232.

ARNDT hat sich u. a. auch mit dem *Liber Pontificalis* befasst. Er kommt zu dem beachtenswerten Ergebnis, "dass die Papstliste von 685-1455 AD ganz offensichtlich aus Kopien vorangegangener Abschnitte sowie Konstruktionen besteht" [ARNDT 2015, 194]. Nach ihm scheint der Teilabschnitt 314-532 der von Fälschungen am wenigsten betroffene zu sein. Davor und danach sieht ARNDT eindeutige Indizien für eine "Konstruktion".

Die Päpste des 4. Jh. und großen Kirchenbauten Roms wie die Laterankirche und Alt-St.Peter (traditionell Anfang 4. Jh.) gelangen damit in das 11. Jh. (siehe dazu [MEISEGEIER 2017]).

Die Kirche in England

Mit der Einordnung von Beda als Pseudepigraph, entfällt dieser als glaubwürdige Quelle. Das bedeutet aber auch den Verlust der einzigen Quelle zur frühen Kirchengeschichte Englands. Wir stehen sozusagen vor dem Nichts.

Also von Anfang an:
Auf dem Konzil von Arles 314 ist die Teilnahme von drei Bischöfen aus Britannien belegt: Bischof Eborius aus York, Bischof Restitutus aus Londinium (London), Bischof Adelfius aus Lincoln.
"Durch die Völkerwanderung ging das Erzbistum London unter und wurde 604 durch Augustinus von Canterbury, der Mellitus zum Bischof von London ernannte, neu gegründet."
[https://de.wikipedia.org/wiki/Diözese_London]

Zunächst ist die Datierung des Konzils von Arles spätantik und fand real im Jahr 30 n. Chr. statt. Natürlich gab es damals auch kein Erzbistum London, sondern Restitutus dürfte ein antiker Bischof gewesen sein, also der Vorsteher einer Christengemeinde in Londinium (ohne irgendwelche territorialen Befugnisse). Damit gab es auch keine

Neugründung durch Augustinus, zumal die Mission des Augustinus zweifelsfrei eine Legende ist.

Diese antiken Bischöfe sind anscheinend der einzige konkrete Nachweis des Christentums im antiken England. Da die frühen Christen noch keine Kirchen errichteten, können auch keine Reste solcher gefunden werden. Der monumentale Kirchenbau beginnt nach meiner Ansicht erst mit der Begründung der Reichskirche durch Kaiser Justinian I., wovon England zunächst jedoch unberührt blieb.

Ob und wie die frühen Christen in England die mehr als einhundert Jahre währende sächsische Herrschaft nach dem Abzug der römischen Truppen und die Naturkatastrophe von 238 n. Chr. überstanden haben, ist unbekannt. Es ist denkbar, dass der christliche Glauben nicht vollends verschwunden war. Von einer vorhandenen Christianisierung der Bevölkerung kann jedoch keinesfalls ausgegangen werden.

Die Christianisierung Englands wird allgemein dem heiligen Augustinus von Canterbury zugeschrieben, den angeblich Papst Gregor der Große im Jahr 597 nach Kent entsandte. So soll Augustinus 597 das Erzbistum Canterbury gegründet haben und der erste Erzbischof dort gewesen sein. Bis heute ist das Erzbistum Canterbury das geistliche Oberhaupt der Kirche von England (Church of England) und der Erzbischof von Canterbury zugleich Primas von ganz England. Die übrigen Bistümer/Erzbistümer reihen sich bzgl. ihrer Gründung danach ein (z. B: 604 London, 626 York, 631 Norwich, 634 Winchester, 635 Durham, etc.). Ich halte Papst Gregor, den Großen, als auch den hl. Augustinus für Konstrukte. Den *Liber Pontificalis*, wo die Taten der Päpste verzeichnet sind, sehe ich zwar als einigermaßen verlässliche Quelle, jedoch nur für die Zeit von 314 bis 532. Davor und danach sind die Eintragungen konstruiert bzw. gefälscht (siehe [MEISEGEIER 2017, 25ff]). Vermutlich ist die Missionierung Englands der Datierung Gregors im *Liber Pontificalis* geschuldet.

Natürlich gab es auch keine angelsächsische Missionierung auf dem Kontinent. Die Protagonisten dieser "Mission" wie Bonifatius und Willibrord sind wie die Mission selbst reine Konstrukte.

Nach meiner Auffassung erfolgte die Ausbreitung des Christentums vom Kontinent aus, d. h. von Frankreich, indem einzelne (alle?) englischen Territorialherrschaften das Modell der fränkischen Landeskirche für ihren Herrschaftsbereich übernahmen. Das "Geschäftsmodell Eigenkirche" war ausreichend überzeugend für eine entsprechende Übernahme. Möglicherweise waren die noch vorhandenen christlichen Wurzeln dafür förderlich.

Ich gehe davon aus, dass es eine übergeordnete englische Landeskirche, vergleichbar der fränkischen Landeskirche auf dem Kontinent, nicht gab. Den Grund sehe ich darin, dass es in England ein übergreifendes Königtum wie das der Merowinger im Frankenreich noch nicht gab. Es gab keine Zentralgewalt, die die Gründung einer Landeskirche vollziehen konnte. Jede Territorialherrschaft dürfte gesondert für ihr Gebiet entschieden haben
Die ersten Kirchen in England sind m. E. als Eigenkirchen noch ohne Einflussnahme der römischen Kirche gegründet worden. Im ehemaligen Frankenreich erfolgte die Verdrängung des Eigenkirchenwesens durch die römische Kirche etwa ab dem 12. Jh., so dass die ersten Kirchen in England bereits davor entstanden sein dürften, vermutlich in der zweiten Hälfte des 11. Jh.
Als sich im 12. Jh. Rom um England "kümmerte", gab es dort bereits etablierte Kirchenorganisationen, so dass eine direkte "Übernahme" durch Rom nicht mehr möglich war.
Rom hat in England dasselbe Instrumentarium zur Anwendung gebracht wie auch auf dem Kontinent. Um 1100 wurden Niederlassungen der Reformorden wie Cluniazenser, Zisterzienser, Prämonstratenser und Augustiner-Chorherren in England gegründet, die unabhängig von der episkopalen englischen Kirche waren und direkt Rom bzw. ihren Mutterklöstern (und damit wieder Rom) unterstanden. Mit der

Übergabe des Palliums wurden Bistümer zu Erzbistümern erhoben und erhielten damit besondere Privilegien. Etc.

Erwähnenswert vielleicht: Die Church of England soll "innerhalb dieser Gemeinschaft (der Anglikanischen Gemeinschaft - MM) die letzte eigentliche Landeskirche (Staatskirche)" sen. Sie untersteht der Autorität des Staatsoberhauptes. [https://de.wikipedia.org/wiki/Church_of_England] Diese Landeskirche dürfte wesentlich später entstanden sein und hat nichts mit den frühenmittelalterlichen Landeskirchen zu tun.

Schottland und Irland

Schottland

Im Jahr 80 n. Chr. sollen die Römer erstmals nach Schottland vorgestoßen sein. Die Eroberung misslang jedoch, worauf die Römer auf weitere Eroberungszüge verzichteten. Zur Abgrenzung ihrer Gebiete wurde ab 122 n. Chr. der Hadrianswall errichtet. Den späteren Antoniuswall halte ich für eine nachrömische Anlage (siehe oben).

Die traditionelle Geschichte Schottlands bis in das 12. Jh. ist konstruiert. Mit der Unterwerfung der schottischen Gebiete durch England zwischen 1174 und 1189 u. Z. wurde die schottische Geschichte mit der konstruierten Geschichte Englands verbunden.

Schottland war von der globalen Naturkatastrophe aufgrund der fehlenden Infrastruktur und der dünnen Besiedlung wahrscheinlich weniger dramatisch betroffen.

Vermutlich erlebten das spätere Schottland, zumindest die südlichen Gebiete in der Nähe der englischen Grenze und um den Firth of Forth, in der Frühzeit eine ähnliche Entwicklung wie England und Irland. Die nördlichen Gebiete waren vermutlich so gut wie unerschlossen und nur dünn besiedelt.

In den südlichen Gebieten und um den Firth of Forth bildeten sich lokale Territorialherrschaften heraus. Unter anderen dürfte die Burg von Edinburgh der Nachfolger eines solchen sein.

Die sich in Schottland etablierten Territorialherrschaften kamen zunehmend in Konflikt mit denen südlich gelegenen englischen Territorialherrschaften. Offensichtlich kam es im 12. Jh. zu bewaffneten Auseinandersetzungen, die die englischen Herrscher letztendlich für sich entscheiden konnten. So wurde Schottland zwischen 1174 und 1189 u. Z. unterworfen. Das unterworfene Gebiet wurde jedoch nicht einverleibt, sondern zum Vasallen englischer Territorialherrschaften. Offenbar wehrten sich die schottischen Gebiete gegen diese Fremdherrschaft. "Bis 1357 kam es immer wieder zu Aufständen, die schließlich in die Unabhängigkeit mündeten."
[https://de.wikipedia.org/wiki/Geschichte_Schottlands]

Und die kirchliche Entwicklung? Nach der traditionellen Geschichte soll in Schottland die Christianisierung schon Ende des 4. Jh. eingesetzt haben. Nach STOLL liegen die Anfänge des Christentums in Schottland im Dunkeln [STOLL, 323].
Nach der Tradition sind diese verbunden mit dem Wirken des hl. Ninian von Whithorm († 432?). "Die älteste Erwähnung Ninians findet sich in der *Historia ecclesiastica gentis Anglorum* des Beda Venerabilis († 735) ... Beda bezieht sich möglicherweise auf eine ältere Lokalüberlieferung des Klosters Whithorn („Weißhaus"), die jedoch nicht verifizierbar ist. Er schiebt den Passus in seinen Bericht über die Mission Kolumbans von Iona im 6. Jahrhundert ein, zu dessen Zeit Ninians Wirken schon „lange" (multo ante tempore) zurückgelegen habe.
Im 12. Jahrhundert verfasste Aelred von Rievaulx eine legendarisch ausgeschmückte Lebensgeschichte Ninians, als deren Quellen er Beda sowie eine andere, „in

Barbarensprache geschriebene" Biografie angibt. Aelred berichtet, dass Ninian während des Baus der Kirche in Whithorn vom Tod des hl. Martin erfahren und die Kirche daraufhin nach ihm benannt habe. Martins Todesjahr 397 wäre dann ein Fixdatum für Ninians Wirkungszeit. Allerdings gibt es an dieser Frühdatierung viele Zweifel. In neuerer Zeit wurde versucht, Ninian mit anderen Personen aus der Zeit der Christianisierung Schottlands zu identifizieren. Von seinem Grab in Whithorn, das im Mittelalter ein viel besuchtes Wallfahrtsziel war, sind keine Spuren vorhanden." [https://de.wikipedia.org/wiki/Ninian_von_Whithorn]

Wie in meinen Ausführungen zu England bereits dargelegt, halte ich Beda für ein Pseudepigraph, d. h. eine spätere Falschzuschreibung. Der hl. Ninian fällt damit durch die Maschen der Geschichte.

Nach [https://de.wikipedia.org/wiki/Geschichte_Schottlands]: "An den südlichen Küsten des heutigen Schottland bekehrten zunächst wohl irische Mönche die Kelten. Whithorn am Solway Firth wurde der Legende nach 397 unter St. Ninian – durch Transkriptionsfehler ist wahrscheinlich dieser Name aus Uinniau entstanden – zum Zentrum der Mission in Schottland. Doch den entscheidenden Impuls gab ein anderer Missionar. Der Anfang des 5. Jahrhunderts aus der Region des heutigen Glasgow nach Irland entführte Patrick konnte fliehen. Er kam in Frankreich zum Christentum, wurde zum Bischof erhoben und im Jahre 432 von Papst Coelestin I. auf Grund seiner Sprachkenntnisse nach Irland gesandt. Dort missionierte er und legte die Basis für eine christlich geprägte Kultur, die vielfach als keltische Kirche bezeichnet wird. Dieser iroschottischen Mission ist auch der heilige Columban zuzurechnen, der von Iona seine Missionare ausschickte. 563 landete der aus einem irischen Königshaus stammende Mönch mit einer kleinen Schar Mönche auf der Hebrideninsel Iona. Er kam zu seinen gälischen christlichen Landsleuten in Dalriada, und wahrscheinlich christianisierte er von dort aus auch Teile von Westschottland. Um mit den Pikten Kontakt aufnehmen zu können, brauchte er allerdings einen

Dolmetscher, wie Adomnan von Iona in seiner Biographie des heiligen Columban schreibt. Der Einfluss Ionas weitete sich zudem nach Süden und über die Grenzen aus. Zu Patricks Zeit lassen sich nur Gemeinden in Galloway, Clydesdale, Lothian und Fife nachweisen.
Aidan von Lindisfarne wurde einer von Columbans Nachfolgern. Von Iona kommend, gründete er mit Hilfe des northumbrischen Königs Oswald das Kloster Lindisfarne auf einer vor der Ostküste Englands gelegenen Insel (Holy Island bei Newcastle). Lindisfarne wurde die Urzelle mehrerer späterer Klöster wie Hartlepool und Whitby im Nordosten Englands, wo Hilda von Whitby Äbtissin war. Lindisfarne und Hartlepool beeinflussten auch Bonifatius."

"Es fällt schwer, historisch gesicherte Fakten aus den Heiligenlegenden, die später um Patrick kreisten, zu gewinnen. ... Während die meisten Historiker davon ausgehen, dass die Angabe der Quellen, der historische Patrick sei der Sohn christlicher römischer Gutsbesitzer in Britannien gewesen, zutrifft, ist wie gesagt bei nahezu allen anderen Aspekten (einschließlich der genauen Lebensdaten) unklar bzw. umstritten, ob sie einen Faktenkern enthalten und worin dieser gegebenenfalls besteht."
[https://de.wikipedia.org/wiki/Patrick_von_Irland]

Nach meiner Auffassung unterliegt die Forschung hinsichtlich Papst Coelestin einem in der Chronolieverschiebung bedingten Irrtum. Die Nachricht über die Gesandtschaft nach Irland durch Papst Coelestin im Jahr 431 ist weströmisch/antik datiert. Korrigiert in u. Z. entspricht das weströmisch/antike Jahr 431 dem Jahr 1133 u. Z.
Der hl. Patrick ist wie Ninian und die gesamte iroschottische Kirche ein Konstrukt.

Die traditionelle Kirchengeschichte Schottlands ist konstruiert. Ich denke, dass Schottland überhaupt erst im 12. Jh. christianisiert wurde. Hier wie auch in Irland war die römische Kirche Hauptakteur. Auch in Schottland kam das bekannte Instrumentarium der römischen Kirche zur Anwendung - die

Gründung von Reform(?)klöstern (Benediktiner, Zisterzienser, Prämonstratenser, Augustinerherren), die Gründung von Bistümern und Erzbistümern, etc.

Die frühen schottischen Bistümer dürften alle auf das 12. Jh. zurückgehen. So das Bistum Whithorn, das angeblich in der ersten Hälfte des 5. Jh. gegründet und um 600 aufgehoben worden sein soll. Es wurde 1128 neugegründet. Die Neugründung ist die eigentliche Gründung, das frühe Bistum ein Konstrukt. Das Bistum Saint Andrew und Edinburgh wurde angeblich 908 gegründet. Seine wirkliche Gründung dürfte auch im 12. Jh. gewesen sein. Die historische Diözese Dunkeld wurde im 12. Jh. gegründet. Der erste Bischof Cormac amtierte von 1114 bis 1131. Das Bistum Aberdeen wurde 1131 gegründet. Das Bistum Glasgow soll im 6. Jh. gegründet worden sein, erlangte jedoch erst im 12. Jh. Bedeutung. Das Bistum Galloway wurde im 12. Jh. geründet.

Die römische Kirche durfte sicher auf die Unterstützung der bereits unter römischer Oberherrschaft stehenden englischen Territorien bauen. Erste Kirchen entstehen frühestens Mitte des 12. Jh.

Die ältesten Kirchenstandorte befanden sich in Küstennähe und am Firth of Forth (Inchcolm, Dunfermline, Edinburgh), sowie in der Nähe der Grenze zu England, die sog. Border-Abteien (Scottish Borders). Der Grund ist vermutlich in der Infrastruktur zu suchen. Die Errichtung von etwas anspruchsvolleren Kirchenbauten benötigte ein Mindestmaß an entwickelter Infrastruktur für Herstellung des Baumaterials, dessen Transport, Verfügbarkeit von geschulten Bauleuten, deren Versorgung, etc. - und das konstant über einen relativ langen Zeitraum.
Der Firth of Forth ist einigermaßen gut auf dem Seeweg zu erreichen und die Grenznähe zu England ermöglichte, die entwickeltere Insfrastruktur im englischen Territorium (vielleicht auch noch vorhandene Infrastruktur der Römer) zu

nutzen. Ansonsten war Schottland zur damaligen Zeit vermutlich so gut wie unerschlossen.

Irland

Irland war nie römisch besetzt, womit eine antike Phase Irlands nicht existierte. Natürlich wurde Irland von der globalen Naturkatastrophe ebenso betroffen. Möglicherweise waren die Auswirkungen nicht so dramatisch wie in den entwickelteren ursprünglichen Siedlungsgebieten der Römer. Trotzdem ist weitestgehend von einem Neustart der Siedlungsentwicklung nach der Katastrophe auszugehen.

Wie auch in den englischen und schottischen Gebieten bildeten sich nach und nach lokale Herrschaften heraus, die ihre Herrschaftssitze Ende des 11. Jh. /Anfang des 12. Jh. befestigten. Diese befestigten Herrschaftssitze mit ihren Rundtürmen und den verschiedenen z. T. massiven einfachen Gebäuden wurden m. E. als Klöster fehlinterpretiert. Schuld ist hier die später entstandene, gefälschte schriftliche Überlieferung, die von einem regen Klosterleben berichtet, und natürlich der kritiklose Glauben an diese Schriftquellen. Es ist natürlich nicht ausgeschlossen, dass diese befestigten Herrschaftssitze später einen Kirchenbau erhielten, entweder durch den Umbau eines vorhandenen Gebäudes oder einen Neubau. Eine ähnliche Entwicklung war auch in England zu beobachten, wo die Türme ehemaliger Motten bzw. Turmhügelburgen durch den Anbau eines Kirchenraums zu Kirchtürmen wurden.

Die Errichtung dieser befestigten Herrschaftssitze sehe ich vor der Zeit der Eroberung Irlands durch die Engländer, angeblich im Jahr 1169.

Nach der traditionellen Geschichte soll das Christentum in Irland, obwohl nie von den Römern besetzt, "vermutlich im 4. Jh." entstanden sein [https://de.wikipedia.org/wiki/Iroschottische_Kirche].

Massive Zweifel sind angebracht. Die Christianisierung vor dem 12. Jh. findet nur in den Schriftquellen statt, die ausnahmslos ein Geflecht aus frommen, phantasievollen Geschichten, Pseudepigraphen, Fälschungen, etc. sind. Leider haben spätere Autoren (Historiker, Kunstwissenschaftler, etc.) dieses Konstrukt nur vervollständigt, statt es aufzudecken. Lässt man die fraglichen Schriftquellen beiseite, bleibt nichts.

"Sichere Kunde, wie das Christentum nach Irland gekommen ist, hat man nicht." [STOLL, 9] STOLL hält es für möglich, dass Irland das Christentum von den römischen Christengemeinden in Britannien erhielt [ebd., 9].
"Doch bleibt zweifelhaft, ob eine eigentliche Missionstätigkeit vom römisch zivilisierten Britannien nach Irland mit seiner clanmäßig strukturierten Gesellschaft und seinem Druidenglauben stattgefunden hat." [ebd., 9]
"Jedenfalls vermerkt die um 455 verfasste Chronik des Prosper von Aquitanien, daß Papst Coelestin im Jahre 431 Palladius als Bischof zu den Christen von Irland gesandt habe. Doch hat sich seine Spur völlig verloren." [ebd., 9]

Wie oben bereits erwähnt, gehört Papst Coelestin in das 12. Jh. Natürlich ist die Chronik des Prosper von Aquitanien ein Pseudepigraph und stammt frühestens aus dem 12. Jh.

Nach meiner Auffassung erfolgte die Christianisierung Irlands erst im 12. Jh. im Zusammenhang mit der englischen Eroberung. Hauptakteur war sicher von Beginn an die römische Kirche, die bereits in England aktiv und erfolgreich war, die dortigen Kirchen unter ihre Oberherrschaft zu bekommen. In Irland bestimmte vermutlich die römische Kirche von Anfang an die kirchliche Entwicklung. Davor gab es keine irische Kirche. Die angeblich monastisch geprägte, sog. iroschottische Kirche halte ich für ein Konstrukt. Sie hat es nie gegeben.
Keiner der irischen Kirchenbauten lässt sich vor der Mitte des 12. Jh. einordnen.

Wie auch in Schottland befinden sich die frühen Kirchenbauten alle in Küstennähe. Nur Clonfert liegt im Inneren Irlands, jedoch datiert der dortige Kirchenbau Anfang des 13. Jh., gehört also nicht mehr zu den frühen Bauten. Der Grund dürfte derselbe wie in Schottland sein, nämlich die mangelnde Erschließung des Inselinneren bis in das 12. Jh. hinein.

Die obigen Ausführungen bedeuten zwangsläufig, dass die irische Missionstätigkeit des 7. Jh. ein Konstrukt ist, genauso die Missionierung durch den hl. Patrick von Irland.
Kein Konstrukt sind dagegen die sog. Schottenklöster auf dem Kontinent, eigentlich angeblich irische Gründungen von Ende des 11. Jh.(?) bzw. des 12. Jh.
Sie dienten nach meiner Auffassung nicht der Mission auf dem Kontinent, sondern - eher im Gegenteil - der Heranbildung von Klerikern für die im Aufbau befindliche irische und schottische Kirche.

Frühe Kirchenbauten in England alle fehldatiert

Die Baugeschichte der Kirchen war lange Zeit völlig uninteressant. Die Motivation, Kirchenbauten in den Quellen zu erwähnen war sicher unterschiedlich. Z. B. konnte die Gründung durch eine allgemein bekannte Persönlichkeit der Vergangenheit (auch eine fiktive) ein "Beleg" für das hohe Alter (mit Anspruch entsprechender Rechte) sein oder die Persönlichkeit verlieh der Gründung ein besonderes Ansehen. Zum anderen konnte man durch den Bau einer Kirche oder eines Teiles bzw. die Erneuerung eines Kirchenbaus ein besonderes Ansehen unter den Zeitgenossen erlangen. Eine wichtige Quelle für Baunachrichten sind auch Rechnungen über Baumaßnahmen in den Archiven der Kirchen, wobei nicht immer die Art der Baumaßnahmen eindeutig aus diesen zu entnehmen ist.

Im Wesentlichen mit der Aufklärung im 18. Jh. und insbesondere mit der aufkommenden Romantik im 19. Jh. stieg das Interesse an der Geschichte der Bauten wie insgesamt an der Kunstwissenschaft, z. B. Winckelmann, Kunst der Antike. Nun versuchte man, aus den verfügbaren Informationen in den Quellen eine Baugeschichte der einzelnen Bauten zu rekonstruieren.

In die Rekonstruktionen wie allgemein in die Kunstgeschichte flossen zwangsläufig die fehlerhafte Chronologie und die nachträglich konstruierte Geschichte ein. Auf diese Art wurde der Kirchenbau z. B. in Frankreich bis in das 5./6. Jh., in Deutschland und Italien sogar bis in das 4. Jh. gestreckt. Damit wurden diese Kirchenbauten, soweit sie real waren, dem Zeitraum des tatsächlichen Kirchenbaus entzogen und der Denkmalbestand, vorwiegend der Vor- und Frühromanik, künstlich ausgedünnt, womit zwangsläufig die Beurteilung dieser architektonischen Phasen zumindest eingeschränkt wurde.

Durch die Geschichtskonstruktion, die z. B. in Frankreich möglicherweise bis in das Spätmittelalter reicht, war die Gotik teilweise und die davor liegenden Kunstepochen grundsätzlich verfälscht. So kam es zu einer Fehldatierung aller frühen Bauten bis in die Romanik hinein, in Frankreich sogar bis in die Gotik hinein. Alle Kirchenbauten in Deutschland sind demzufolge bis etwa nach der Mitte des 12. Jh. zu früh eingeordnet. In Frankreich beginnt aus demselben Grund der gotische Kirchenbau ca. einhundert Jahre zu früh. In meinen Büchern zu den frühen Kirchenbauten in Deutschland, Frankreich und Italien habe ich versucht, diese Problematik aufzuzeigen.

Und England? Für England ist leider dasselbe Phänomen zu konstatieren. Auch in England erstreckt sich die konstruierte Geschichte anscheinend bis in das Spätmittelalter. Auch in England ist von der Verzerrung auch die Gotik betroffen. Auch in England beginnt die Gotik ca. 100 Jahre zu früh.

In der Endkonsequenz sind die traditionellen Datierungen aller frühen Kirchenbauten in England bis in die gotische Ziet zu früh eingeordnet.

Die mittelalterliche Architektur Englands, die maßgeblich von der Architektur des Kirchenbaus bestimmt wird, wurde im 19. Jh. in folgende Stilepochen untergliedert:

Mitte 5. Jh. - 1066	Angelsächsische Architektur
1066 - 1170	Anglo-Normannische Architektur (Norman Style)
ca. 1070 - 1240(1307)	Early English Style (Frühgotik)
ca. 1250(1307) - 1370	Decorated Style (Hochgotik)
ca. 1330 - 1520	Perpenticular Style (Spätgotik)

Abweichend sehe ich für England die romanische Stilepoche beginnend um 1050 und um 1250 endend, wie auf dem Kontinent. Erst danach sind die gotischen Stilepochen Early English, Decorated Style und Perpendicular Style einzuordnen. Die mittelalterliche Architektur in England endet wie in Deutschland (und Frankreich) mit dem Beginn der Reformation um 1520.

Ähnlich wie in Deutschland und Frankreich würde ich die romanische Stilepoche in England wie folgt untergliedern:

ca. 1050 - ca. 1080	Vorromanik
ca. 1080 - ca. 1130	Frühromanik
ca. 1130 - 1160/70	Hochromanik
1160/70 - ca. 1250	Spätromanik

Die englischen Gotik-Stile, Early English, Decorated Style und Perpenticular Style, schließen sich zwangsläufig daran an.

Traditionelle Datierungen

Die spätantike Datierung des Abzugs der römischen Truppen aus Britannien konnte aufgrund der "bekannten" zweiten Chronologieverschiebung in die aktuelle Datierung nach u. Z. umgerechntet werden, da sie eine reale Datierung darstellt. Es erhebt sich die Frage, ob auch andere traditionelle Datierungen entsprechend korrigiert werden können, z. B. die der *Historia* von Beda Venerabilis?

Da sämtliche traditionellen Datierungen des frühen und hohen Mittelalters frei konstruiert sind, ergibt sich leider keine Möglichkeit, diese in eine reale Datierung umzurechnen. Sie sind für die Rekonstruktion der Geschichte und damit auch für die Baugeschichten der Kirchen wertlos.

Ausgewählte Kirchenbauten

In meine folgende, zwangsläufig beschränkte Auswahl der vorromanischen und romanischen englischen, schottischen und irischen Kirchenbauten habe ich die in den (von mir gesichteten) Quellen als wichtigste für die Architektur- bzw. Kirchengeschichte benannten Kirchen aufgenommen. Hilfreich bei der Auswahl der Bauten für England waren insbesondere [STOLL/ROUBIER], aber auch [ILLIG 2015-1]. Für die Übersetzung der englischen Texte habe ich hauptsächlich die kostenlose Version von www.DeepL.com/Translater verwendet. In den Zitaten evtl. vorhandene Quellenangaben habe ich weggelassen. Interessenten mögen diese bei Bedarf aus den von mit zitierten Quellen entnehmen.

England

Barton-upon-Humber, St. Peter

Barton-upon-Humber ist eine Kleinstadt in North Lincolnshire an der Ostküste Mittelenglands am Südufer der Humber-Mündung.

"In Barton-upon-Humber sind zwei mittelalterliche Kirchen erhalten geblieben, St. Peter und St. Mary, die nur etwa 170 Meter voneinander entfernt sind. St. Peter ist eine große, vorwiegend angelsächsische Kirche und stammt aus der Zeit vor St. Mary's - die möglicherweise als Kapelle auf dem ursprünglichen Marktplatz entstanden ist, die erweitert wurde und mit dem Aufblühen des Handels der Stadt im 12. und 13. Jahrhundert an Bedeutung gewann."
[https://en.wikipedia.org/wiki/Barton-upon-Humber]

Die Pfarrkirche von Barton-upon-Humber besitzt einen angeblich angelsächsischen Westturm ähnlich dem in Earls Barton, nur nicht ganz so reich dekoriert. "Die Kirche war ursprünglich turmförmig: das Erdgeschoss des Turms diente als Kirchenschiff. Der Turm zeigt typische Merkmale der sächsischen Architektur: Wände aus verputztem Bruchstein, mit dekorativen Lisenen sowie *long and short work*." [ebd.]
Der Turm hatte zwei Annexbauten, einen im Westen, als Baptisterium gedeutet, und einen im Osten, angeblich ursprünglich ein Altarraum.

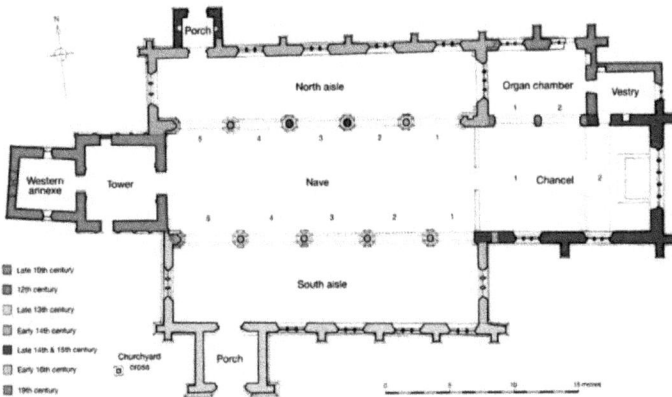

Barton-upon-Humber, St. Peter. Grundriss mit Datierung der Bauteile. Entnommen aus [RODWELL/ATKINS, 413]

"Die Datierung der Kirche ist etwas umstritten. Das *English Heritage* (Organisation, die die in Staatsbesitz befindlichen Denkmäler und archäologischen Stätten Englands verwaltet - MM) datiert die Taufkapelle in das neunte Jahrhundert und das Turmschiff in das zehnte Jahrhundert. Einige andere Quellen geben eine etwas spätere Datierung an, zwischen 970 und 1030. Insbesondere ist unsicher, ob die Taufkapelle vor dem Turm liegt oder ob die beiden zeitgenössisch sind.

Um das Baudatum herum wurde der Graben im Osten zugeschüttet, so dass ein ebener Zugang zwischen der Halle und der Kirche möglich war. Ungewöhnlich ist, dass Gräber, die durch die Fundamentierung gestört wurden, sorgfältig verlegt wurden." [https://en.wikipedia.org/wiki/Barton-upon-Humber]

"Die Kirche liegt unmittelbar östlich der Überreste einer nahezu kreisförmigen Umfriedung, die eine Halle enthielt. Diese hat im Durchschnitt einen Durchmesser von 250 m (820 Fuß) und war ursprünglich von einem Graben und einer Holzpalisade umgeben, die bereits vor 900 nachweisbar waren." [ebd.]

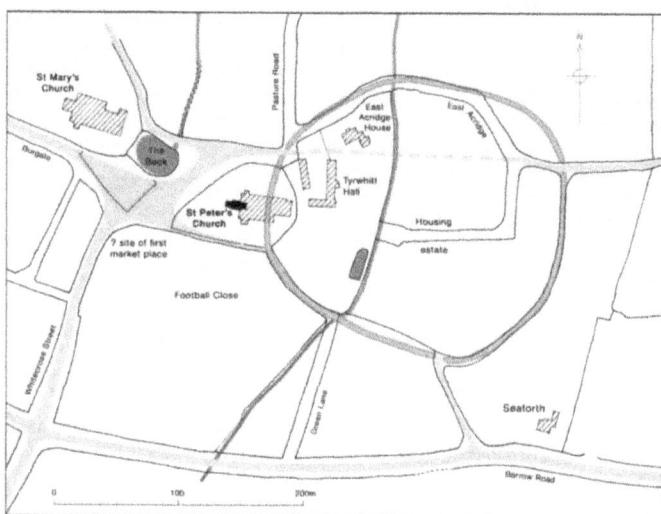

Barton-upon-Humber. Etwa kreisförmige Grabenanlage (orange) um Tyrwhitt Hall mit Eintragung der Kirchen St. Peter und St. Mary und frühe Straßen und der mögliche erste Marktplatz (gelb). Nach RODWELL. Entnommen aus [RODWELL/ATKINS, 160]

"Die Ausgrabungen ergaben, dass die Kirche unmittelbar westlich einer großen etwa kreisförmigen Umwallung mittelsächsischen Datums errichtet wurde. An der Stelle der Kirche befanden sich ursprünglich frühsächsische Holzbauten, die durch eine Erdplattform versiegelt worden waren. Die Plattform war später die Stelle eines spätsächsischen Friedhofs gewesen. ... Die Leichen in den Gräbern des späten sächsischen Friedhofs wurden systematisch exhumiert, bevor die erste Kirche zu Beginn des elften Jahrhunderts gebaut wurde. Es handelte sich um einen dreistöckigen Bau mit einem turmförmigen Schiff, flankiert von einem Langhaus und einem Baptisterium."
[https://archaeologydataservice.ac.uk/archives/view/bartonhu mber_eh_2010/index.cfm]

"Die Ausgrabungen erbrachten auch Beweise für zwei der drei in Barton vorhandenen Verteidigungskreise. Der westliche Bogen der mittelsächsischen subkreisförmigen Umfriedung verläuft unterhalb des Petersdoms, und am Rande des Friedhofs wurde ein Verteidigungsgraben aus dem zwölften Jahrhundert ausgehoben. Dies wird als eine Erweiterung der Verteidigungsanlagen der Burg interpretiert. Dabei handelte es sich um eine kurzlebige normannische Burg, die während der Zeit der Anarchie errichtet wurde." [ebd.]

RODWELL/ATKINS haben 2011 eine sehr ausführliche und fast 600-seitige Publikation vorgelegt, die erfreulicherweise im Internet verfügbar ist (siehe [https://books.casematepublishing.com/St_Peters_Barton-upon-Humber Volume_1_Human_Remains.pdf]), wo die umfangreichen Untersuchungen in Barton-upon-Humber ausgewertet sind.

Die dort enthaltene deutsche Zusammenfassung (auch hier verfügbar: [https://archaeologydataservice.ac.uk/archiveDS/archiveDownl oad?t=arch-1030-1/dissemination/pdf/18-Volume_1_Summary.pdf]) liefert einige wichtige Informationen:

"Die 100m entfernte zweite Kirche – St.Mary's – wurde ca. 1100 AD als Marktkapelle gegründet. Sie wurde rasch vergrößert und verherrlicht, so daß am Ende des Mittelalters die beiden Kirchen von der Größe und architektonischer Komplexität gleichgestellt waren; beide gehörten zur Bardney Abtei. ... Von Anfang an wurde erkannt, daß die Geschichte von St. Peter mit der von St. Mary und der Stadt selbst, so miteinander verbunden sind, daß ein Verständnis der Kirche nur ermöglicht wird, indem man das ganze kollektiv untersucht. ... Der ursprüngliche Kirchenraum war in drei Zellen geteilt, ein turmartiges Kirchenschiff, geflaggt (sic) vom Chor und einem Baptisterium: Mehrere Hinweise deuten auf ein Erbauungsdatum zu Anfang des 11.Jahrhunderts (oder Ende des 10.) als Zubau zum nahegelegenen Herrschaftshauses von Barton. Es befand sich direkt östlich der Kirche, innerhalb einer großen halbkreisförmigen Einfriedung aus der mittleren Angelsachsenzeit: das heutige Herrenhaus, Tyrwhitt Hall, sein Nachfolger.

Das zum letzteren dazugehörigen, weitläufige Gräberfeld aus dem sechsten bis siebten Jahrhundert ist nur eine kurze Distanz, bei Castledyke South. Einige der späteren Beisetzungen hatten reiche Beigaben.

Die erste Kirche wurde direkt westlich der Grenze von Tyrwhitt Hall errichtet, auf einer Fläche, wo sich ursprünglich Fachwerkgebäude aus der frühen Angelsächsischen Zeit befanden, die danach durch eine Erdaufschüttung versiegelt wurden, und auf der das Spätangelsächsische Gräberfeld gegründet wurde. ... Das Baugelände für die Kirche wurde systematisch 'bereinigt', indem die Gräber innerhalb des Kirchenfundaments exhumiert wurden. Im späten elften Jahrhundert wurde die kleine Kapelle abgerissen und am selben Ort eine neue Kirche erbaut, sie bestand aus einem Kirchenschiff, Chor und einer Altarnische. Das alte turmförmige Kirchenschiff wurde der Westturm, und durch den Zubau einer Glockenstube erhöht. ... Während der Normannischen Eroberungen wurde das Kirchenschiff verdoppelt und es wurde ein neuer Chor gebaut."
[RODWELL/ATKINS, XXV]

"Die Ausgrabungen haben unerwartet Angelsächsische und Normannische Verteidigungsanlagen aufgedeckt. Diese Entdeckungen haben beachtliche Folgen für die Geschichte und die Entwicklung von Barton im allgemeinen, und sie ermöglichen eine Reihe von kleineren Ausgrabungen und beiläufigen Beobachtungen, die über viele Jahre hin gemacht wurden, in einen größeren Zusammenhang zu bringen. In Barton gibt es drei, zur Verteidigung angelegte, Enceintes (geschlossene inneren Ringe). Der früheste war eine Mittelsächsische, eine als Halbkreis angelegte Einfriedung von 3 Hektar, die sich um Tyrwhitt Hall befindet: der westliche Bogen seines Grabens geht direkt unter St. Peter hindurch. Vom Zweiten wurde die gesamte Stadt an drei Seiten durch ein D-förmiges Erdwerk umschlossen, auch Castledykes genannt; das Marschland vom Humber hat die vierte Seite geschützt. Dieses enigmatische Erdwerk, das ca. 45Hektar umschließt, ist noch nie zufriedenstellend gedeutet oder datiert worden. Es wird hier argumentiert, daß es ein Wikingerlager war, daß mit den Raubzügen des neunten Jahrhunderts ins Zentrale England in Verbindung gebracht werden kann. Diese Erdwälle wurden als Stadtwälle im Mittelalter weiterunterhalten. Auch eine kurzlebige normannische Burg wurde von Gilbert de Gaunt während einer Periode der Anarchie errichtet. Topographische und historische Quellen deuten darauf hin, daß sie auf einem Hügel im Süden der Stadt lag, wo die Erdwälle eine Erweiterung der Einfriedung aufweisen. Ein Verteidigungsgraben aus dem zwölften Jahrhundert, der am Rand des Friedhofs von St. Peter ausgegraben wurde, ist vermutlich ein Kontinuum der Burgverteidigungsanlage, und grenzt den unbesiedelten östlichen Teil der Stadteinfriedung ab. Der Kirchturm war ein günstiger Aussichtspunkt in dieser neuen Verteidigungslinie: die Hauptgefahr für Barton kam aus dem Osten, wo die Grafen Aumale im benachbarten Barrow-upon-Humber eine Burg besaßen." [ebd., XXVI]

"Da die Kirchengeschichten von St. Peter und St.Mary so eng miteinander verflochtenen sind, sie so nah aneinander liegen und ihre architektonische Geschichte teilen, liegt es an, die Baugeschichte von St. Mary nicht zu ignorieren." [ebd., XXVI]

"Die früheste Erwähnung von St. Mary's - damals unter dem Namen Allerheiligenkapelle bekannt - findet sich in der Bardney Abbey Cartulary, verkörpert in einer Urkunde von Walter de Gant, datiert auf das Jahr 1115. Aus dieser Urkunde geht hervor, dass Walter der Abtei das Herrenhaus von Barton zusammen mit der Kirche St. Peter mit all seinen Ländereien und Zehnten, einschließlich der Allerheiligenkapelle in derselben Stadt, schenkte. Er erzählt uns ferner, dass die Kapelle "gemäß den Gelübden in unseren Tagen errichtet wurde" (Capella Omnium Sanctorum in eadem villa his diebus nuncupata) (Brown 1906, 81-2). Dies deutet darauf hin, dass die Kapelle von Walters Vater, Gilbert de Gant, in den frühen Jahren des zwölften Jahrhunderts oder möglicherweise spät im elften Jahrhundert gegründet wurde. ... Die Widmung der Kapelle wurde während des Bischofsamtes von Robert Grosseteste, Bischof von Lincoln 1235-53, der Heiligen Maria der Jungfrau Maria zugedacht. Die Wiedereinweihung war bis 1246 nicht erfolgt, und sie kann daher einem Datum innerhalb der Klammer 1246-53 zugeordnet werden (Brown 1908, 83). Die steigende Popularität des Marienkultes im dreizehnten Jahrhundert führte zu vielen neuen Widmungen zu ihren Ehren, aber auch zu Umwidmungen." [ebd., 69]

Alternative Rekonstruktion der Baugeschichte

Der Ursprung war die etwa kreisförmige Grabenanlage mit der Tyrwhitt Hall als Haupthaus. Vielleicht noch im 11. Jh. wurde westlich der Tyrwhitt Hall ein neuer, repräsentativerer Turm errichtet, dem vermutlich nur wenig später Annexbauten im Westen und Osten hinzugefügt wurden. Die traditionelle Forschung sieht in diesem Bau die angelsächsische Turmkirche. Ich halte dagegen diesen Bau zugehörig zu der bestehenden Verteidigungsanlage. Nach meiner Auffassung hatte dieser Bau ursprünglich keine sakrale Funktion. Die kreisförmige Grabenanlage wurde für diesen Neubau nach

Westen erweitert. Zuvor sind offenbar die Gräber sorgfältig umverlegt worden.

Dieser Bau war vermutlich schon bei seiner Errichtung eher ein Repräsentationsbau als ein Wehrbau, worauf der Fassadenschmuck hinweist. Der Verteidigungswert solcher Grabenanlagen war zur Zeit des Baus des Turmes vermutlich nur noch gering.

Der Turm in Barton-upon-Humber dürfte um 1100 oder in der ersten Hälfte des 12. Jh. erbaut worden sein.

Ich bezeichne diesen Bau als Bau I. (Die folgenden Bezeichnungen Bau II, III/IIIa sind von mir gewählte Bezeichnungen.)

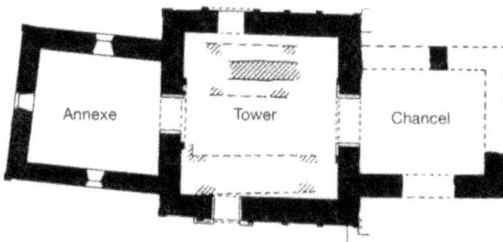

Barton-upon-Humber. Bau I (Turm mit Annexbauten). Erdgeschoss-Grundriss. Entnommen von [RODWELL/ATKINS, 248]

Vermutlich nur kurze Zeit später wurde die ursprüngliche Grabenanlage aufgegeben. Ihre Funktion als Verteidigungsanlage war obsolet. Jetzt erfolgte der Umbau des ursprünglichen Wehrturms zur Kirche, indem der Ostannex abgebrochen und ein Kirchenschiff, zunächst ein Saal, mit einem eingezogenen Altarraum und einer Apsis im Osten angebaut wurden. Diesen Umbau sehe ich um die Mitte des 12. Jh. Westtürme an Pfarrkirchen kommen erst um die Mitte des 12. Jh. auf. Dieser Bau wurde war vermutlich von Anfang an St. Peter geweiht.

51

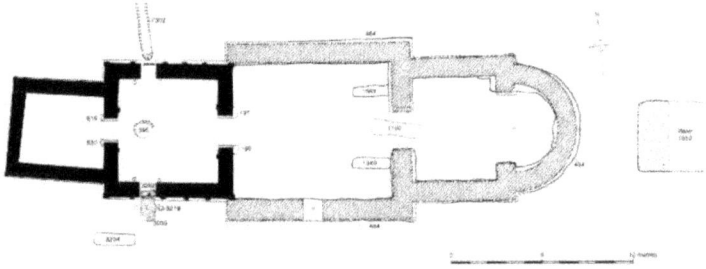

Barton-upon-Humber. Bau II (erste Kirche). Erdgeschoss-Grundriss. Entnommen von [RODWELL/ATKINS, 358]

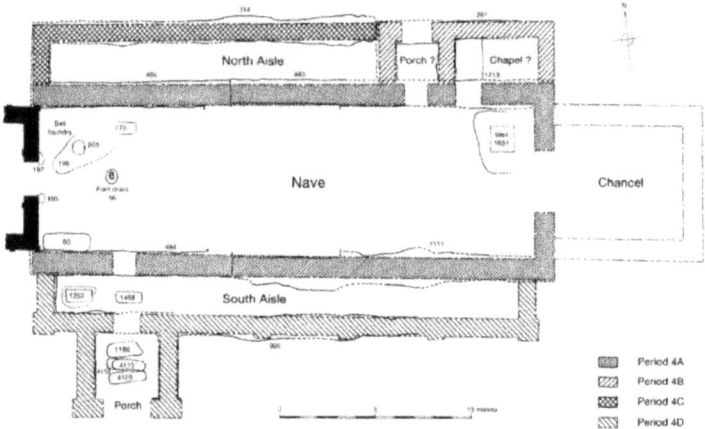

Barton-upon-Humber. Bau III/IIIa (zweite Kirche). Erdgeschoss-Grundriss. Entnommen von [RODWELL/ATKINS, 379]

Vermutlich genügte der kleine Bau schon bald nicht mehr den Anforderungen, weshalb ein erneuter Umbau erfolgte, zunächst wieder zu einem Saalbau, jedoch von mehr als doppelter Länge. Ob diesem Saal einen gesonderten Altarraum angefügt war, ist anscheinend unsicher, aber möglicherweise doch wahrscheinlich. RODWELL/ATKINS datieren diesen Umbau (Bau III) im frühen 12. Jh. bis Mitte 12. Jh., ich sehe diesen eher in der zweiten Hälfte des 12. Jh. In einer weiteren Bauphase (Bau IIIa), vielleicht nicht viel später erfolgte der Umbau zu einer dreischiffigen Anlage. RODWELL/ATKINS sehen diese Umbauphase Ende des 12./Anfang des 13. Jh.

Das obere Turmgeschoss ist m. E. Bau III/IIIa zuzuordnen.

Von diesen ersten Bauten ist außer dem Turm und dessen Westannex oberirdisch nichts erhalten.

Der Westannex wurde möglicherweise schon im ersten Kirchenbau (Bau II) als Taufraum genutzt.

Die Entwicklung von Barton-upon-Humber ähnelt der von Earls Barton (siehe dort).

St. Mary

Der Gründungsbau von St. Mary war ursprünglich eine Allerheiligenkirche. Ob sie wirklich im frühen 12. Jh. oder sogar schon Ende des 11. Jh. gegründet wurde, muss hier offen bleiben. Ich gehe davon aus, dass die Urkunde von 1115 eine spätere Fälschung der Abtei ist, die zum "Nachweis" der Eigentumsrechte am "Herrenhaus von Barton zusammen mit der Kirche St. Peter mit all seinen Ländereien und Zehnten, einschließlich der Allerheiligenkapelle" diente. Damit ist das erwähnte Jahr 1115 zumindest verdächtig.

Das Patrozinium Allerheiligen spricht eher für eine spätere Gründung, d. h. im 12. Jh. Das Marienpatrozinium erhielt St. Mary offenbar erst um die Mitte des 13. Jh.

Eine unmittelbare kultische Beziehung zwischen St. Peter und St. Mary sehe ich nicht. Sie erscheinen später als zwei nebeneinander existierende Pfarrbezirke.

Neben St. Peter in Barton-upon-Humber und der Allerheiligenkirche in Earls Barton weitere Kirchen, die verschiedentlich als Turmkirchen bezeichnet werden:

Broughton, St. Mary

So soll St. Mary in Broughton, wenige Kilometer südlich von Barton-upon-Humber gelegen, zweifelsfrei eine Turmkirche gewesen sein.
Der Turm mit dem Treppenturm, unzweifelhaft der älteste Bauteil der Kirche, soll in seinen unteren Geschossen aus dem 11. Jh. stammen.

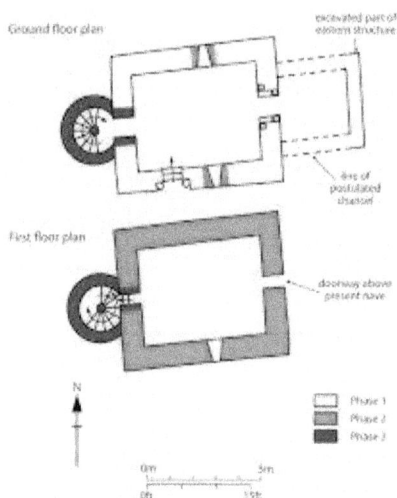

Broughton, St. Mary. Grundrisse Bau I. Grafik entnommen von [SHAPLAND]

Leider konnte ich keine Informationen zum historischen Umfeld der Kirche finden, z. B. ob dieser eventuell Kernbau einer ehemaligen Burg war.

Die Ähnlichkeit des Westbaus von St. Mary mit dem Westbau der All Saints' Church in Brixworth, wo eine Grabenanlage archäologisch nachgewiesen wurde, lassen vermuten, dass vielleicht auch St. Mary in Broughton ursprünglich der Turm einer Verteidigungsanlage war. Zur Kirche wurde m. E. dieser Bau erst im 12. Jh., zumindest weist das Marienpatrozinium eindeutig in das 12. Jh., da die besondere Marienverehrung allgemein erst etwa ab 1100 aufkommt. Vom Kirchenschiff und Chor des 12. Jh. ist nichts erhalten. Sämtliche Bausubstanz östlich des Turms ist gotisch und jünger.

Barnack, St John the Baptist's Church

"Die ältesten Teile der heutigen Kirche sind die beiden untersten Stufen des Turms, von denen man annimmt, dass sie aus der Zeit um 1000-1020 stammen." [https://greatenglishchurches.co.uk/html/barnack.html]

"Es spricht viel von unserer mangelnden Sicherheit über die Kirchenarchitektur, dass die Meinungen über ihr Alter zwischen sächsisch (zeitgenössisch mit dem Turm) und c13 (13. Jh. - MM) variieren!
Um 1150 gab es Änderungen und 1190 einen größeren Umbau. Die nördliche Arkade stammt aus dem Jahr 1190. Sie hat eine typisch normannische Dekoration sowohl an den Bögen als auch an den Kapitellen, aber die Pfeiler sind außergewöhnlich schlank und die gesamte Arkade für diese Zeit überraschend hoch. Dieser Umbau befand sich in der Übergangszeit zwischen Romanik und Gotik ..." [ebd.]

Der große Bogen zwischen Turm und Kirchenschiff - sofern dieser ursprünglich ist - spricht eher gegen die Funktion eines ursprünglichen Wehrturms. Der Turm dürfte schlicht ein Westturm einer romanischen Kirche gewesen sein, von der außer dem Turm nichts erhalten ist. Für eine ehemalige Verteidigungsanlage gibt es keinen einzigen Hinweis, weswegen ich eine sog. Turmkirche ausschließe.

Eine Darstellung der Bauphasen der Barnack Church von 1899 zeigt den Gründungsbau noch ohne Westturm. Dieser wurde dem Gründungsbau erst in einer späteren Bauphase hinzugefügt. (Der Artikel [Canon Syers & Jas. T Irvine (1899) Barnack Church, Journal of the British Archaeological Association, 5:1, 13-28] ist leider erst hinter einer Bezahlschranke online abrufbar.)

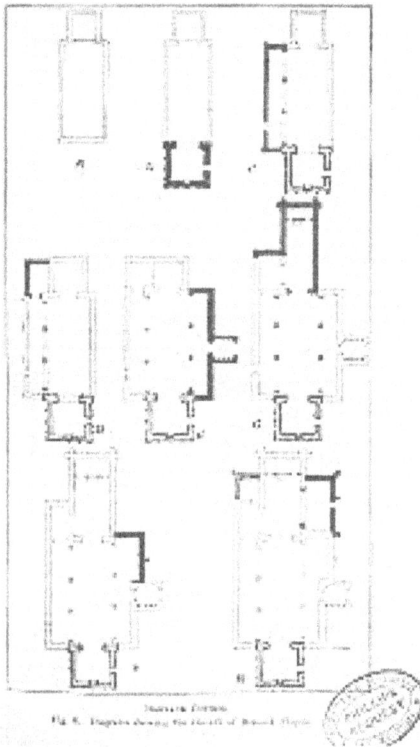

Barnack Church. Darstellung der Bauphasen nach [SYERS/IRVINE]

Als Bauzeit des Turms sehe ich das fortgeschrittene 12. Jh., sicher nicht früher. Vielleicht sind die angeblichen Änderungen um 1150 der eigentliche Baubeginn. Den größeren Umbau, angeblich um 1190, sehe ich später, vielleicht Mitte des 13. Jh. Der Beginn der Gotik ist in England generell zu früh datiert.

Stowe Nine Churches, St. Michael

Die Michaelskirche in Church Stowe, ein Dorf im Distrikt Daventry in der Grafschaft Northamptonshire in England und die größte Siedlung in der Zivilgemeinde Stowe Nine Churches, ist bekannt für ihren angeblich angelsächsischen Turm.

Das Kirchenschiff mit dem Chor wurde um 1639 errichtet und 1859 wieder aufgebaut [https://www.historicengland.org.uk/listing/the-list/list-entry/1343558]. Der sächsische Westturm hat drei Geschosse und besteht aus verputztem Bruchstein (die Zinnen sind mittelalterlich) [ebd.]

Der Turm wird traditionell ca. 950-1100 datiert. Der kleine, schmale, rundbogige Durchgang vom Turm in das Kirchenschiff ist offenbar aus der Erbauungszeit des Turms. [http://www.stoweninechurches.org.uk/Churches/index.html] Das rundbogige, heute vermauerte Nordportal wurde vermutlich vom romanischen Vorgängerbau übernommen. Möglicherweise sind Reste der romanischen Kirche beim Neubau 1639 beibehalten worden.

Der schmale Durchgang zwischen Turm und Schiff könnte eventuell darauf hinweisen, dass der Turm ursprünglich frei stand (eventuell gab es einen Annexbau im Osten wie in Earls Barton). Der schmale Durchgang spricht m. E. gegen einen normalen Westturm an einer romanischen Kirche. Als freistehender Turm wäre eine ursprüngliche Verteidigungsfunktion für diesen denkbar. Zu etwaigen Grabenanlagen etc. gibt es keine Informationen. Vermutlich hat noch niemand danach gesucht, da die Bedeutung von St. Michael natürlich nicht mit der von Earls Barton oder Barton-upon-Humber vergleichbar ist.

Brixworth, All Saints' Church

Obwohl die traditionelle Forschung die Allerheiligenkirche in Brixworth nicht zu den Turmkirchen zählt, sehe ich im Westturm der Kirche ebenfalls den Turm einer ehemaligen Turmhügelburg. (siehe Abschnitt zu Brixworth, All Saints' Church).

Bosham, Holy Trinity Church (Dreifaltigkeitskirche)

Bosham ist ein Dorf an der Südküste Englands in West Sussex, etwa 3 Kilometer westlich von Chichester gelegen.

Die Geschichte und Baugeschichte der Dreifaltigkeitskirche in Bosham soll in angelsächsische Zeit zurückreichen. Bosham wird von Bede in seinem Buch *The Ecclesiastical History of the English Nation* erwähnt und ist im *Domesday Book* (1086) aufgeführt. Darüber hinaus ist die Bosham-Kirche in der zweiten Szene auf dem Wandteppich von Bayeux namentlich erwähnt.

"Bede schrieb, dass Bischof Wilfrid, der Bosham 681 besuchte, ein kleines Kloster mit fünf oder sechs Brüdern gründete, das von Dicul, einem irischen Mönch, geleitet wurde. Das Gebäude könnte sich an oder in der Nähe der heutigen Kirche befunden haben. Vor der normannischen Eroberung wurden die Bosham-Kirche und ihr Anwesen von König Edward dem Bekenner an seinen normannischen Kaplan Osbern FitzOsbern übergeben. Osbern behielt diese nach der Eroberung; er wurde 1072 Bischof von Exeter und ordnete diese Besitztümer dem Bistum zu. Die nachfolgenden Bischöfe von Exeter behielten die Kirche und den Besitz von Bosham bis zur Auflösung der Klöster." [https://en.wikipedia.org/wiki/Holy_Trinity_Church,_Bosham]

"Im Jahr 850 wurde die ursprüngliche Dorfkirche möglicherweise an der Stelle eines römischen Gebäudes errichtet und im zehnten Jahrhundert durch die Heilige Dreifaltigkeitskirche ersetzt" [https://en.wikipedia.org/wiki/Bosham]

"Die ursprüngliche Kirche bestand aus einem kurzen Altarraum, einem Kirchenschiff und einem Turm ... Der Altarraum wurde zweimal verlängert, einmal im 12. Jahrhundert und erneut im 13. Jahrhundert, als nördlich davon eine Sakristei hinzugefügt wurde. Etwa zur gleichen Zeit wurden auch die Seitenschiffe hinzugefügt, wobei der Norden das frühere Datum trägt; unter dem östlichen Ende des Südschiffs befindet sich eine zeitgenössische gewölbte Krypta, wahrscheinlich ein Beinhaus. ... Die südliche Vorhalle stammt aus dem 16. oder 17. Jahrhundert." [https://www.british-history.ac.uk/vch/sussex/vol4/pp182-188]

Bosham, Holy Trinity Church. Grundriss mit Darstellung der Bauzeit. Entnommen von [ebd.]

"Dies ist eine der berühmtesten und bedeutendsten mittelalterlichen Kirchen in Sussex. Sie könnte an der Stelle einer römischen Basilika errichtet worden sein. Der Hauptteil des Chores ist sächsisch, wurde aber im späten 12. Jahrhundert nach Osten erweitert, und die Sakristei wurde um 1200 hinzugefügt. Der Turm ist ebenfalls sächsisch, mit Ausnahme des Obergeschosses, das im 15. Jahrhundert hinzugefügt wurde. Das Kirchenschiff ist aus C13 (13. Jh. - MM), die Südvorhalle aus C14 (14. Jh. - MM)." [https://historicengland.org.uk/listing/the-list/list-entry/1354443]

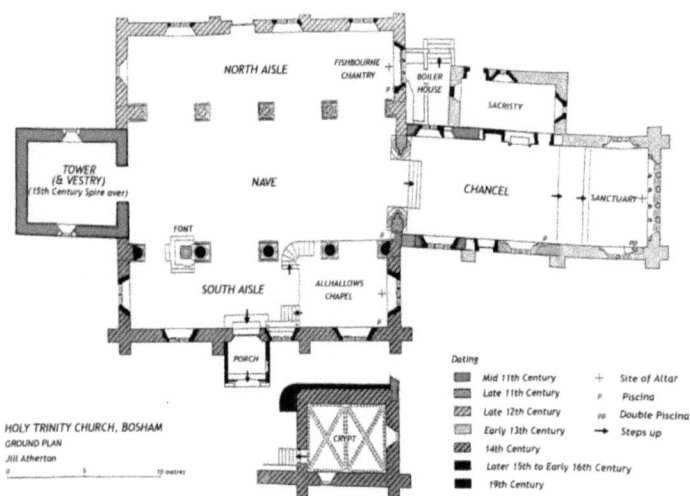

Bosham, Holy Trinity Church. Grundriss mit Darstellung der Bauzeit. Entnommen von [https://dineanddivine.com/2019/06/22/bosham-holy-trinity-church/] (vermutlich nach einer Tafel vor Ort)

Die eigene Webseite der Kirche beschreibt die Bauabfolge so: "Die Bosham-Kirche selbst geht auf die sächsische Zeit zurück, und die unteren Stufen des Turms und das erste Drittel des Chors sind aus dieser Zeit erhalten geblieben.

Der Turm ist der älteste Teil der Kirche und wurde in vier Etappen erbaut, die ersten drei sind sächsisch, und die oberste Etappe ist normannisch. Die Turmspitze wurde im 15. Jahrhundert hinzugefügt. Der Chorbogen wurde im 11. Jahrhundert kurz nach der normannischen Eroberung von 1066 errichtet." [https://www.boshamchurch.org.uk/]

Alternative Rekonstruktion der Baugeschichte

Wie schon an anderer Stelle erwähnt, halte ich die Bede's Schriften für Pseudepigraphen. Genauso dürfte das Domesday Book viel später entstanden sein, als von der traditionellen Forschung angenommen. Auch halte ich den Teppich von Bayeux keinesfalls für eine Arbeit des 11. Jh., sondern frühestens Ende des 12. Jh., vielleicht auch erst des 13. Jh.

Damit besteht für die Kirche in Bosham keine Veranlassung mehr, diese krampfhaft in die sog. angelsächsische Zeit zu datieren (Die Datierung der ältesten Bauteile in die Mitte des 11. Jh. ist gemäß der traditionellen Geschichte gerade noch angelsächsisch).

Ich halte den Ursprungsbau, eine normale Pfarrkirche, für einen Bau des fortgeschrittenen 12. Jh., von dem einige Wandbereiche im Chor, der Chorbogen und die unteren Geschosse des Turms noch erhalten sind. Türme an einfachen Pfarrkirchen kommen erst Mitte des 12. Jh. auf. Die Erweiterung des Chors im "Early English Style" ist - wie der generelle Beginn der Gotik in England - um ca. einhundert Jahre zu früh datiert. Genauso dürfte die Erweiterung auf drei Schiffe, insbesondere das Nordseitenschiff mit der Datierung in das 12. Jh., viel zu früh eingeordnet sein.

Zum Schluss bleiben zwei wichtige Fragen: Wieso wurde der doch unbedeutende Küstenort Bosham bei Bede als auch im

Domesday Book erwähnt? Wer profitierte von der Erwähnung in den beiden Pseudepigraphen?

"Das Domesday Book (1086) führt Bosham als eines der reichsten Landgüter Englands auf. Es umfasste das nahe gelegene Dorf Chidham. Es wurde bestätigt, dass Bosham im Besitz des Bischofs von Exeter, Osbern, war, dem das Land von seinem Verwandten Edward dem Bekenner zugesprochen worden war." [https://en.wikipedia.org/wiki/Bosham] Es liegt vielleicht nahe, dass der Initiator im Umfeld des Bistums Exeter zu suchen ist, natürlich nicht im 11. Jh. sondern um Einiges später.

Das Bistum Exeter soll 1050 durch die Verlegung des Bischofssitzes von Crediton nach Exeter entstanden sein. "Im Jahre 1112 wurde unter Bischof Robert Warelwast mit dem Bau der Kathedrale begonnen, ..." [https://de.wikipedia.org/wiki/Diözese_Exeter]

Das Bistum Crediton soll im Jahre 909 aus Gebietsabtretungen des Bistums Sherborne errichtet worden sein [https://de.wikipedia.org/wiki/Bistum_Crediton].

Ich halte das Bistum Crediton für ein Konstrukt. Die Gründung des Bistums Exeter als Suffragan des Erzbistums Canterbury sehe ich im 12. Jh. Möglicherweise ist der angebliche Baubeginn der Kathedrale von Exeter 1112 der eigentliche Gründungstermin des Bistums Exeter. Im Nachhinein, vielleicht Ende des 12. oder erst im 13./14. Jh., waren die Besitzverhältnisse für das Bistum zu klären, wozu u. a. das Pseudepigraph *Domesday Book* gedient haben könnte.

Bradford-on-Avon, St. Laurence

Bradford-on-Avon ist eine kleine Stadt im Südwesten Englands in der Nähe der Stadt Bristol. Die Laurentiuskirche in Bradford-on-Avon ist neben der Allerheiligenkirche in Brixworth und der Escomb Church "eine von nur drei vollständigen angelsächsischen Kirchen, die in England erhalten geblieben sind" [https://en.wikipedia.org/wiki/Escomb_Church].

"Die Kirche ist dem heiligen Laurentius geweiht, und dokumentarische Quellen deuten darauf hin, dass sie um 700 vom heiligen Aldhelm gegründet worden sein könnte, obwohl der architektonische Stil auf ein Datum aus dem 10. oder 11. Jahrhundert schließen lässt."
[https://en.wikipedia.org/wiki/St_Laurence's_Church,_Bradford-on-Avon]

"Der Chronik *Gesta regum anglorum* des Wilhelm von Malmesbury kann entnommen werden, dass in Bradford-on-Avon etwa um das Jahr 700 eine *ecclesiola* gegründet wurde. Als Abt wird der hl. Aldhelm von Sherborne genannt. Obwohl die Identität dieser Erwähnung mit St Laurence nicht nachgewiesen ist, wurde doch erkannt, dass die Bauzeit des unteren Teils etwa um 700 liegt, eine Aufstockung wurde um 1000 vorgenommen."
[https://de.wikipedia.org/wiki/St_Laurence_(Bradford-on-Avon)]

"Lange Zeit glaubte man, St. Laurence sei von St. Adhelm im frühen achten Jahrhundert erbaut worden, aber das ist heute weitgehend diskreditiert, obwohl es immer noch einige Leute gibt, die glauben, dass zumindest ein Teil der Kirche aus dieser Zeit stammt."
[http://www.greatenglishchurches.co.uk/html/bradford-on-avon.html]

Die Kirche ist ein Saalbau mit einem geringfügig eingezogenen Rechteckchor im Osten sowie einem Portikus an der Nordseite. Ursprünglich war ein solcher auch an der Südseite angebaut, welcher jedoch nicht erhalten ist. Der Südportikus soll möglicherweise einen unterirdischen Raum besessen haben. Die Westwand wurde im 19. Jh. in Anlehnung an die übrigen Wände wieder aufgebaut.

Der Langhaussaal und der Chor sind außen mit einem umlaufenden Blendbogenfries geschmückt, der nur von den Portiken unterbrochen wird.

Das Portal und die Durchgänge von den Portiken in das Schiff sowie der Durchgang zum Chorraum sind schmal und hoch ausgeführt wie auch die Raumhöhe in Bezug auf die Grundrissabmessungen beträchtlich ist; m. E. eine lokale Eigenart englischer romanischer Kirchen.

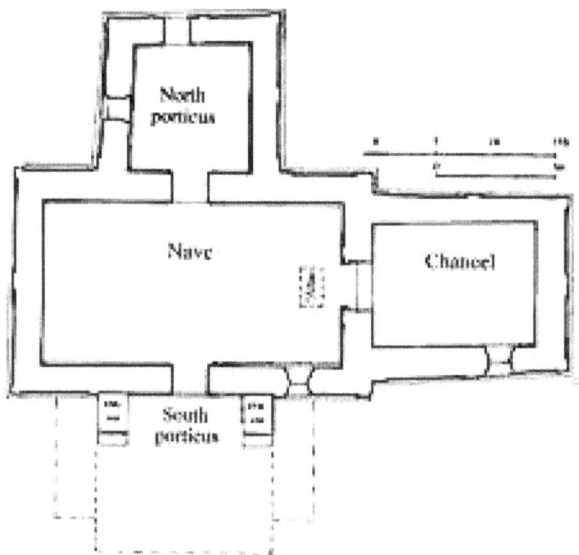

Bradford-on-Avon, St. Laurence. Grundriss. Entnommen von [https://www.royalarchinst.org/sites/royalarchinst.org/files/docu ments/SMR_Wiltshire_Bradford_on_Avon.pdf]

Offensichtlich ist sich die Forschung bezüglich der Bauzeit des kleinen Kirchenbaus uneins. Vermutlich wird nur an der Gründung und einer Bauzeit um 700 festgehalten, weil die *Gesta regum anglorum* als glaubwürdige Schriftquelle und als eines der großen Werke englischer Geschichtsschreibung gilt [https://de.wikipedia.org/wiki/Wilhelm_von_Malmesbury]. Ich halte dagegen die *Gesta regum anglorum* von Wilhelm von Malmesbury, die die Taten der englischen Könige von 449-1127 beschreibt (angeblich um 1120 verfasst) [ebd.], für ein

Pseudepigraph aus späterer Zeit. Genauso die angeblich um 1125 von ihm verfasste *Gesta pontificum Anglorum* (*Taten der englischen Bischöfe*). Vermutlich entstanden beide Chroniken im zeitlichen und thematischen Zusammenhang mit der Schaffung der *Historia ecclesiastica gentis Anglorum* des Beda Venerabilis, ebenfalls ein Pseudepigraph. "Er stellte eine Sammlung mittelalterlicher Erzählungen zusammen und schrieb einen populären Bericht über englische Geschichte, der auf der Historia ecclesiastica gentis Anglorum (Kirchengeschichte des englischen Volkes) des Beda beruhte." [ebd.]

Der Kirchenbau ist wie die Escomb Church und die Allerheiligenkirche in Brixworth ein Bau des 12. Jh. Wie Escomb wurde Bradford-on-Avon als reine Pfarrkirche erbaut. Der Blendbogenfries und die Lisenengliederung sind vor dem 12. Jh. nicht denkbar. Der Bauschmuck verweist eher in das fortgeschrittene 12. Jh. Die beiden Engelskulpturen, die "1855 hier oder in der Nähe gefunden" wurden [http://www.saxonchurch.org.uk/guide.htm], weisen vielleicht sogar an das Ende des 12. Jh. bzw. in das frühe 13. Jh. Möglicherweise wurde der Südportikus als Sakristei genutzt und der unterirdische Raum diente als Schatzkammer. Der Nordportikus diente vielleicht als Vorhalle für den Zugang der Gottesdienstbesucher.

Bradwell-on-Sea, St. Peter-on-the-Wall

Der kleine Ort Bradwell on Sea (oder nur Bradwell) liegt im Südosten Englands in Essex an der Mündung des Blackwater River in den Ärmelkanal.
Die Kapelle St. Peter-on-the-Wall liegt ungefähr 3 km vom Ortszentrum Bradwell entfernt, unmittelbar an der Kanalküste, und wurde auf der Westmauer des ehemaligen römischen Forts (wahrscheinlich) Othona erbaut.
Die Überreste des römischen Kastells wurden weitgehend vom Meer zerstört. [https://www.british-history.ac.uk/rchme/essex/vol4/pp13-16]

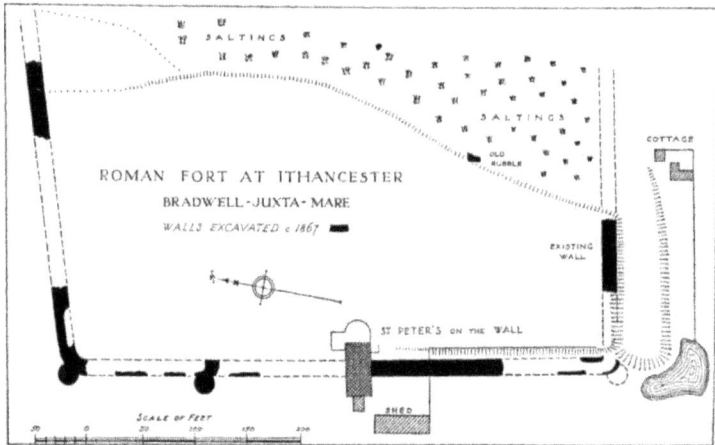

Bradwell, römisches Fort mit Standort der Kapelle St. Peter-on-the-Wall. Entnommen von [https://www.british-history.ac.uk/rchme/essex/vol4/pp13-16] ('Bradwell-juxta-Mare', in *An Inventory of the Historical Monuments in Essex, Volume 4, South east* (London, 1923), pp. 13-16. *British History Online* http://www.british-history.ac.uk/rchme/essex/vol4/pp13-16 [accessed 9 November 2020])

"Der aus Northumbria stammende und im Kloster Lindisfarne ausgebildete Bischof Cedd gründete um das Jahr 654 bei den Ruinen des Römerkastells Othona ein Kloster und ließ eine erste Kirche erbauen, die jedoch in den Jahren darauf vergrößert oder erneuert wurde. Nach dem Tod Cedds (664) kam das Kloster zur Diözese London." [https://de.wikipedia.org/wiki/Bradwell_on_Sea]
Damit sei St. Peter-on-the-Wall eine der ältesten erhaltenen Kirchen Englands [ebd.].

"In einem Brief aus dem Jahr 1442 an den Bischof von London wird erwähnt, dass die Kirche leicht vergrößert worden sei und einen Dachreiter mit Glocke erhalten habe." [ebd.]

Nach einem Brand kurze Zeit später wurde der Bau profanisiert und als Scheune genutzt. Erst 1920 erfolgte eine Restaurierung und Neuweihe. [ebd.]

"Die zum Teil aus antiken Bruch- und Ziegelsteinen erbaute Kirche ist ein rechteckiger Saalbau mit offenem Dachstuhl und einem schmucklosen Portal im Westen, über welchem sich ein Rundbogenfenster befindet. Die ehemals vorhandene Apsis ist irgendwann abgerissen worden; ihr Grundriss ist noch erkennbar." [ebd.]

"Die Kapelle St. Peter an der Mauer steht fast 2 m. E.N.E. von der Pfarrkirche entfernt. Die Wände bestehen fast vollständig aus wiederverwendetem römischen Material, einschließlich Quadersteinen, Septarien und Ziegelsteinen; das Dach ist mit Ziegeln gedeckt. Die Kapelle ist mit ziemlicher Sicherheit die von Bischof Cedd um 654 in Ithancester erbaute Kapelle. Sie steht rittlings auf der ehemaligen Westmauer des römischen Forts und bestand ursprünglich aus einer Apsis, einem Kirchenschiff und einer Westvorhalle und möglicherweise einem "Porticus" auf der Nord- und Südwestseite. ... Das Gebäude ist als eine der frühesten noch erhaltenen Kirchen in England von großem Interesse." [https://www.british-history.ac.uk/rchme/essex/vol4/pp13-16]

Die englische Wikipedia: "Laut Bede (der seine Geschichte im frühen 8. Jahrhundert schrieb), existierte eine 'Stadt' namens *Ythanceaster* am Fluss *Penta*. Die Kapelle St. Peter an der Mauer wurde mit ziemlicher Sicherheit ursprünglich 654 von Bischof Cedd erbaut. Es war eine anglo-keltische Kirche für die Ostsachsen, die über den Ruinen des verlassenen römischen Forts Othona errichtet wurde. Das heutige Bauwerk wurde höchstwahrscheinlich um 654-662 unter Einbeziehung von römischen Ziegeln und Steinen errichtet. Cedd reiste auf Geheiß des damaligen Königs der Ostsachsen, Sigeberht der Gute, 653 von Lindisfarne aus nach Süden, um das Christentum zu verbreiten, und kehrte im folgenden Jahr nach seiner Bischofsweihe zurück, um die Kapelle und wahrscheinlich auch andere zu bauen. Nach dem Tod von

Cedd im Oktober 664 an der Pest wurde die Kapelle Teil der Diözese London."
[https://en.wikipedia.org/wiki/Chapel_of_St_Peter-on-the-Wall]

"Es gibt keine weiteren Aufzeichnungen über die Nutzung der Kapelle bis 1442, als der örtliche Klerus dem Bischof von London berichtete, dass die Kapelle geringfügig erweitert worden sei, mit einem kleinen Turm über der Vorhalle mit einer Glocke darin. Sie wussten jedoch nichts über den Ursprung der Kapelle, und sie war unbrauchbar, da sie niedergebrannt worden war. Sie wurde repariert und wieder regelmäßig neben der Pfarrkirche in Bradwell-on-Sea genutzt, zumindest bis in die Tudorzeit (16. Jahrhundert), bevor sie als Kirche wieder außer Gebrauch kam und als Scheune genutzt wurde ... Im Jahr 1920 wurde sie restauriert und erneut als Kapelle geweiht ..." [ebd.]

STOLL hält St. Peter-on-the-Wall (*St. Peter ad Murum*) für die früheste Kirche von Essex ... "gebaut aus römischen Backsteinen, römischen Hausteinen und wenigen römischen Eckquadern".
"Ihre heutige Form ist ein rechteckiger Saal, von einem Satteldach gedeckt, mit einer Westtüre und dem ebenfalls ursprünglichen Westfenster. ... Ausgrabungen haben ergeben, daß die Kirche eine Ostapsis aufwies von der Breite des Schiffs, wie bei Reculver, und ähnlich wie dort einen Nord- und einen Südporticus. Zwischen Schiff und Chorapsis gab es eine Trennungswand. Diese öffnete sich mittels drei aus Römerziegeln doppelt gefügten Arkaden in die Chorapsis."
[STOLL, 352]
STOLL sieht Bradwell als reines Beispiel des Typus früher Kirchen in Südost-England, mit Apsis statt geradem Chorschluss wie in Nordengland und mit weniger steilen Proportionen.
Nach der normannischen Eroberung sollen Benediktiner die Kirche übernommen haben. [ebd.]

ILLIG: "Der Grundriss entspricht dem angelsächsischen Zweizellenbau: Rechtecksaal und Chorrechteck, hier allerdings als Ostapsis." [ILLIG 2015, 308]
ILLIG datiert die Kirche abweichend: "wahrscheinlich aus dem 10. Jh., könnte aber auch bereits vor 614 entstanden sein." [ebd., 310]
Darüber hinaus vermerkt er: "Die Widersprüche innerhalb der angelsächsischen Datierungen müssen wir nicht schlichten, sondern wir weisen nur auf sie hin." [ebd.]

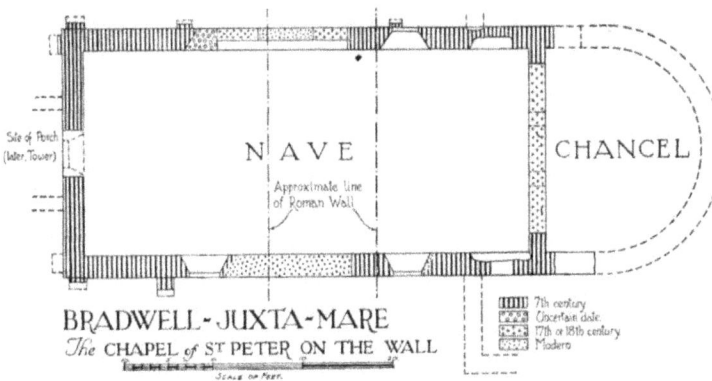

Bradwell, St. Peter-on-the-Wall. Grundriss entnommen von [https://www.british-history.ac.uk/rchme/essex/vol4/pp13-16]

Es ist natürlich klar, dass die frühe Gründungsgeschichte ein Konstrukt ist. Sie ist allein den erfundenen bzw. gefälschten Schriftquellen zuzuschreiben.
Die Verwendung von römischen Baumaterial, das aus dem zerstörten römischen Fort gewonnen wurde, ist bis in das 12./13. Jh. nicht ungewöhnlich. Möglicherweise bestimmte die Verfügbarkeit des Baumaterials sogar den Standort der Kirche weit entfernt von der eigentlichen Siedlung. Die Möglichkeiten des Transports von größeren Lasten waren zur damaligen Zeit sicher sehr begrenzt.

Das von den Römern lange vor der Naturkatastrophe des 10. Jh. (um 940) verlassene Fort wurde vermutlich durch diese sowie die sukzessive Veränderung der Küstenlinie zerstört. Vermutlich diente es über eine lange Zeit als Lieferant von Baumateriel.
Für die Datierung von St. Peter gibt es kaum Anhaltspunkte. Die Baugestalt, ein Saalbau mit einer Ostapsis, wäre sowohl im 11. als auch im frühen 12. Jh. denkbar.
Das relativ große Rundbogenfenster über dem Westeingang weist m. E. eher in das 12. Jh.
Die Dreierarkade zwischen Apsis und Saal war wahrscheinlich eine Abtrennung zwischen dem Kleriker- und Laienbereich, also eine Art Lettner.
Die Portiken waren vermutlich ehemals vorhandene Vorräume vor den östlichen Eingängen in den Saal, die den Klerikern (Chorherren?, Mönche?) als Zugang zu deren Bereich dienten. Mit Sicherheit gab es eine Zugänglichkeit von den Vorräumen ins Freie, genauso wie in Reculver (siehe dort). Die Kirche war vermutlich freistehend. Eine bauliche Verbindung zum Kloster- oder Stiftsbereich gab es wie in Reculver nicht. Wo die Aufenthaltsräume der Kleriker lagen, ist offenbar unbekannt.
Der Westeingang war sicher der Zugang für die Laien. Der Laienbereich könnte die Funktion als Pfarrkirche belegen. Das Pfarrsystem wurde z. B. in Deutschland erst im 12. Jh. eingeführt. Es ist undenkbar, dass es dieses in England vorher gab. (Die heutige Pfarrkirche im Ort ist deutlich jünger. Die ältesten Bauteile, der Chor, sollen dem frühen 14. Jh. entstammen.)
Die Vorräume vor den Eingängen dienten vermutlich als Windfang (bei den Wetterbedingungen in England fast unabdingbar) und vielleicht zur Vorbereitung der liturgischen Handlungen ähnlich einer Sakristei.
Die Trennung in Kleriker- und Laienbereich erfordert zwei Altäre, den Hochaltar, vermutlich war dieser St. Peter geweiht, und einen Kreuzaltar.
Ich halte St. Peter für einen Bau aus der ersten Hälfte, vielleicht auch um die Mitte des 12. Jh.

Brixworth, All Saints' Church (Allerheiligenkirche)

Brixworth ist ein Dorf im englischen County Northamptonshire in Zentralengland, ca. 100 km nordwestlich von London.

"Im Ort steht eine der ältesten, größten und am besten erhaltenen angelsächsischen Kirchen des Landes, die um das Jahr 680 fertiggestellte All Saints' Church." [https://de.wikipedia.org/wiki/Brixworth]

Es geht noch dramatischer: "In dem kleinen Dorf Brixworth, nur wenige Kilometer von Northampton entfernt, befindet sich eine der wichtigsten romanischen Kirchen Europas." [http://www.greatenglishchurches.co.uk/html/brixworth.html]

Gemessen an der Bedeutung dieser Kirche ist die bekannte Geschichte ziemlich dünn.
"Zum Zeitpunkt der Erstellung des *Domesday Book* im Jahre 1086 scheint die klösterliche Nutzung des Gebäudes eingestellt worden zu sein. Das *Domesday Book* berichtet, dass Brixworth eine Manner (Landgut) mit einem Priester, 14 Dorfbewohnern und 15 Kleinbauern war." [http://www.earlybritishkingdoms.com/adversaries/archaeology/brixworth02.html]
"Der Peterborough Chronicle belegt, dass Brixworth ein Kloster, Brixworth Abbey, besaß, das gegründet wurde, als Sexwulf Bischof von Mercia wurde, bevor König Wulfhere 675 n. Chr. starb."
[https://en.wikipedia.org/wiki/All_Saints'_Church,_Brixworth]

Der Peterborough Chronicle wird als "originäre Quelle für die Zeit von 1070 bis 1154" gesehen. [https://de.wikipedia.org/wiki/Peterborough_Chronicle] "... ein Feuer zwang die Abtei, ihre Chronik bis ins Jahr 1120 aus anderen Chroniken zu kopieren." [ebd.]

"Die Kirche von Brixworth diente einem Kloster, das hier 680 während der Herrschaft von König Offa von Mercia gegründet wurde, wahrscheinlich an einem anderen Ort und aus Holz.

Dieses stand wahrscheinlich unter der Schirmherrschaft der Abtei Medehamsted (das heutige Peterborough). Die heutige Kirche stammt aus den Jahren 750-850 n. Chr. Das Kloster wurde 870 von den Wikingern zerstört, und die Kirche wurde verwüstet, aber nicht zerstört. Der Wiederaufbau erfolgte in den Jahren 960-970." [http://www.greatenglishchurches.co.uk/html/brixworth.html]

Andere Quellen halten die aktuelle Kirche für den Bau des 7. Jh. "mit Änderungen in späterer sächsischer und mittelalterlicher Zeit. Die Bausubstanz wird heute allgemein als der Rest der Kirche einer klösterlichen Siedlung anerkannt, die um 680 von den Mönchen von Peterborough in Brixworth errichtet wurde, die zweifellos gleichzeitig eine Pfarrkirche war." [SALZMAN pp150-157]

Die heutige Kirche erscheint als ein Saalbau mit einer gestelzten Apsis, einem mittig angeordneten Westturm mit westlich angefügten Treppenturm und einer im Südosten angebauten Kapelle (Frauenkapelle, um 1300).

Es ist offensichtlich, dass der heutige Bauzustand nicht dem ursprünglichen Bauplan entspricht.
Bauarchäologische Untersuchungen belegen, dass der Bau ursprünglich dreischiffig war. Die vermauerten Mittelschiffsarkaden sind noch gut zu erkennen. In der Vermauerung der westlichen Arkadenöffnung der Südarkaden ist ein romanisches Portal eingebaut, das auf die Zeit um 1180 datiert wird. Das Portal ist von anderer Stelle hierher versetzt worden. Beim Einbau musste die Wand an der Westseite abgearbeitet werden [ebd.].
Die Fundamente der Seitenschiffe wurden archäologisch nachgewiesen. Darüber hinaus war im Osten ein quadratisches Presbyterium durch eine Bogenstellung vom Langhaus abgeteilt. Die heutige Apsis ist ein Wiederaufbau von 1919 der ursprünglichen Apsis, die im 15. Jh. durch einen längsrechteckigen Altarraum ersetzt worden war.
Der westliche Abschluss soll ursprünglich ein zweigeschossiger Narthex gewesen sein, dessen mittlerer Teil

(Vorhalle) im 10. Jh. zu einem Turm erhöht wurde. Der Treppenturm soll ein nachträglicher Anbau des 11. Jh. sein.

Einige Besonderheiten haben die Bauforschung bis heute irritiert. Bei den bauarchäologischen Untersuchungen der Seitenschiffe wurde im Nordseitenschiff Querfundamente festgestellt. Aus diesem Befund rekonstruierte die Bauforschung für die Nordseite kein durchgehendes Seitenschiff, sondern Seitenkapellen. Die Mittelschiffsarkaden sollen demnach die Zugänge zu diesen Seitenkapellen gewesen sein. Auf der Südseite wurden keine solchen Querfundamente nachgewiesen, so dass dort offenbar ein "normales" Seitenschiff vorhanden war.

"Ausgrabungen auf beiden Seiten des Gebäudes während der Restaurierung legten die Fundamente der Wände der Seitenschiffe frei, die zeigen, dass die Seitenschiffe innen 9 Fuß breit waren, mit jeweils einer quadratischen Kammer am westlichen Ende, die die Vorhalle flankierte, und wahrscheinlich einer am östlichen Ende auf der Nordseite. Aus neueren Ausgrabungen geht hervor, dass sich die Querwände ursprünglich von jedem der Pfeiler aus über das nördliche Seitenschiff erstreckten ..., aber auf der Südseite wurden keine derartigen Merkmale gefunden." [ebd.]

"Das Kirchenschiff zeigt auf beiden Seiten deutliche Hinweise auf Torbögen zu den ursprünglich "Portikus"-Seitenkapellen (wie sie auch in Deerhurst existierten). Es wird angenommen, dass diese auf der Nordseite durch Mauern voneinander getrennt waren, aber Ausgrabungen legen nahe, dass dies auf der Südseite nicht der Fall war."
[http://www.greatenglishchurches.co.uk/html/brixworth.html]

Bis heute scheinbar rätselhaft ist der außen um die Apsis geführte Chorumgang, der heute nach oben offen, aber ehemals mit einem Tonnengewölbe überdeckt war. Sein Fußboden liegt etwa 1,8 m unter dem Fußbodenniveau des Presbyteriums, von dem er sowohl im Süden als auch im Norden zugänglich war. Die Zugangsöffnungen befanden sich in der Ostwand des Presbyteriums und sind heute noch erkennbar.

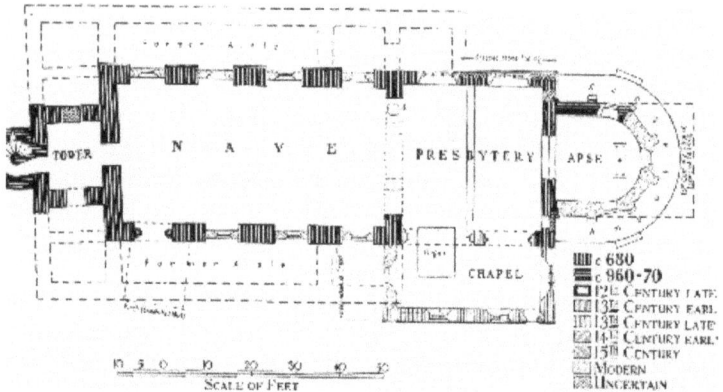

Brixworth, All Saints' Church. Grundriss. Entnommen von [SALZMAN,150-157]

Der Sinn und Zweck dieses Umgangs ist offenbar weitgehend unklar. "Von einer Krypta unterhalb der Apsis, wie sie der Wandelgang vermuten lässt, sind keine Spuren zu finden. Der Boden unter der Apsis soll ungestört sein und hauptsächlich aus massivem Eisenstein bestehen. ... Die Nutzung des Ambulatoriums muss bis zu einem gewissen Grad auf Vermutungen beruhen. Die beiden Türöffnungen vom Presbyterium aus lassen jedoch vermuten, dass er für Besucher eines Heiligtums gedacht war, die auf übliche Weise durch die eine Tür eintreten und durch die andere wieder austreten würden, und die Nischen ... auf der Nordost- und Südostseite des Durchgangs könnten Gräber oder Reliquien enthalten haben." [ebd.]

Von der Kirche des 8. Jh. sollen der untere Teil des Kirchenschiffs und des Chors, die untere Hälfte des Turms und wahrscheinlich ein kleiner Teil der Nordwand des

74

Altarraums erhalten sein. Etwas später soll der Umgang um die Apsis errichtet worden sein. Im 10. Jh. sollen der Treppenturm und der obere Teil des Turms stammen. Die Südkapelle soll im 13. Jh. und die Turmspitze erst im 15. Jh. hinzugefügt worden sein. [https://web.archive.org/web/20101012024147/http://www.thaengliscan-gesithas.org.uk/archives/a-visit-to-all-saints-church-at-brixworth-in-northamptonshire] Andere halten das gesamte Kirchenschiff und das Presbyterium sowie den unteren Teil des Turms im Wesentlichen aus der Zeit um 680 [SALZMAN pp150-157].

Alternative Rekonstruktion der Baugeschichte

Für die Kirche in Brixworth gibt es nicht einmal eine konstruierte Gründungsgeschichte. Die Erwähnung im *Domesday Book* könnte ein Beleg sein, dass das Kloster Ende des 11. Jh. noch gar nicht existierte. Ich gehe jedoch davon aus, dass das *Domesday Book* ein Pseudepigraph ist, d. h. es wurde vermutlich viel später verfasst, um vielleicht zum Zeitpunkt der Abfassung vorhandene Besitzverhältnisse zu sanktionieren.

Ich halte die traditionelle Rekonstruktion eines Narthex und den späteren Umbau dieses zum Westturm für eine Fehlinterpretation. Nach meiner Meinung handelt es sich bei dem Westturm der Kirche um einen ursprünglichen Turm einer Motte oder Turmhügelburg. Dieser Turm hatte im Süden und Norden Annexe, deren Zugänge noch heute zu sehen sind. Ob diesem Turm ein Halle vorangegangen ist, deren Mittelteil später zum Turm umgebaut wurde und die zur Rekonstruktion eines Narthex führte, kann von mir nicht entschieden werden. In seiner Ostwand besaß der Turm ebenerdig offenbar keinen Zugang. Der heute vermauerte Zugang befand sich in wenigen Metern Höhe und ist heute über den Erdgeschosszugang noch zu sehen. Letzterer wurde wie auch die Dreierarkade im Turmobergeschoss erst im Zusammenhang mit dem Umbau zur Kirche angelegt. Ob er je

genutzt wurde, ist schwer zu sagen. Etwaige Spuren eines Aufganges gibt es nicht. Auch in Earls Barton ist ein solcher erhöhter Zugang noch vorhanden, dort auf der Südseite. Auch in Earls Barton gibt es offenbar keine Spuren eines äußeren Aufganges. Der westlich angebaute Treppenturm ist möglicherweise ein nachträglicher Anbau. einen ähnlichen Treppenturm gibt es auch in Broughton, St. Mary. Auch in Broughton vermute ich den Turm einer ehemaligen Turmhügelburg (siehe Abschnitt zu Barton-upon-Humber). Ein kleiner Rest der zugehörigen Grabenanlage wurde archäologisch nachgewiesen, aber als solche leider nicht erkannt. "Die archäologischen Beweise sind nicht schlüssig. In den frühen 1980er Jahren fanden in der Nähe der Kirche archäologische Ausgrabungen statt. Dabei wurde ein großer Graben entdeckt, der in das späte siebte oder frühe achte Jahrhundert datiert wird. Es wurde vermutet, dass dieser Graben die Grenze des Klosters bildete. Der Graben deutet nicht unbedingt darauf hin, dass zu dieser Zeit ein Kloster vorhanden war, und gibt keine Auskunft über die heutige Struktur. In der Nähe des Grabens wurde auch ein spätsächsischer Friedhof entdeckt. Das Vorhandensein des Friedhofs, der auf eine spätere Zeitspanne als der Graben datiert wird, weist nicht unbedingt darauf hin, dass es zum Zeitpunkt der Anlage des Grabens eine klösterliche Gründung an diesem Ort gab; eine mögliche frühere Gründung kann jedoch auch durch diese archäologischen Befunde nicht ausgeschlossen werden."
[http://www.earlybritishkingdoms.com/adversaries/archaeology/brixworth02.html]

Der Umbau zur Kirche erfolgte erst im 12. Jh., vielleicht begonnen noch vor der Mite des Jahrhunderts. Offenbar wurde der Bau von Anfang an als Kloster- und Pfarrkirche errichtet. Das belegt die Zweiteilung des Baus in eine Laienkirche, das Langhaus, und einen Klerikerbereich, das Presbyterium mit der Chorapsis. Der Klerikerbereich war vom Langhaus durch eine Arkadenstellung abgetrennt. Der heute an dieser Stelle vorhandene Bogen stammt aus dem 14. Jh.
[http://www.greatenglishchurches.co.uk/html/brixworth.html]

Da das Pfarrsystem erst im 12. Jh. installiert wurde, kann der Kirchenbau kaum älter sein. Auch die aus römischen Ziegeln errichteten Arkadenbögen sprechen nicht gegen eine Errichtung im 12. Jh., da bis weit in das 12. Jh. hinein Baumaterial aus römischen Ruinen gewonnen wurde.

Die Fertigstellung des Kirchenbaus dürfte durch das um 1180 datierte Portal markiert sein, das sich höchstwahrscheinlich ursprünglich in der Seitenschiffwand befand und das nach dem Abbruch der Seitenschiffe an die heutige Stelle versetzt wurde.

Die sog. "Seitenkapellen" im Nordseitenschiff sind m. E. eine Fehlinterpretation. Ich sehe in den angeblichen "Querwänden" Vorlagen für Aussteifungsbögen, die der Stabilisierung des Seitenschiffes aufgrund eines Obergeschosses über dem nördlichen Seitenschiff dienten. Dieses Obergeschoss über dem Nordseitenschiff diente als Verbindungsgang vom Klerikerbereich zum Obergeschoss des Westbaus (Westempore). Damit ist auch der Nordzugang in das Presbyterium und die Verlängerung des Seitenschiffs um ein Joch über das Langhaus hinaus erklärt. In diesem Joch dürfte der Treppenabgang angeordnet gewesen sein. Das Untergeschoss des Seitenschiffs war zu dem östlichen Joch auf jeden Fall geschlossen. Die Lage im Norden legt nahe, dass sich der Klausurbereich ebenfalls im Norden der Kirche befand. Leider konnte ich keine Information über die Lage der Klausur auffinden.

Genau dieselbe Baulösung gab es in der Nonnenklosterkirche St. Maria auf dem Münzenberg in Quedlinburg (siehe [MEISEGEIER 2018-2, 73ff]). Beabsichtigt war dort mit einer solchen Lösung die strikte Abtrennung des Weges der Nonnen vom Laienbereich. Die Westempore diente den Nonnen als Aufenthaltsbereich außerhalb der Schlafens- und Gottesdienstzeiten.

Leider ist in Brixworth nicht bekannt, ob das Kloster ein Männer- oder ein Nonnenkloster war. Ich nehme letzteres an, da eine solche strikte Absonderung vermutlich nur für Frauenklöster infrage kam.

Als Letztes wäre der Apsisumgang anzusprechen. Ich sehe in dem Apsisumgang die Schaffung einer Räumlichkeit für die Aufbewahrung wertvoller liturgischer Gegenstände, also einer Schatzkammer. Denkbar ist, dass sich über dem Untergeschoss ein zweites Geschoss erhob, das von der Apsis aus zugänglich war, und das als Sakristei diente. Solche Zusatzräume wurden um die Mitte des 12. Jh. in vielen Kirchen geschaffen.

Um 1300 wurde auf der Südseite die sog. Frauenkapelle angefügt, möglicherweise zur Erweiterung des Klerikerbereichs aufgrund der sehr beengten Platzverhältnisse im Presbyterium.

Vermutlich hat das Kloster nicht allzu lange bestanden. Nach der Auflösung des Klosters erfolgte nur noch die Nutzung als Pfarrkirche. In diesem Zusammenhang wurden die Seitenschiffe abgebrochen und die Arkaden vermauert, natürlich nicht im 10. Jh., sondern wahrscheinlich erst im 14. Jh. Dieser Nutzungsänderung fiel auch der Lettner, die Abtrennung zwischen Laien- und Klerikerbereich, zum Opfer. Es gab ja keine Kleriker mehr. Vermutlich wurde auch der sog. Chorumgang abgebrochen, der erst im 19. Jh. wieder freigelegt wurde.

Canterbury, St. Martin, St. Pancras, St. Augustine's Abbey und die Kathedrale Christ Church

Die Stadt Canterbury liegt im Südosten Großbritanniens unweit der größten Annäherung Englands an das europäische Festland. Aufgrund der räumlichen Nähe dürften hier schon seit der Römerzeit die Kontakte zum Kontinent und natürlich (später) zum Frankenreich/Frankreich am intensivsten gewesen sein.
Canterbury, das römische *Durovernum Cantiacorum*, beherbergt in seinen Stadtgrenzen drei interessante Kirchenstandorte.

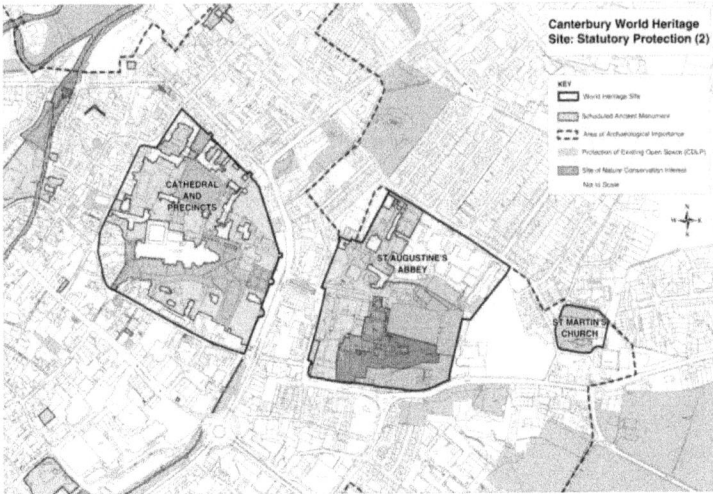

Canterbury. Welterbe-Plan. Entnommen von [http://augustineofcanterbury.org/wp-content/uploads/2013/02/CanterburyWHSManagementPlan.pdf]

St. Martin

"Die St Martin's Church steht inmitten eines bereits in antiker Zeit genutzten Gräberfelds gut 1 km östlich des Stadtzentrums, also außerhalb der römischen und mittelalterlichen Stadtmauer von Canterbury." [https://de.wikipedia.org/wiki/St_Martin's_Church_(Canterbury)]

"St. Martin's kann für sich in Anspruch nehmen, die älteste Kirche Englands zu sein; sicherlich ist sie die älteste, die noch regelmäßig genutzt wird. St. Augustinus richtete hier eine Kirche ein, als er 597 n. Chr. nach Kent kam, um die Einwohner zum Christentum zu bekehren." [https://www.britainexpress.com/attractions.htm?attraction=3341]

Nach der Denkmalliste gilt die St Martin's Church als die älteste Pfarrkirche Englands [https://historicengland.org.uk/listing/the-list/listentry/1242166]. Sie soll sogar zurückreichen vor die Zeit des 597 vom Papst gesandten Missionars Augustinus (von Canterbury), der danach angeblich der erste Erzbischof von Canterbury wurde. Das früheste Bauwerk an diesem Ort war ein spätrömisches oder nachrömisches Bauwerk [http://augustineofcanterbury.org/wp-content/uploads/2013/02/CanterburyWHSManagementPlan.pdf].

Nach den Ausgrabungen gab es in der unmittelbaren Umgebung der Kirche keine römischen Bestattungen, möglicherweise jedoch sächsische [ebd.]

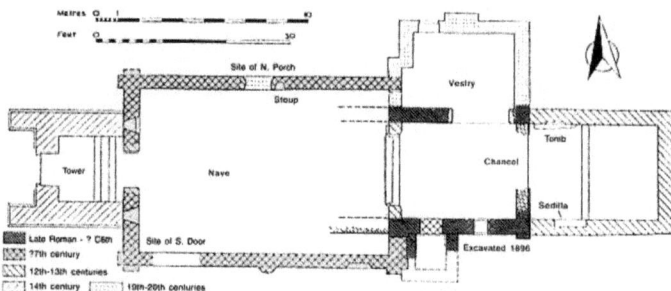

St Martin's Church: plan

Canterbury, St. Martin. Grundriss. Entnommen von [http://augustineofcanterbury.org/wp-content/uploads/2013/02/CanterburyWHSManagementPlan.pdf, S. 13]

"Das erste Gebäude umfasste die westliche Hälfte des heutigen Chores sowie eine Fläche von etwa gleicher Größe im Bereich des heutigen Kirchenschiffs. Der Chor besteht aus

römischen Ziegelsteinen (einige wurden wiederverwendet), ...
In der zweiten Phase wurde die westliche Hälfte der
ursprünglichen Kirche durch das heutige Kirchenschiff ersetzt.
... Der römische Charakter des Mauerwerks lässt auf ein
späteres Datum als das 7. Jahrhundert schließen." [ebd.]

Da keine römischen Gräber in der Nähe des Kirchenbaus
gefunden wurden, dürfte es sich bei dem Bauplatz um einen
nachrömischen Friedhof gehandelt haben. Vermutlich wurde
ein (nachrömisches) Grabhaus, für dessen Bau bereits
römische Ziegel wiederverwendet wurden, zumindest zum Teil
für den Kirchenbau als Altarraum genutzt.
Durch den Anbau eines Saals an das Grabhaus entstand die
erste Kirche. Offenbar gibt es für die Rekonstruktion einer
Apsis (siehe [https://www.gutenberg.org/files/43517/43517-
h/43517-h.htm]) keine ausreichenden Belege.
Der kleine Saalbau mit eingezogenem Sanktuarium ist ein
auch auf dem Kontinent im 11./12. Jh. oft anzutreffender
Bautyp, insbesondere für untergeordnete Kirchen.
Die Errichtung auf einem ehemaligen Friedhof diente m. E.
nicht die Verehrung eines dort bestatteten Heiligen, was das
Martinspatrozinium eindeutig belegt.

Das Patrozinium St. Martin, des Nationalheiligen Frankreichs,
lässt tatsächlich an eine wirklich alte Kirche denken, da ich die
Ausbreitung des Christentums (und des damit verbundenen
Kirchenbaus) vom nahegelegenen Frankreich aus sehe.

Ich vermute in St. Martin eine vielleicht um 1100 errichtete
Eigenkirche eines unbekannten Grundherrn. Zu den weit
bedeutenderen Kirchenstandorten der Kathedrale und
St. Augustin sehe ich keine kultische Verbindung.
Die traditionelle Gründungsgeschichte um die fränkische
Prinzessin Bertha und ihren Gemahl, den heidnischen König
Æthelberht von Kent, ist ein späteres Konstrukt.

St. Pankras und die Abtei St. Augustinus

Eine weitere frühe Kirche soll im Bereich der früheren Abtei St. Augustinus (St Augustine's Abbey) existiert haben, die ursprünglich ebenfalls vor den Mauern der mittelalterlichen Stadt lag. Das angeblich schon von Augustinus gegründete Benediktinerkloster soll ursprünglich das Patrozinium St. Peter und Paul besessen haben und "damit das erste Kloster im südlichen England und die erste Gründung der Benediktiner außerhalb von Kontinentaleuropa" gewesen sein. Das Kloster wurde zur Grablege der Könige von Kent und der Erzbischöfe von Canterbury.
[https://de.wikipedia.org/wiki/Abtei_St._Augustinus]

Abt Dunstan, angeblich Erzbischof von Canterbury von 959 bis 988, soll die Kirche wieder(?) aufgebaut haben und sie dann zusätzlich dem hl. Augustinus gewidmet haben, die seitdem als Abtei St. Augustinus bekannt sei.
[https://en.wikipedia.org/wiki/St_Augustine's_Abbey]

Die sichtbaren Überreste der ehemaligen Abteikirche, von der nur die Grundmauern erhalten sind, belegen eine dreischiffige Basilika mit Ostquerhaus einschließlich Nebenapsiden, einem Umgangschor mit einem Kapellenkranz und einer Krypta unter dem Chor.
Natürlich war dieser Kirchenbau nicht die erste Kirche an diesem Standort.
Die erste Kirche soll ein Saal mit einer Ostapsis und einem westlichen Narthex sowie Portiken an der Nord- und Südseite gewesen sein. Die traditionelle Forschung sieht in diesem Bau die Kirche des Augustinus, die dieser 613 den Heiligen Peter und Paulus geweiht haben soll.
[http://augustineofcanterbury.org/wp-content/uploads/2013/02/CanterburyWHSManagementPlan.pdf, S. 22]
Östlich dieser Kirche soll eine zweite Kirche errichtet worden sein, die der Jungfrau Maria gewidmet war. Sie wird traditionell Ethelberts Nachfolger, Eadbald (trad. 616/618-640), zugeschrieben.

Noch weiter östlich bestand eine dritte Kirche, St. Pancras. [ebd., S. 23]
"St. Pancras scheint aus mindestens zwei Hauptbauphasen zu bestehen. Die erste Kirche hatte ein einfaches Kirchenschiff mit einer etwas schmaleren Ostapsis oder einem etwas schmaleren Chor. Das Hauptschiff hatte einen kleinen Portikus an der Südseite (und vielleicht auch im Norden). Zwischen dem Kirchenschiff und dem Chor befand sich eine Querwand, die durch eine Arkade geöffnet wurde. In der zweiten Phase wurden die Mauern im Wesentlichen auf dem gleichen Grundriss wieder aufgebaut, jedoch mit einem zusätzlichen Portikus an der Nord-, Süd- und Westseite des Kirchenschiffs. ... Das Mauerwerk beider Epochen besteht aus wiederverwendeten römischen Ziegeln und ist mit dem der Kirche St. Peter und St. Paul vergleichbar. ... Ein Datum für die erste Phase wird aus dem zweiten Viertel des 7. Jahrhunderts vorgeschlagen, die zweite Phase gegen Mitte des 8. Jahrhunderts." [ebd., S. 23]

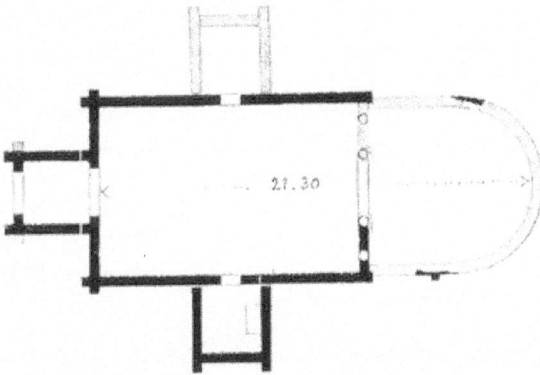

St. Pancras Church, Canterbury. Grundriss. Entnommen von [https://mittelalter.fandom.com/de/wiki/St._Pancras_Church,_Canterbury]

"Im 9. Jahrhundert litt Kent stark unter den Angriffen der Wikinger. Die Abtei befand sich in einer verwundbaren Lage außerhalb der Stadtmauern und wäre mit ihren Schätzen ein unvermeidliches Ziel für die heidnischen Wikinger gewesen. Die Abtei überlebte jedoch, viele andere Klöster in Kent jedoch nicht. In beständigeren Zeiten gründete Dunstan 978 die Abtei neu und erweiterte wahrscheinlich die Kirche St. Peter und St. Paul und fügte die Widmung an St. Augustinus hinzu. 978 entwickelten die Äbte die Bibliothek und das Skriptorium, die einen europäischen Ruf erlangten." [http://augustineofcanterbury.org/wp-content/uploads/2013/02/CanterburyWHSManagementPlan.pdf, S. 23]

"Bei ihrer Rückkehr im Jahr 1011 plünderten die Wikinger Canterbury und nahmen den Erzbischof Alphege und den Abt Elfmar gefangen. Einer Quelle zufolge wurde die Kathedrale geplündert und verbrannt, und es ist unwahrscheinlich, dass St. Augustinus unbeschadet davonkam." [ebd., S. 23]

"Das Wirken der Abtei scheint während der Herrschaft von Cnut wiederaufgelebt zu haben und wurde gekrönt, als der Leichnam von St. Mildred aus dem Münster in Thanet in den Augustinerkloster übersetzt wurde, was das Ansehen der Abtei erheblich steigerte. Abt Wulfric begann ein großes Bauprogramm und verband die Abteikirche mit St. Mary's durch eine große Rotunde. Nach Wulfrics Tod im Jahr 1059 war das Projekt unvollendet, und nach der Eroberung beschloss der neue normannische Abt, Scolland, einen Neubeginn." [ebd., S. 24]

"Nach Gesprächen mit Papst Alexander III. im Jahr 1071 begann Scolland mit den Arbeiten an seiner neuen großen romanischen Kirche, die erst um 1110 fertiggestellt wurde. Die angelsächsische Kirche wurde dabei zerstört, und 1091 wurden die Körper der frühen Erzbischöfe von der Nordseite der alten Kirche in den östlichen Teil der neuen Kirche verlegt. Neue Klostergebäude wurden um einen Kreuzgang herum errichtet ... Im Gegensatz zur Kathedrale blieb die Hauptstruktur der Stiftung von Abt Scolland bis zur Auflösung des Klosters weitgehend intakt." [ebd., S. 24]

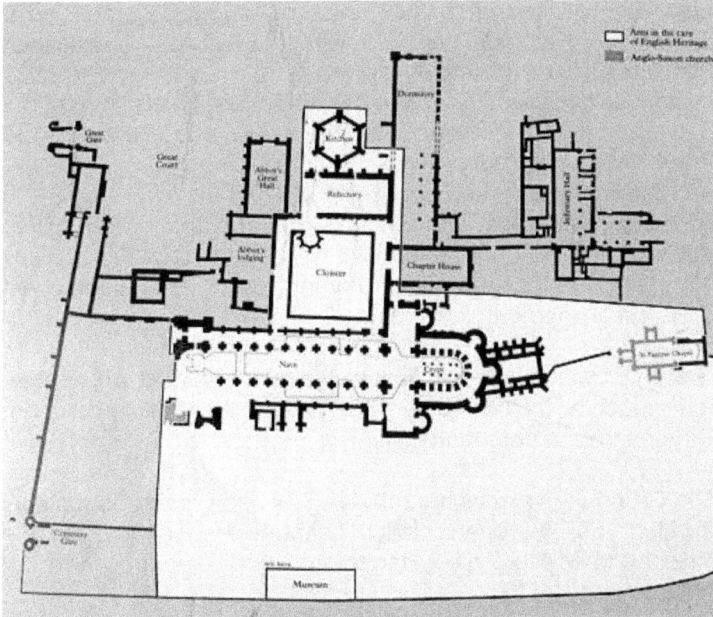

Canterbury, Abtei St. Augustin. Grundriss mit Einzeichnung der angeblich angelsächsischen Vorgängerbauten (braun). Entnommen von [http://www.canterbury-archaeology.org.uk/staugustine/4590809550]

Die traditionelle Baugeschichte zusammengefasst:
Der 613 geweihte Bau soll ein Saal mit einer Ostapsis und Portiken im Norden und Süden über die gesamte Schiffslänge sowie einem Narthex im Westen gewesen sein.
Dieser ersten Kirche soll später eine separate Marienkirche im Osten, ein Saalbau mit einer Ostapsis und auf derselben Achse liegend, hinzugefügt worden sein.

Als nächste Baumaßnahme soll, um die Mitte des 11. Jh., die Lücke zwischen diesen beiden Bauten durch eine große Rotunde geschlossen worden sein. Diese Baumaßnahme soll jedoch unvollendet geblieben sein.

Kurze Zeit später, ab 1071, soll die alte Kirche abgebrochen und eine große romanische Kirche errichtet worden sein. Deren Fertigstellung wird 1110 gesehen [http://augustineofcanterbury.org/wp-content/uploads/2013/02/CanterburyWHSManagementPlan.pdf, S. 22], nach einer anderen Quelle erst 1124 [http://www.canterbury-archaeology.org.uk/staugustine/4590809550].

"Bis zum Ende des Jahrhunderts (des 12. Jh. - MM) sollten der Kreuzgang und die Wohngebäude folgen ... Das 13. Jahrhundert brachte umfangreiche Umbauten von größerer Modernität, ..." [ebd.]

Die o. a. traditionelle Baugeschichte ist kaum nachvollziehbar. Ich möchte dieser eine alternative Rekonstruktion der Baugeschichte entgegenstellen:

Die Gründungsgeschichte mit der Gründung durch Augustinus im Jahr 597 ist offensichtlich konstruiert, genauso wie die Wikingerüberfälle, die Herrschaft der Dänen und der Normannen.

Die erste Kirche sehe ich um 1100, etwa zeitgleich mit der nur wenig weiter östlich gelegenen Pancraskirche. Beide Kirchen waren möglicherweise ursprünglich Eigenkirchen. Bei beiden Bauten wurde die Wiederverwendung römischer Ziegel nachgewiesen, bis in das 12. Jh. keine Seltenheit.

Ob die westliche Kirche von Anfang an St. Peter und Paul gewidmet war, kann hier nicht beantwortet werden. Möglicherweise ist dieses Patrozinium erst dem Nachfolgebau zuzuordnen.

Dieser Nachfolgebau war der große romanische Bau, der angeblich 1071 begonnen und 1110/1124 fertiggestellt gewesen sein soll. Real sehe ich einen Baubeginn im ersten Viertel des 12. Jh. Vermutlich war dieser Bau die erste

Abteikirche. Möglicherweise diente bis zur Fertigstellung dieses Baus die Pancraskirche als provisorische Klosterkirche. Leider gibt es keine wirklichen Angaben zum Aussehen des hochromanischen Baus. Vermutlich hält man den noch sichtbaren Grundriss für denselben, was sicher nicht zutrifft. Die Rotunde, rekonstruiert als Rundbau mit einem inneren Arkadenring und einem zweigeschossigen Umgang und zwei(?) Treppentürmen, ordne ich dem romanischen Bau des 12. Jh. zu. Die Parallele zu der Rotunde von St. Bénigne in Dijon ist unübersehbar, auch wenn die Dijoner Rotunde noch deutlich größer war. Deren Baubeginn habe ich in [MEISEGEIER 2020, 76ff] um die Mitte des 12. Jh. datiert. Der ursprünglich östlich anschließende, apsidial geschlossene Saalbau, die angeblich ursprünglich freistehende Marienkirche, gehört nach meiner Auffassung zum Bau der Rotunde und ist die eigentliche Marienkapelle. Übrigens hatte auch die Rotunde von St. Bénigne in Dijon eine östlich anschließende Kapelle, ebenfalls ein in einer Apsis endenden Saal, der der Maria geweiht war.

Diese Chorscheitelkapellen entstehen in West- und Mitteleuropa erst nach 1100 im Zusammenhang mit dem Aufkommen der besonderen Verehrung der hl. Maria. Die Chorscheitelkapellen als Marienkapellen habe ich in MEISEGEIER 2020 anhand von Beispielen aus Frankreich (Auxerre, Flavigny, Dijon) behandelt (siehe dort).

Vielleicht war der große Brand von 1168 die Veranlassung für den vorzeitigen Abbruch der Arbeiten an dem hochromanischen Bau und für den Beginn eines spätromanischen Neubaus der Abteikirche.
Wie weit der hochromanische Bau bis dahin gediehen war, kann ich nicht sagen. Ich gehe davon aus, dass auf irgendeine Art ein Klosterbetrieb möglich war, vielleicht sogar noch unter Nutzung des ersten Baus bzw. von Teilen dieses.
Um den Klosterbetrieb nicht übermäßig zu stören, wurden die Ostteile der neuen Abteikirche östlich des bestehenden Baus errichtet, wofür nur die Marienkapelle östlich der Rotunde weichen musste. so konnten der Umgangschor und das Querhaus weitgehend ungestört gebaut werden. Den

Baubeginn sehe ich kaum vor 1200. Die Fertigstellung der Ostteile dürfte um die Mitte des 13. Jh. erfolgt sein. Das Langhaus wurde offenbar erst im 14./15. Jh. durch einen gotischen Bau ersetzt. Etwa ab Mitte des 13. Jh., erfolgte der umfassende Umbau der Klostergebäude.

Die Kathedrale (Christ Church Cathedral)

Die deutsche Wikipedia [https://de.wikipedia.org/wiki/Kathedrale_von_Canterbury] informiert uns über die Baugeschichte der Kathedrale wie folgt:

597/603	Bau einer ersten Kathedrale
950	Erneuerung der Kirche unter Erzbischof Bodo
1067	Zerstörung durch Brand
ab 1067	Errichtung des aktuellen Baus, zunächst als Kirche mit Querhaus und Chor mit drei Apsiden
ab 1096	große Erweiterung der Ostanlage mit weiteren Langhausabschnitt, östlichen Querhaus, Langchor mit Umgang und Radialkapellen über einer Krypta, Westtürmen und Vierungsturm. Weihe 1130
1174	Brand des Chors
ab 1175	Neubau des Chors (Beginn der Gotik in England)
ab 1184	Einwölbung der Chorscheitelkapelle (Gedenkstätte für die Gebeine des hl. Thomas Becket)
ab 1378-1410	Neubau des Langhauses und des westlichen Querhauses
um 1405	Gewölbe im Hauptschiff vollendet
1396-1420	Errichtung von Kreuzgang und Kapitelsaal
1494-1504	Neubau Vierungsturm

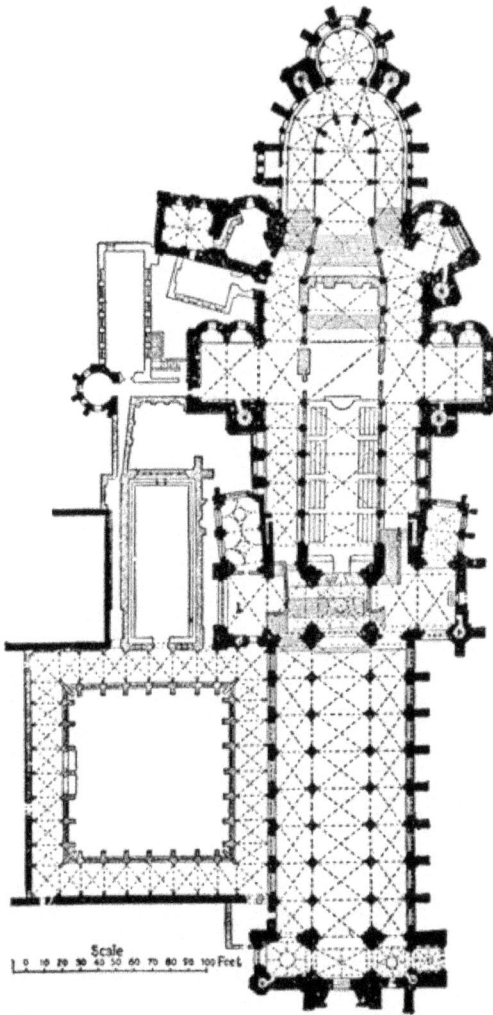

Canterbury, Kathedrale. Grundriss des aktuellen Baus.
Entnommen von
[https://etc.usf.edu/clipart/60900/60908/60908_cathedral.htm]

Zu den Vorgängerbauten:
Unter den frühesten Resten der Kathedrale wurde eine römische Straße ergraben, deren Verlauf von der Achsrichtung der Kathedrale deutlich abweicht.
"Von der Kirche, die Augustinus erbaute, oder von der angelsächsischen Kathedrale, die ihr folgte, steht heute nichts mehr über dem Boden. Die alte Kathedrale wurde 1011 von den Dänen geplündert und schließlich durch den verheerenden Brand, der 1067 über die Stadt fegte, unwiederbringlich verwüstet."
[http://augustineofcanterbury.org/wp-content/uploads/2013/02/CanterburyWHSManagementPlan.pdf, S. 14]
1993 wurden Ausgrabungen unter dem Kirchenschiff durchgeführt. Insbesondere zur angelsächsischen Kirche glaubt man, wichtige Entdeckungen gemacht zu haben.

Im Folgenden zitiere ich die Übersetzung des Abschnitts zur angelsächsischen Kathedrale von BLOCKLEY/BENNETT [https://www.hillside.co.uk/arch/cathedral/nave.html] in voller Länge, da dieser Text die ausführlichste von mir aufgefundene Darstellung der Ausgrabungsergebnisse liefert:

"**Angelsächsische Kathedrale**
Der bei weitem wichtigste Fund waren die Überreste der angelsächsischen Kathedrale, nur 0,20 m unter dem Fußboden von 1786. Die Überreste lassen sich in vier Hauptphasen unterteilen. Die früheste, Phase I, ist durch schmale Mauerfundamente am östlichen Ende des Kirchenschiffs dargestellt. Diese Fundamente sind in poströmische "dunkle Erde"-Ablagerungen eingeschnitten, die die römisch-britischen Ablagerungen versiegelten. Sie sind möglicherweise Teil der ursprünglichen Kirche des heiligen Augustinus, die kurz nach seiner Ankunft im Jahre 597 n. Chr. errichtet wurde und aus einem Kirchenschiff mit einem möglichen Narthex im Westen und einem Portikus im Norden und Süden bestand. Die Fundamente bestanden aus wiederverwendeten römischen Steinen mit Mörtelsteinen und römischen Ziegeln darüber. Der Grundriss und der Maßstab

des Gebäudes ähneln der frühen Kirche St. Peter und St. Paul im Augustinerkloster (Sparks 1990, 8).

Phase II bestand aus einer teilweise unterirdischen Mauerwerksstruktur mit einem Fliesenboden 1,2 m unter der zeitgenössischen Erdoberfläche und Wänden aus Opus Signinum. Südwestlich der Fundamente von Phase I gelegen, könnte es sich um eine Ergänzung gehandelt haben, da es eine frühere Mauer überlagert hat. Seine Funktion bleibt ungewiss, aber es könnte ein Mausoleum gewesen sein.

Im neunten oder zehnten Jahrhundert wurde die frühe Kirche abgerissen und eine größere Struktur (49 m x 23 m) mit einem quadratischen Ende gebaut (Phase III). Dieses Gebäude verfügte über ein beträchtliches Fundament. Im nördlichen Seitenschiff in der Nähe des westlichen Endes wurde ein integriertes Grab gefunden. Die Lage eines zentralen quadratischen Turms wurde durch zwei Querwände und ein 3 m breites Fundament auf der Südseite angedeutet. Es ist verlockend, diese Phase Erzbischof Wulfed(sic) (805-32) zuzuschreiben, und einen späteren Umbau, der durch eine versetzte Ziegelschicht auf der Südwand gekennzeichnet ist, Erzbischof Oda (942-58).

In der nächsten Phase (Phase IV) wurde das viereckige westliche Ende abgerissen und durch ein großes Westwerk (das Marienoratorium) ersetzt. Ein wesentlicher Teil dieses Westwerkes wurde bei den Ausgrabungen in Form einer tiefen polygonalen Apsis mit flankierenden sechseckigen Treppentürmen freigelegt. Die Kathedra oder der Thron des Erzbischofs befand sich hinter der Apsis, während der Marienaltar zum Hauptschiff hin vorgelagert war. Gleichzeitig wurden die Arkadenwände verstärkt und an den östlichen Ecken Türme hinzugefügt - einer davon befand sich im südwestlichen Querschiff und könnte der Turm von St. Gregor sein (Brooks 1984, 39). Diese Überreste könnten von den Erzbischöfen Lyfing (1013-20) oder Æthelnoth (1020-38) erbaut worden sein, nachdem eine dänische Armee unter der Führung von Thorkell dem Langen und seinem Bruder

Hemming 1011 die Stadt und die Kathedrale geplündert und niedergebrannt hatte (Woodman 1981, 15). Parallelen für Phase IV finden sich in den ottonischen romanischen Kirchen des zehnten und elften Jahrhunderts in Frankreich, Deutschland und der Schweiz." [ebd.]

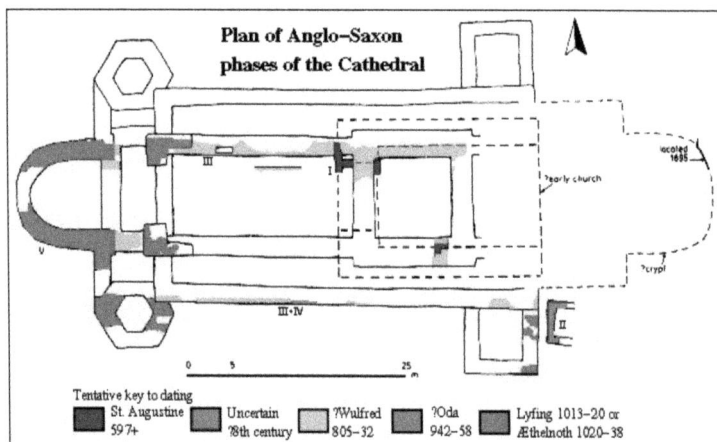

Canterbury, Kathedrale. Plan der angelsächsischen Kathedrale nach den Ausgrabungen. Übernommen von [https://www.hillside.co.uk/arch/cathedral/nave.html]

"Die ausgegrabenen Überreste der Phase IV maßen 58,5 m x 30 m. Die Kathedrale war jedoch "bipolar" und hatte sowohl östliche als auch westliche Apsiden. Es kann daher postuliert werden, dass es sich bei dem ausgegrabenen Bereich im Osten um eine große Ringkrypta handelte, die möglicherweise die Überreste von St. Dunstan beherbergte. Die ursprüngliche Kirche könnte etwa 75 m lang gewesen sein, so dass das östliche Ende nahe an die Mauerfragmente heranreicht, die 1895 unter dem Boden der Krypta gefunden wurden (Strik 1982, Abb. 3). Zweifellos hätte die Kathedrale in den frühen Jahren des elften Jahrhunderts zu den größten in Nordeuropa gezählt.

Die Kathedrale wurde am 6. Dezember 1067 durch einen Brand schwer beschädigt und erlebte keine weiteren Bauarbeiten, bis Erzbischof Lanfranc 1070 nach Canterbury kam." [ebd.]

Offenbar sind die Grabungsergebnisse nicht zweifelsfrei interpretierbar. Die Archäologie-Webseite [https://www.archaeology.co.uk/articles/specials/timeline/cante rbury-cathedral.htm], eine gekürzte Fassung eines Artikels in CURRENT ARCHAEOLOGY No. 136, Vol. XII No. 4 (published October/December 1993), bietet eine etwas irritierende Darstellung der Grabungsergebnisse. So zeigt der dortige Plan (sofern ich ihn richtig interpretiere) die o. a. Phase III als Phase I, welche im Text aber als zweite Phase beschrieben wird.

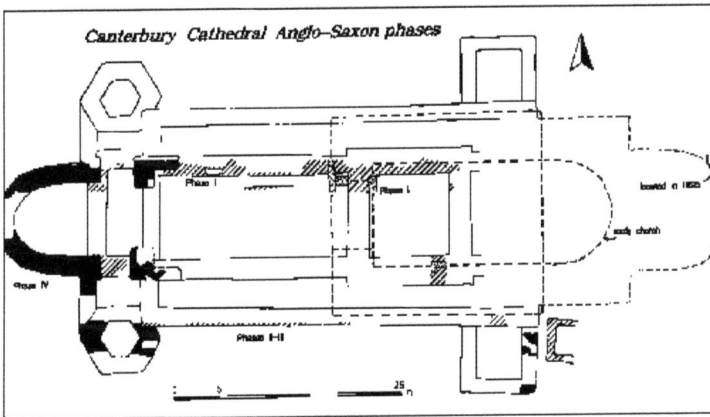

Canterbury, Kathedrale. Plan der angelsächsischen Kathedrale nach den Ausgrabungen.
https://www.archaeology.co.uk/articles/specials/timeline/canter bury-cathedral.htm

Also insgesamt bleiben auch nach den Grabungen insbesondere die frühen Phasen weitgehend im Dunkeln.

Die traditionelle Rekonstruktion der Baugeschichte ist abzulehnen. Ich biete im Folgenden eine alternative Baugeschichte an.

Zweifelsfrei sind sämtliche Kirchenbauten an dieser Stelle nachrömisch. Da die Römerzeit schon nach dem ersten Viertel des 2. Jh. (traditionell um 410) in England zu Ende ging, wäre dies kein Novum. Nach meiner Auffassung gibt es sogar ein Indiz, dass die Kirchenbauten sogar nachkatastrophisch sind. Die poströmischen "dunkle Erde"-Ablagerungen, die die römisch-britischen Ablagerungen versiegelten und in die die Fundamente eingeschnitten sind, ist die Katastrophenschicht der Katastrophe von um 940 u. Z. Das bedeutet natürlich auch, dass die Kirchenbauten frühestens ab der zweiten Hälfte des 10. Jh. überhaupt errichtet worden sein können (*terminus post quem*).

Nach einer anderen Quelle: "Die Fundamente (der ersten Kirche - MM) wurden in dunkle Erde geschnitten, die Keramik von ca. 450-550 enthielt, was wiederum eine von Gebäuden gesäumte römische Straße versiegelte." [http://augustineofcanterbury.org/wp-content/uploads/2013/02/CanterburyWHSManagementPlan.pdf] Die Datierung der Keramik ist spätantik und entspricht den antiken Jahren 166-266 n. Chr. Die globale Naturkatastrophe fand im antiken Jahr 238 n. Chr. statt, also exakt in dem Zeitraum, in den die Keramik datiert ist (nach der Korrektur in den antiken Datierungsstrang).

Natürlich halte ich die zweite Hälfte des 10. Jh. für einen Kirchenbau noch deutlich zu früh. Die Menschen mussten nach der globalen Naturkatastrophe zuallererst ihre Grundbedürfnisse wie Essen und Wohnen befriedigen. Ich sehe die ersten Kirchenbauten in England frühestens ca. einhundert Jahre später, in der zweiten Hälfte des 11. Jh.

So ist m. E. die erste Bauphase der Kathedrale von Canterbury um 1100 zu datieren, wobei dieser Bau noch keine Kathedrale war. Die Bistumsgründung datiere ich in die erste Hälfte des 12. Jh. Die angebliche Bistumsgründung durch den hl. Augustinus von Canterbury im Jahr 597 ist ein Konstrukt.

Da die Achse der sog. angelsächsischen Kirche etwa fünf Meter nördlicher als die Achse des aktuellen Baus [https://en.wikipedia.org/wiki/Canterbury_Cathedral] lag, sind diese frühen Phasen deutlich von den späteren Bauphasen zu unterscheiden.

Ob die ergrabenen Mauerfragmente der Phase I wirklich die Rekonstruktion eines zweizelligen Baus in Ost-West-Richtung mit einer westlichen Vorhalle und einem nördlichen Portikus ähnlich den frühen Kirchen der Abtei St. Augustinus hergeben [http://augustineofcanterbury.org/wp-content/uploads/2013/02/CanterburyWHSManagementPlan.pdf, S. 15], möchte ich hier offenlassen. Die Wiederverwendung von römischen Ziegelsteinen wurde offenbar auch hier festgestellt. Eine Errichtung um 1100 ist denkbar.

Die Phase II (in obiger Skizze rot dargestellt) erscheint mir relativ unklar. Auch ist die Lokalisierung nicht südwestlich sondern südöstlich der Fundamente der ersten Kirche.
Fraglich ist, ob diese Reste überhaupt zum Kirchenbau gehörten. Auch die Ausrichtung des Baus weicht von der der Kirche ab. Die Zuweisung zu einem Mausoleum ist reine Spekulation.

Die Rekonstruktion der Phase III bleibt unklar. Dieser Bau von 49 m Länge und 23 m Breite soll dreischiffig gewesen sein und einen zentralen quadratischen Turm (Vierungsturm?) besessen haben. Eine glaubhafte Rekonstruktion konnte ich nirgendwo finden.
Mit der zeitlichen Einordnung der Phase IV in die 70er Jahre des 12. Jh. (siehe unten) verbleibt für die Phase III nur der Zeitraum zwischen um 1100 und 1170/80. Vermutlich wurde

die Kirche der Phase III im Zusammenhang mit der Gründung des Erzbistums in der ersten Hälfte des 12. Jh. errichtet.

Eine Einordnungsmöglichkeit bietet vielleicht die Phase IV, die letzte der sog. angelsächsischen Bauphasen der Kathedrale. "Diese letzte Phase ähnelt den ottonisch-romanischen Kirchen aus der Mitte des zehnten bis Anfang des elften Jahrhunderts und wurde möglicherweise von den Erzbischöfen Lyfing (1013-20) oder Aethelnoth (1020-38) erbaut. Parallelen sind in Mainz, Hildersheim, Gernrode und Trier (um nur einige zu nennen) bekannt." [https://www.archaeology.co.uk/articles/specials/timeline/cante rbury-cathedral.htm]

Der Hinweis auf ähnliche Westbaulösungen (Querbau, Westapsis) in den genannten Orten Deutschlands ist vermutlich zutreffend. Leider bleibt dabei unberücksichtigt, dass alle diese Lösungen nicht Mitte des 10. bis Anfang des 11. Jh. entstanden sind, sondern erst im 12. Jh. (siehe zu Mainz [MEISEGEIER 2020, 144ff], zu Hildesheim St. Michael [MEISEGEIER 2019-2, 90ff], zu Gernrode [MEISEGEIER 2019-1, 192ff]).

Die größte Ähnlichkeit, dort ebenfalls mit sechseckigen Treppentürmen, besteht zum Westquerhaus und Westchor der Michaelskirche in Hildesheim. Der Westchor von St. Michael entstammt einer Planänderung um 1160. Er galt der Verehrung des Hildesheimer Bischofs Bernward und wurde in Vorbereitung der Heiligsprechung von Bernward errichtet. Diese erfolgte auch 1192.
Ich denke, dass auch für den Westchor und das Westquerhaus von einem vergleichbaren Zusammenhang und einer gleichen Zeitstellung auszugehen ist. Dass der Westchor der Verehrung der hl. Maria gewidmet gewesen sein soll, ist nicht glaubhaft. Marienkapellen waren üblicherweise im Osten angeordnet. Eine solche mag durchaus im Osten vorhanden gewesen sein.
Ich sehe ein anderes Szenario: 1170 wurde der Erzbischof von Canterbury Thomas Becket ermordet. Becket soll schon

1173 von Papst Alexander III. heiliggesprochen worden sein. Ich halte die Heiligsprechung von Becket als auch Papst Alexander III. für spätere Konstrukte. Vermutlich wurde der Umbau nicht vollendet. Thomas Becket war unter seinen Zeitgenossen sehr umstritten. Nach Becket kam mit Erzbischof Richard von Dover (1173-1184) ein Mann ins Amt, der sicher kein Verehrer von Becket war. Mit der Einstellung des Umbaus wurde der gesamte bisherige Kirchenbau aufgegeben und ein kompletter Neubau in Angriff genommen.

Den Baubeginn des spätromanischen Neubaus, traditionell der Neubau von Erzbischof Lanfranc nach dem Brand von 1067, datiere ich um 1180. Aus baupraktischen Gründen wurde seine Achslage ca. fünf Meter nach Süden versetzt. Dieser Kirchenbau, eine dreischiffige, kreuzförmige Basilika mit einem Querhaus im Osten, Hauptchor sowie Nebenchören und Apsiden an Hauptchor, den Nebenchören(?) und an den Querarmen, war mit seinem Staffelchor offenbar von den sich im 12. Jh. in ganz West- und Mitteleuropa ausbreitenden Reformorden inspiriert. Möglicherweise ist hier der Einfluss von Balduin von Exeter, von 1185-1190 Erzbischof von Canterbury, der zuvor zuerst Mönch und danach Abt im Zisterzienserkloster Forde war [https://de.wikipedia.org/wiki/Balduin_von_Exeter]. Einige Rekonstruktionen zeigen eine Einwölbung der Seitenschiffe - bei einem spätromanischen Bau unspektakulär.

Offenbar genügte dieser asketische Neubau schon kurze Zeit später nicht mehr den Anforderungen einer erzbischöflichen Kathedrale, so dass man einen monumentalen Kirchenneubau östlich vor der bestehenden Kirche begann. Unter dem Vorgänger von Balduin, Erzbischof Richard von Dover (1173-1184), soll Papst Alexander III. das Primat der Erzdiözese Canterbury gegenüber den anderen Bischöfen bestätigt haben, womit der Erzbischof von Canterbury das Oberhaupt der englischen Kirche wurde [https://de.wikipedia.org/wiki/Richard_of_Dover].

Vermutlich geht die heutige Bedeutung des Erzbischofs von Canterbury als *Primate of all England* und als geistliches Oberhaupt der Anglikanischen Kirche [https://de.wikipedia.org/wiki/Kathedrale_von_Canterbury] darauf zurück. Darüber hinaus verfügt der Erzbischof von Canterbury über das Recht, die englischen Könige zu krönen [ebd.]

Vermutlich hat auch das schlechte Ansehen von Balduin in Canterbury, der sich mit dem Kathedralpriorat überworfen hat [https://de.wikipedia.org/wiki/Balduin_von_Exeter], für die schnelle Entscheidung zu einem Neubau geführt.

Diese Bedeutungssteigerung musste sich selbstredend auch im Bau widerspiegeln.

Nach meiner Auffassung war ursprünglich ein kompletter Neubau geplant, wovon offensichtlich später Abstand genommen wurde. Dafür spricht die spätere, ungewöhnliche Anpassung des breiteren Chorbaus an den bestehenden, schmaleren Bau. Vermutlich hatte man sich bei der Dimensionierung dieses Baus völlig übernommen.

Vorbild für den geplanten Neubau war offensichtlich der monumentale Bau im burgundischen Cluny (Cluny III). Bei Cluny III finden wir den Chorumgang mit angefügten Kapellen und die seitlichen, querhausartigen Kapellen wieder. Cluny III wurde um die Mitte des 12. Jh. fertiggestellt.

Bei der Anpassung an den bestehenden Bau wurde der Chor und die Nebenchöre des Vorgängerbaus bis zur Vierung abgebrochen. Der gesamte Neubauteil wurde der neue Chor unter dem sich eine riesige Krypta erstreckt.

Ich datiere den Baubeginn dieser Bauphase auf um 1200 unter Erzbischof Hubert Walter (1193-1205) oder Erzbischof Stephen Langton (1207-1228).

Sämtliche weiter Umbauten fallen nicht mehr in die Zeit der Romanik, weshalb ich darauf nicht weiter eingehen möchte. Die Dreifaltigkeitskapelle ist bereits gotisch. Ihre Errichtung sehe ich um 1300, keinesfalls bereits im 12. Jh., wie von der traditionellen Forschung behauptet.

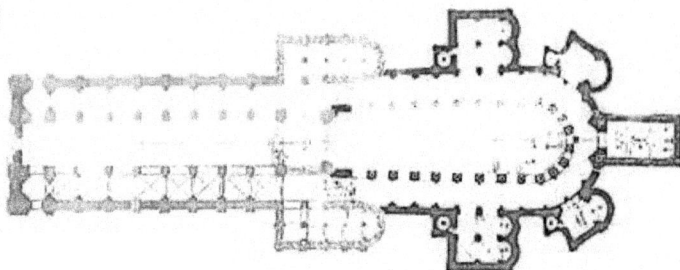

Canterbury, Kathedrale. (Gelb: Bau um 1180 Rot: begonnener Neubau um 1200). Grundriss entnommen von [https://www.researchgate.net/figure/3-Ground-floor-plan-of-Canterbury-Cathedral-after-Archbishops-Anselm-reconstruction_fig3_277068629]

Durham, Kathedrale (Cathedral Church of Christ, Blessed Mary the Virgin and St Cuthbert of Durham)

Durham, eine Stadt in der Grafschaft Durham im Nordosten Englands, liegt am Fluss Wear. Das Stadtzentrum mit den Weltkulturerbestätten Durham Castle und Durham Cathedral liegt inmitten einer Flussschleife des Wear.
Das Bistum Durham soll seit 635 als Bistum Lindisfarne bestanden haben. Ab 882 sollen die Bischöfe in Chester-le-Street und seit 995 in Durham residiert haben. [https://de.wikipedia.org/wiki/Diözese_Durham]

"Die heutige Stadt hat ihren Ursprung im Jahre 995, als eine Gruppe von Mönchen aus Lindisfarne, zu diesem Zeitpunkt seit über 100 Jahren auf der Flucht vor den Wikingern, die hochgelegene Halbinsel als letzten Ruheort für die sterblichen Überreste des Heiligen Cuthbert von Lindisfarne auswählte und eine Kirche gründete. ... Das Grab Cuthberts zog zahlreiche Pilger an, und mit der Zeit entwickelte sich eine Stadt um die Kirche. In den Jahren 1006 und 1038 wurde

99

diese Siedlung von Schotten erfolglos angegriffen; die Hügellage erwies sich als gut zu verteidigen. Im Jahre 1069 schickte Wilhelm der Eroberer 700 Mann nach Durham, die kurz darauf von den einheimischen Sachsen angegriffen und massakriert wurden. In dem sich anschließenden Harrying of the North (etwa: Plündern des Nordens) im Rahmen der normannischen Eroberung Englands wurden die heimischen Sachsen systematisch ausgeplündert und unterdrückt. Geschätzte 150.000 Menschen wurden in dieser Zeit getötet (Domesday Book).

Im Jahre 1072 errichteten die Normannen die Burg Durham Castle und gründeten 1083 ein Benediktiner-Priorat. Zehn Jahre später begann unter der Leitung des normannischen Bischofs William of St. Carilef der Bau der Durham Cathedral. Die Kathedrale wurde zum letzten Ruheort für die Überreste der Heiligen Cuthbert und Beda Venerabilis und ist es bis heute geblieben." [https://de.wikipedia.org/wiki/Durham]

Da die Geschichte Durhams und seiner Kathedrale nicht von der Geschichte der Burg (Durham Castle) getrennt werden kann, muss auch diese hier einbezogen werden.

"Die Burg wurde ursprünglich im 11. Jahrhundert zum Schutz des Bischofs von Durham vor Angriffen gebaut. Der Norden Englands war, insbesondere nach der Eroberung des Landes durch die Normannen im Jahre 1066 (beginnend mit der Schlacht bei Hastings), ein „sehr wildes" Gebiet. Die Burg ist beispielhaft für die von den Normannen bevorzugte Mottenbauweise."
[https://de.wikipedia.org/wiki/Durham_Castle]

"Mit dem Bau der Burg wurde 1072 unter dem Befehl von Wilhelm dem Eroberer begonnen, sechs Jahre nach der normannischen Eroberung Englands und kurz nachdem die Normannen erstmals in den Norden kamen.
Der Bau fand unter der Aufsicht des Earl of Northumberland, Waltheof, statt, bis er sich gegen William auflehnte und 1076 hingerichtet wurde.

Die Burg kam dann unter die Kontrolle des Bischofs von Durham, Walcher, der die Grafschaft erwarb und damit der erste der Prinz-Bischöfe von Durham wurde, ein Titel, der bis ins 19. Jahrhundert bestehen bleiben sollte und Durham einen einzigartigen Status in England verleihen sollte. Unter Walcher wurden viele der ersten Gebäude der Burg errichtet. Wie es für normannische Burgen typisch war, bestand sie aus einer Motte (Hügel) und einem inneren und äußeren Burghof (eingezäuntes oder ummauertes Gebiet). Ob die Motte und der innere Burghof zuerst gebaut wurden, ist unbekannt. Es gibt auch eine Debatte darüber, ob Durham Castle ursprünglich eine Stein- oder Holzkonstruktion war oder nicht. Historische Quellen erwähnen, dass ihr Bergfried (befestigter Turm) aus Holz gebaut wurde, aber es gibt genügend archäologische Beweise dafür, dass sie selbst im späten 11. Jahrhundert, als sie zum ersten Mal gebaut wurde, zahlreiche Steingebäude besaß. ... Archäologische Beweise deuten darauf hin, dass eine angelsächsische Verteidigungsstruktur vor der normannischen Burg bestand."
[https://www.durhamworldheritagesite.com/architecture/castle]

"Der Grundstein der heutigen Kathedrale wurde unter dem ersten Fürstbischof William of St Calais am 10. August 1093 gelegt und der Bau unter seinem Nachfolger Ranulf Flambard fortgesetzt. ... Der dreischiffige Chor wurde 1093 begonnen. Er ist 40 m lang. Von der ursprünglichen Einwölbung sind nur die Kreuzrippengewölbe der Seitenschiffe erhalten. Wahrscheinlich sind sie die ältesten Kreuzrippengewölbe überhaupt. ... Zwischen 1128 und 1133 entstand im Langhaus von Durham ein dreiteiliger Lichtgaden mit verzierten Bogen und einem Laufgang und gleichzeitig die Kreuzrippengewölbe über Doppeljochen. ... Das Datum der Fertigstellung der ersten Bauphase ist nicht genau überliefert. Es werden die Jahre 1130 oder 1133 angegeben. ... 1175–1189 wurde die *Galilee Chapel (Galiläa-Kapelle)*, ähnlich einem Narthex, vor die Westseite der Kirche gesetzt. Hier befindet sich das Grab des Beda Venerabilis."
[https://de.wikipedia.org/wiki/Durham_Cathedral]

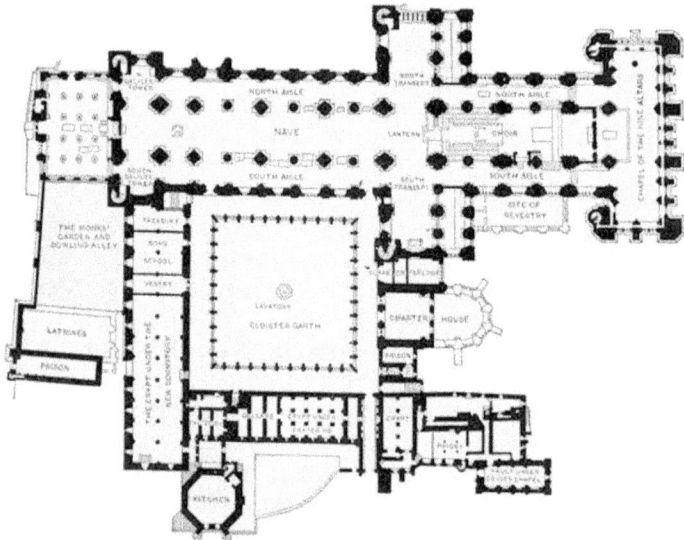

Durham, Kathedrale. Grundriss. Entnommen von [https://en.wikisource.org/wiki/Catholic_Encyclopedia_(1913)/ Abbey]

"Berühmt geworden ist diese Kathedrale, weil in Teilen der Forschung angenommen wird, dass ab 1096 hier in der Geschichte der Architektur das erste Kreuzrippengewölbe entstanden ist, und zwar im südlichen Seitenschiff (etwa zeitgleich zu Sant'Ambrogio in Mailand). Die Fertigstellung des Gewölbes der östlichen Teile wird für das Jahr 1104 angenommen, die des Langhauses 1130. Das Kreuzrippengewölbe wird durch abwechselnd dienstbesetzte Kreuzpfeiler, hohe Rundpfeiler sowie *flying buttress* oder *arc boutant* genannte Strebebögen gestützt. Die Stützung durch die Strebepfeiler ermöglichte höhere Gebäude und öffnete gleichzeitig Raum für größere Fenster. Die Wandstruktur und ihr Gliederungssystem hängt eng mit der auf dem Festland verbreiteten Wandstruktur zusammen, entwickelt sie aber konsequent weiter. Die vertikalen Dienste setzen sich als Rippen in die Gewölbe fort, binden so die beiden gegenüber liegenden Wände zu einem übergreifenden Jochsystem zusammen – eine Technik der Gotik. Um kompliziertere Grundrisse zu gestalten, wurde von dem in der Romanik üblichen auf Quadraten und deren Vielfachen basierenden Grundrissen abgewichen, was im Bereich der Gewölbe und Strebebögen dazu führte, dass sie nicht mehr als einzelnes Kreissegment ausgeführt werden konnten. Vielmehr bestehen sie nun aus zwei Kreissegmenten, die mit weniger als einem Viertel eines Kreissegments zusammengefügt werden: Es entstehen Spitzbogen.

All diese Merkmale werden als Vorläufer der Gotik angesehen, die wenige Jahrzehnte später im Norden Frankreichs aufkam." [ebd.]

Dass die Einwölbung mit Spitzbögen zum ursprünglichen Plan gehörte, ist offenbar umstritten. Manche sehen in ihnen eine spätere Änderung. [ebd.]

"Obwohl einige die Kathedrale von Durham fälschlicherweise für das erste "gotische" Monument hielten (die Beziehung zwischen ihr und den im 12. Jahrhundert in der Region Ile-de-France errichteten Kirchen ist nicht offensichtlich), stellt dieses Gebäude aufgrund der innovativen Kühnheit seines Gewölbes ebenso wie Spire [Speyer] und Cluny eine Art experimentelles Modell dar, das seiner Zeit weit voraus war." [https://historicengland.org.uk/listing/the-list/list-entry/1000089]

Die heutige Kathedrale soll jedoch Vorgängerbauten gehabt haben. "Es existierte ein Vorgängerbau aus angelsächsischer Zeit, von dem aber oberirdisch heute nichts mehr zu sehen ist." [ebd.]

"Ursprünglich wurde ein sehr einfaches provisorisches Bauwerk aus lokalem Holz errichtet, um die Reliquien des Heiligen Cuthbert zu beherbergen. Der Schrein wurde dann in ein stabileres, wahrscheinlich immer noch aus Holz bestehendes Gebäude, die so genannte Weiße Kirche, verlegt. Diese Kirche wurde drei Jahre später, 998, durch ein steinernes Gebäude ersetzt, das auch als Weiße Kirche

bekannt war und 1018 bis auf den Turm fertig gestellt wurde."
[https://en.wikipedia.org/wiki/Durham_Cathedral]
"Seit 995, als der Leichnam von St. Cuthbert nach vielen Wanderungen hierher gebracht und ein provisorisches Bauwerk darüber errichtet wurde, war die Stätte ununterbrochen mit einer Kirche besetzt. An ihre Stelle trat eine steinerne Kirche, die 996 von Bischof Aldhun begonnen wurde und als Weiße Kirche bekannt ist. Aldhuns Kirche stand zur Zeit der Eroberung, aber bei Ausgrabungen konnten keine Spuren davon gefunden werden. Dass sie einen Westturm hatte, geht aus dem Bericht ... des Mönchs Reginald hervor, und dass sie nach der Mode der größeren Kirchen dieser Zeit kreuzförmig war, mit einem zweiten Turm über der Vierung."
[https://www.british-history.ac.uk/vch/durham/vol3/pp93-95#h2-0001]

"Die erste richtige Kirche, die gebaut wurde, um den Leichnam des Heiligen Cuthbert aufzunehmen, war die Weiße Kirche oder *Alba Ecclesia*, die aus Holz gebaut wurde. Sie könnte eine Flechtwerkkonstruktion gewesen sein - benannt nach der Tünche, die ihr Äußeres bedeckt haben sollte. Wahrscheinlich war sie als provisorische Konstruktion gedacht, denn 998 (nur drei Jahre nach der Ankunft der Gemeinde) wurde eine viel größere Kirche, die Ecclesia Major, geweiht. ... Diese Kirche wurde 998 geweiht und war aus Stein." [https://www.durhamworldheritagesite.com/history/st-cuthbert/community]

"Die ersten beiden Kirchen wurden beide als "Weiße Kirche" bezeichnet, die frühere wurde aus Holz gebaut, dann 1017 aus Stein ersetzt, während Durham sich um diese Stätten herum entwickelte. Die Kathedrale, die wir heute sehen, wurde am 11. April 1093 begonnen, nachdem die ursprüngliche "Weiße Kirche" abgerissen worden war, um Platz für die neue Kathedrale zu schaffen."
[https://www.thebubble.org.uk/culture/history/the-cathedral-church-of-christ-blessed-mary-the-virgin-and-st-cuthbert-of-durham/]

"Im Jahr 998 weihte die sächsische Mönchsgemeinschaft in Durham eine steinerne "Weiße Kirche" ein, von der es keine Überreste gibt."
[https://web.archive.org/web/20140326134653/http://whc.unes co.org/en/list/370]

"Die architektonische Entwicklung der Burg, die sich über acht Jahrhunderte erstreckt, ist sogar noch komplexer. Von der ursprünglichen normannischen Gründung ist im Wesentlichen der typische Grundriss mit einer Motte im Osten und einem großen Burghof im Westen erhalten geblieben. Der Bau wurde 1072 von Waltheof, Earl of Northumberland, begonnen. ... Die heutige Burg ist ein wahres Labyrinth von Sälen und Galerien aus verschiedenen Epochen, und in seinem Nordflügel beherbergt es verschiedene Überreste der romanischen Epoche, darunter die 1080 erbaute Schlosskapelle." [ebd.]

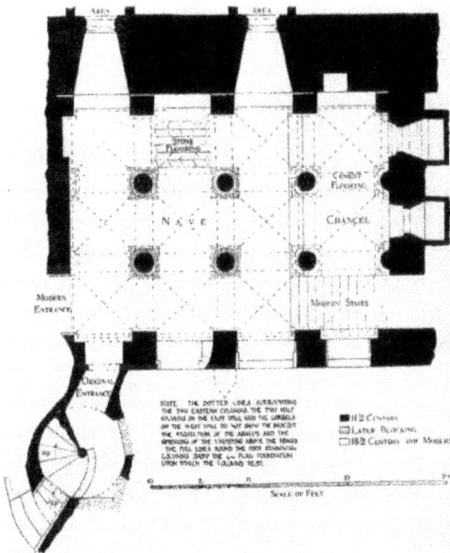

Durham, Burg. Normannische Kapelle. Grundriss. Entnommen von [BERNSTEIN, 272]

Alternative Rekonstruktion der Baugeschichte

Die Kathedrale wurde offensichtlich in der ehemaligen inneren Vorburg der Burg von Durham errichtet. Die innere und äußere Vorburg nahmen die gesamte Fläche der Halbinsel ein.
[https://www.durhamworldheritagesite.com/architecture/castle]

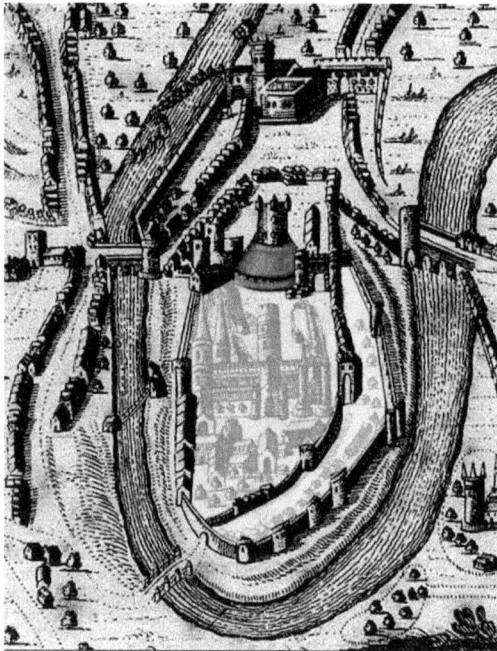

Outer Bailey   Inner Bailey   Motte

Durham. Schematische Darstellung der Burgverteidigung der Halbinsel in einem historischen Plan aus dem 17. Jh.
[https://www.durhamworldheritagesite.com/architecture/castle]

Der Bau der Kathedrale kann erst begonnen worden sein, als die Vorburgen ihre Verteidigungsfunktion verloren hatten. Also ist es angebracht, sich zunächst die Entwicklung der Burg näher anzusehen. Traditionell wurde mit der Errichtung der Burg 1072 begonnen. "Archäologische Beweise deuten darauf hin, dass eine angelsächsische Verteidigungsstruktur vor der normannischen Burg bestand." [ebd.]

Da ich, wie in meinen einleitenden Abschnitten beschrieben, die normannische Eroberung und die anschließende normannische Herrschaft für ein Konstrukt halte, gibt es den Zäsur der normannischen Eroberung für mich nicht. Als Keimzelle der späteren Stadt Durham sehe ich einen Herrschaftssitz mit einem angeschlossenen Wirtschaftshof. Zur Verteidigung gegen Angriffe errichtete der Grundherr eine Motte (Turmhügelburg) in unmittelbarer Nachbarschaft. Möglicherweise war der erste Turm der Motte eine Holzkonstruktion.

Zeitlich verorte ich diesen Vorgang im 11. Jh. Motten waren eine in England aber auch in Frankreich übliche Verteidigungsanlage. Die Ansiedlung wuchs offenbar relativ schnell. Um auch die Bewohner der Ansiedlung im Fall eines Angriffs zu schützen, wurde die Burg um eine Vorburg (Fluchtburg) erweitert. Zunächst wurde die innere Vorburg angelegt, die später um die äußere Vorburg ergänzt wurde. Die Vorburgen dienten darüber hinaus auch der Sicherung des Vorlandes der Kernburg, der Motte.
Vermutlich in der ersten Hälfte des 12. Jh. wurde die Motte durch eine Wohnburg ersetzt. Einziger Rest dieser ist die sog. Norman Chapel, deren Bau entgegen der traditionellen Datierung um 1080 frühestens um die Mitte des 12. Jh. anzusetzen ist. Die Raumgestaltung und die skulptierten Kapitelle lassen keine frühere Datierung des Raumes zu.

Ab dem 12. Jh. gab es allgemein eine Änderung der Verteidigungsstrategie solcher Herrschaftssitze, die nicht mehr lokal durch eine Motte, sondern regional organisiert wurde. In diesem Zusammenhang verloren auch die Fluchtburgen, hier die Vorburgen, ihre Funktion. Damit wurde die Fläche südlich der Burg frei für eine neue Nutzung, hier den Bau der Kathedrale.

Zwischenzeitlich hatte sich offenbar der Feudalherr von Durham um die Ernennung zum Bischof bemüht, anscheinend mit Erfolg. Vermutlich war das Bistum Durham von Anfang an ein Suffragan des Erzbistums York. Einen Bischof in York soll es bereits seit frühesten christlichen Zeiten gegeben haben. Hier werden von der Forschung abermals die antiken, frühchristlichen Bischöfe mit dem späteren, mittelalterlichen Bischofsamt unzulässigerweise in Verbindung gebracht. Die antiken, frühchristlichen Bischöfe waren jedoch nur Vorsteher einer christlichen Gemeinde ohne jegliche territorialen Befugnisse. Nur in dieser Funktion nahmen sie am Konzil in Arles (trad. 314 = 30 n. Chr.) und in Nicäa(?) teil. Die frühmittelalterlichen Nennungen von Bischöfen, z. B. Wilfrid 664, und die Ernennung Egberts von York zum Erzbischof 735 sind konstruiert. Auch das Erzbistum York wurde nicht vor dem 12. Jh. gegründet.
"Die Bischöfe Durhams übten als Fürstbischöfe (englisch prince bishops) nicht nur die kirchliche, sondern auch die weltliche Macht in der Region aus, in weitgehender Unabhängigkeit von Westminster. Neben dem Münz- und Steuerprivileg sowie dem Asylrecht verfügten sie über die Gerichtsbarkeit und das Recht, eine eigene Armee zu unterhalten." [https://de.wikipedia.org/wiki/Durham]
Ranulf Flambard (†1128) soll der erste der Fürstbischöfe gewesen sein, der die Macht hatte, Geld zu prägen, Steuern zu erheben und eine Armee aufzustellen [Managementplan der World Heritage Site].

Der Bau der Kathedrale wurde etwa Ende des 12. Jh. begonnen. Die Hauptbauzeit sehe ich im 13. Jh. Alle vermeintlichen Innovationen des Baus, wie die Kreuzrippengewölbe, sind mit dieser späteren Einordnung natürlich keine mehr. Der Bau wurde romanisch geplant und zu großen Teilen ausgeführt und in gotischer Zeit fertiggestellt. Die Einwölbung ist zweifellos gotisch.

Nun zu den Vorgängerbauten: Die sog. Weißen Kirchen als Vorgängerbauten existieren nur in den Schriftquellen. Entsprechende archäologische Befunde gibt es offenbar nicht. Nach meiner Auffassung hatte die Kathedrale keine direkten Vorgänger. Bei meiner Rekonstruktion der Baugeschichte der Burg ist für diese auch kein Zeitfenster frei. Die Vorburg, solange sie der Verteidigung diente, war für einen Kirchenbau tabu. Erst mit der Errichtung einer Stadtmauer war für die Bevölkerung ein vergleichbarer (und besserer) Schutz wieder gewährleistet. Dieser erfolgte durch die nach 1300 errichtete Stadtbefestigung. "Der *Bailiff* (Übersetzung: Vogt - MM) des Bischofs regierte die Stadt, die bald nach 1300 eine Stadtmauer erhielt." [http://www.manfred-hiebl.de/mittelalter-genealogie/plantagenet_A_Z/D/durham_stadt_bistum.html] Im Managementplan der Weltkulturerbestätten (Word Heritage Site) ist formuliert: "Die Stadt hatte von der Burg getrennte Verteidigungsanlagen, wobei eine Stadtmauer um den Kern der Siedlung herum verlief."

Die Kathedrale war natürlich nicht der erste Kirchenbau in Durham. Ich halte die St.-Nikolaus-Kirche am Markt für die erste Kirche in Durham. "Die ursprüngliche St.-Nikolaus-Kirche wurde vermutlich im frühen 12. Jahrhundert von Ranulf Flambard, Prinzbischof von Durham, gegründet." [https://en.wikipedia.org/wiki/St_Nicholas_Church,_Durham] St. Nikolaus wurde 1857 abgerissen und danach im Stil des 14. Jh. wieder aufgebaut [PAGE 1928, 136-142].

Die pittoreske und für meine Begriffe ziemlich groteske Gründungsgeschichte ist ein späteres Konstrukt, vermutlich um der späten Gründung eine ansehnliche Vergangenheit zu verschaffen. Natürlich sind die Grabstätten sowohl von Cuthbert als auch Beda Venerabilis fingiert.

Earls Barton, All Saints (Allerheiligenkirche)

Earls Barton ist ein Dorf im Zentrum von Südengland. Der Ort ist berühmt wegen seines angeblich angelsächsischen Kirchturmes der dortigen Pfarrkirche.

Schon 1968 äußerte sich KUBACH: "Seit mehr als einem Jahrhundert gilt der Turm von Earls Barton (Northamptonshire) als besterhaltenes Hauptwerk der vor- und frühromanischen Architektur Englands. Kaum eine allgemeine Kunstgeschichte, die nicht wenigstens ihn von den rund 400 in Resten erhaltenen Kirchen abbildet. Er verdient diesen Ruhm, denn mehr als jedes andere Monument gibt er, in eins zusammengefaßt, einen Eindruck von den Besonderheiten dieser Kunst." [KUBACH, 40]

"Die Kirche ist von außergewöhnlichem Interesse, da sie einen späten sächsischen Turm besitzt, der nach allgemeiner Auffassung sowohl das schönste existierende Exemplar aus der Zeit vor der Eroberung ... als auch das bemerkenswerteste architektonische Monument seiner Zeit in England ... ist, ... Der Turm allein ist älter als die Eroberung, aber die Ecken eines schiffslosen Kirchenschiffs aus dem frühen 12. Jahrhundert bleiben an den beiden östlichen Winkeln und weniger perfekt am westlichen Ende erhalten, während das südliche Portal aus der Zeit um 1180 stammt, aber umgebaut wurde, als das südliche Seitenschiff gebaut wurde." [SALZMAN pp116-122]

Traditionell wird der Turm um 970 datiert. "Aufeinanderfolgende Studien haben Daten von 930 n. Chr. bis 1066 oder sogar etwas später vorgeschlagen. Die Befürworter einer späten Datierung behaupten, dass die aufwändige Dekoration zeigt, dass es sich um die letzte einer Serie handelt. Das am weitesten verbreitete Datum ist das Jahr 970, während der Regierungszeit von König Edgar dem Friedfertigen (959-975), einer Periode relativer Ruhe, in der viel Kirchenbau stattfand."
[https://www.friendsofallsaints.org.uk/history]

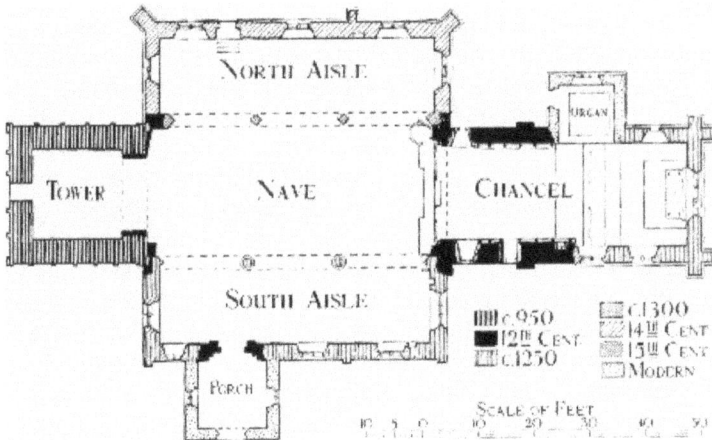

Earls Barton, All Saints`Church. Grundriss. Entnommen von [SALZMAN, 116-122]

"Der Turm ist aus Bruchstein gebaut und außen verputzt und mit vertikalen Kalksteinlisenen und Riemenwerk verziert. An den Ecken des Turms sind die Mauern durch lange vertikale Ecksteine verstärkt, die auf horizontale Platten gebettet sind, und werden daher als *long and short work* bezeichnet. Die Art und Weise, in der der Turm dekoriert ist, ist einzigartig in der angelsächsischen Architektur, und der dekorierte angelsächsische Turm selbst ist ein Phänomen, das lokal vorkommt, einschließlich Barnack in der Nähe von Peterborough und Stowe Nine Churches in Northamptonshire. Die Stockwerke sind durch vorspringende steinerne Wandschichten unterteilt, und in jedem folgenden Stockwerk werden die Wände etwas dünner, so dass an jeder Wandschicht eine Stufe entsteht. Die vertikalen Lisenen setzen sich den Turm hinauf fort und sind auf der unteren Ebene von Steinstreifenbögen und auf der oberen Ebene von dreieckigen Verzierungen durchsetzt, die in einigen Fällen ein Kreuzmuster ergeben."
[https://en.wikipedia.org/wiki/All_Saints'_Church,_Earls_Barton]

Es ist auffallend, dass sich die meisten Berichte zu Earls Barton nur mit der Baubeschreibung und der Baugeschichte befassen. Dabei wird die angelsächsische Entstehung fast nirgendwo angezweifelt, genauso wie der eigenartige Bautypus als Turmkirche. Die englische Wikipedia widmet diesem Kirchentyp einen eigenen Eintrag: Anglo-Saxon turriform churches [https://en.wikipedia.org/wiki/Anglo-Saxon_turriform_churches]. "Mehrere angelsächsische Kirchen wurden als Türme gebaut. Das Erdgeschoss diente als Kirchenschiff; es gab einen kleinen vorspringenden Chor an der Ostseite und manchmal auch im Westen, wie bei der Peterskirche, Barton-upon-Humber (das Baptisterium). ... Einige meinen, dass die turmförmigen Kirchen die früheste Art von Kirchen waren, die im angelsächsischen England gebaut wurden, insbesondere in kleinen Siedlungen, wo es natürlich war, Holz zu verwenden, wie in nicht-kirchlichen Gebäuden."
Im Endeffekt können nur drei "allgemein akzeptierte" Beispiele genannt werden; neben All Saints' Church in Earls Barton die oben erwähnte Peterskirche in Barton-upon-Humber und die St. Mary's Church in Broughton, Lincolnshire [ebd.] - für die Kreation eines eigenen Bautyps m. E. ein bisschen wenig.

Ich halte die sog. Turmkirchen für eine Fehlinterpretation. Einen solchen Kirchentyp gab es nie. Hinweise auf die wirkliche Herkunft des Turms von Earls Barton finden sich in der englischen Wikipedia [https://en.wikipedia.org/wiki/All_Saints'_Church,_Earls_Barton] und besonders auf der Webseite *History* von Andrew HART, veröffentlicht 2001 durch das PCC of All Saints Church Earls Barton [https://www.friendsofallsaints.org.uk/history].

"Nördlich der Allerheiligenkirche, Earls Barton, grenzt ein Hügel und Graben fast an die Kirche. ...
Nach der normannischen Eroberung Englands war ein Angelsachse namens Waltheof der erste Earl of Northampton geworden. Er heiratete die Nichte von William I., Judith, und sie erhielt Land in Buarton, das später Earls Barton genannt wurde. Der Hügel war möglicherweise Teil eines Gutshofes. Es ist vernünftig anzunehmen, dass All Saints' ursprünglich

mit einem Herrenhaus und nicht mit einem Kloster verbunden war."
[https://en.wikipedia.org/wiki/All_Saints'_Church,_Earls_Barton]

HART: "Wie an so vielen Orten in England findet sich die erste urkundliche Erwähnung des Dorfes im Domesday Book, wo es als Bartone und Buartone erscheint, ... Es wird angenommen, dass der Name Barton sich von den sächsischen Begriffen ber (Gerste) und tun (Bauernhof) ableitet; die Vorsilbe Earls ist ein späterer Zusatz, der auf die Earls of Huntingdon anspielt. ... bis heute wurden keine Beweise gefunden, die auf eine frühere Struktur an diesem Ort hindeuten.
Der Hügel Berry Mount hinter der Kirche könnte mit dem Gebäude in Verbindung stehen. Eine mögliche Erklärung dafür ist, dass es sich um eine heidnische Begräbnisstätte handelte - eine örtliche Legende besagt sogar, dass eine Armee darunter begraben ist! Eine andere, von einigen Behörden favorisierte Erklärung ist, dass sie zusammen mit dem Graben Teil einer Verteidigungsanlage war. Angesichts seiner geringen Ausdehnung ist es jedoch schwierig, ihn als etwas anderes als eine symbolische Grenzmarkierung zu betrachten. Die oft zitierte Behauptung, der Grabhügel sei der Überrest einer normannischen Motte, lässt der vorliegende Autor wegen seiner Beziehung zum Turm vor der Eroberung außer Acht. Die sehr wenigen Ausgrabungen haben keinerlei Funde ergeben, die einen Hinweis auf Datum und Zweck des Grabhügels geben könnten. Der Hügel darf nicht mehr sein als der Erdhaufen, der beim Ausheben des Grabens entstanden ist. Eine richtige archäologische Ausgrabung könnte einige dieser Rätsel lösen. Der Name Berry Mount könnte auf den Status des Ortes als sächsischer Burh - ein verteidigbares Bevölkerungszentrum - hinweisen."
[https://www.friendsofallsaints.org.uk/history]

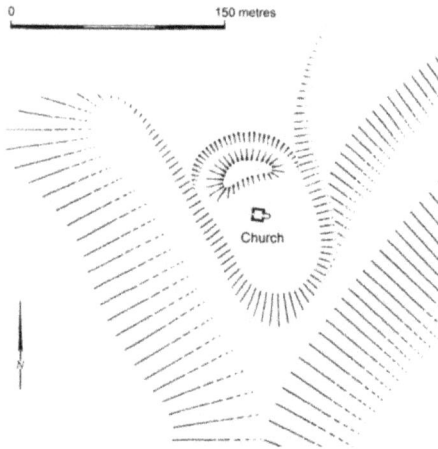

0   150 metres

Church

Earls Barton, All Saints. Die topographische Lage der turmschiffartigen Kirche inmitten der Burganlage. Nach Davison 1967. [RODWELL/ATKINS, 389]

Der Architekturhistoriker Nikolaus PEVSNER: "...eine auffällige und ganz unverkennbare normannisches Burgmotte. Sie steht so nah an der Kirche, dass sie teilweise im Kirchhof steht; auf dieser Seite scheint es zurückgekürzt worden zu sein, um mehr Platz zu schaffen. Zum N hin wird sie durch einen besonders feinen Graben geschützt. Er argumentiert weiter, dass die Burg zur Zeit der normannischen Eroberung Englands gegründet wurde und ihr Erbauer die damals bestehende Kirche ignorierte und sie in ihrem Vogteigebäude für einen späteren Abriss ließ, der nie stattfand." [https://en.wikipedia.org/wiki/Earls_Barton]

"Die Kirche Allerheiligen steht auffällig auf einem markanten Felsvorsprung, der die Straße beherrscht, die von der Furt und der Mühle im darunter liegenden Tal zum Dorf hinaufführt (Fn. 85), und einen Teil des Geländes einer Motte-Burg oder

114

Hügelfestung einnimmt, deren Graben an der Nordseite erhalten geblieben ist." [SALZMAN, 116-122]

HART verwirft die Interpretation der Anlage als Motte vorschnell, da er eine normannische Motte im Blick hat und der Turm für ihn angelsächsisch ist. Dabei ist die Motte keinesfalls normannisch, sondern "ein vorwiegend in Holzbauweise errichteter mittelalterlicher Burgtyp, dessen Hauptmerkmal ein künstlich angelegter Erdhügel mit einem meist turmförmigen Gebäude ist. Weitere deutsche Bezeichnungen sind Turmhügelburg, Erdhügelburg und Erdkegelburg. ... Die ersten Motten entstanden zwischen 900 und 1000 n. Chr., die meisten der Anlagen entstanden im 11.–12. Jahrhundert. In einigen Teilen Europas sind Motten bis ins frühe 15. Jahrhundert errichtet worden." [https://de.wikipedia.org/wiki/Motte_(Burg)] Die frühe Datierung zwischen 900 und 1000 n. Chr. teile ich nicht, aber ab dem 11./12. Jh. dürften sie jedoch eine verbreitete Verteidigungsanlage kleinerer Herrschaftssitze gewesen sein.
PEVSNER begeht den Irrtum, dass er die Kirche für älter als die Motte hält, weshalb er in seiner Interpretation zum falschen Schluss kommt.

Ich sehe im Turm der Allerheiligenkirche in Earls Barton den Turm einer solchen ehemaligen Turmhügelburg (Motte). Der ursprünglich vorhandene östliche Anbau gehörte zu diesem Turm. Seine Errichtung sehe ich vielleicht um 1100 oder in der ersten Hälfte des 12. Jh. Der Hügel Berry Mount ist der letzte Rest der zugehörigen Grabenanlage.
Der reiche Fassadenschmuck, der übrigens grundlegend abweicht von dem Formenrepertoire christlicher Kirchen, belegt, dass zur Zeit der Errichtung offenbar die Befriedigung des Repräsentationsbedürfnisses über den ursprünglichen militärischen Belangen stand. Vermutlich war zum Zeitpunkt der Erbauung von Earls Barton die Zeit der Motten bereits vorbei. Damit dürfte Earls Barton zu den letzten derartigen Verteidigungsanlagen gehören, die in England errichtet wurden.

Durch die Entstehung größerer Territorialherrschaften war die lokale Verteidigung eines einzelnen Herrschaftssitzes durch eine neue Strategie zur überregionalen Verteidigung eines größeren Herrschaftsbereiches ersetzt worden, ähnlich der Entwicklung in Mitteleuropa als die Burgen ihre Funktion als Verteidigungsanlagen generell verloren und die neuen Adelssitze, die Schlossanlagen, ohne jegliche Verteidigungsanlagen auskamen.

Auch Earls Barton verlor sicher schon relativ kurze Zeit nach seiner Errichtung seine ursprüngliche Wehrfunktion und wurde zur Pfarrkirche umgebaut. Der alte östliche Anbau wurde abgebrochen. An seiner Stelle wurde ein Kirchenschiff (Saal) mit einem geringfügig eingezogenen Rechteckchor errichtet. Von diesem Bau sind die Chorwände mit dem romanischen Arkadenschmuck im Westen des Chors erhalten. Auch das später versetzte Portal, das sogenannte normannische Südportal, von SALZMAN um 1180 datiert, gehört zu diesem Bau. Diesen Bauabschnitt datiere ich in die zweite Hälfte des 12. Jh.

Die Verlängerung des Chors im Early English Style sehe ich um 1300. Der Umbau des Saales zum dreischiffigen Langhaus dürfte dann irgendwann im 14. Jh. erfolgt sein.

Der Ursprungsbau diente rein profanen Zwecken. Die sakrale Bedeutung erhielt der Bau erst mit der Umwandlung zur Kirche.

Es gibt keine Anzeichen, dass in Earls Barton vor dem Umbau des Motten-Turms zur Kirche eine andere Kirche existiert hat, wie z. B. in Barton-upon-Humber (siehe dort).

Escomb Church

Escomb ist ein Dorf in der Grafschaft Durham im Norden Englands. Die dortige Pfarrkirche soll "eine der ältesten angelsächsischen Kirchen in England und eine von nur drei vollständigen angelsächsischen Kirchen, die in England erhalten geblieben sind" [https://en.wikipedia.org/wiki/Escomb_Church] sein.

"Die Kirche wurde um 670-675 n. Chr. gegründet, als das Gebiet zum anglischen Königreich Northumbria gehörte. Ein Großteil des Steins wurde aus dem nahe gelegenen römischen Kastell in Vinovia (Binchester) entnommen. ... Da Bede (ca. 673-735 n. Chr.) die Kirche nicht erwähnt hat, haben einige argumentiert, dass sie erst nach seinem Tod gebaut wurde." [ebd.]

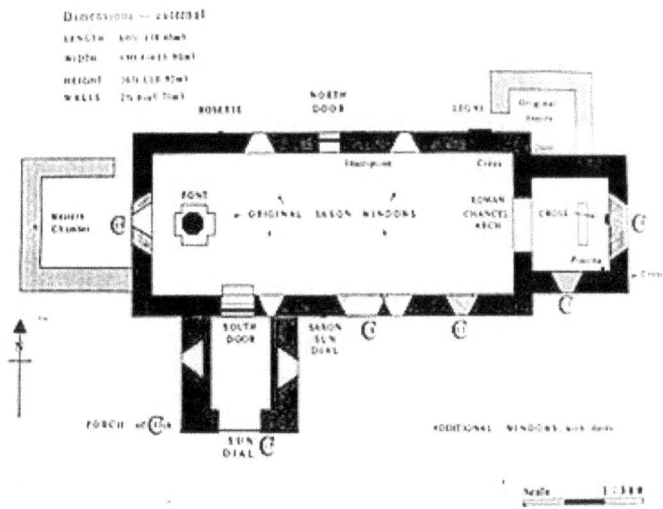

PLAN OF ESCOMB CHURCH

Escomb Church. Grundriss. Entnommen von [http://izmreise.la.coocan.jp/England/02Escomb_Saxon_Churc h/escomb.html]

"Zu einem unbekannten Zeitpunkt wurde die Traufe angehoben. Das Kirchenschiff hat jetzt an jedem Ende einen Treppengiebel. Einige einfache gotische Fenster wurden im 13. Jahrhundert eingesetzt, und die Südvorhalle wurde im 14. Jh. errichtet. Im 19. Jahrhundert wurden weitere Fenster eingesetzt und eine neue Tür in die Vorhalle eingebaut." [ebd.]

1863 wurde eine neue Pfarrkirche (St. John's) errichtet und die alte Kirche verfiel zusehends. Von 1875-80 erfolgte eine erste Restaurierung, in den 1920er Jahren wurde sie erneut restauriert. 1963 entschied man sich für die Wiederherrichtung der alten Kirche, die 1967 restauriert und ab 1969 wieder als Pfarrkirche genutzt wurde. Die Kirche St. John's wurde 1971 abgerissen. [ebd.]

Meine alternative Baugeschichte ist sehr ernüchternd. Das Bauprogramm, ein Saal mit einem kleinen Rechteckchor, gleicht dem Hunderter kleiner Kirchen des späten 11. und dem ganzen 12. Jh. in ganz Europa. Die Verwendung von Baumaterial aus römischen Ruinen - wo solche vorhanden waren - ist auch im 12. Jh. kein Novum. Die traditionelle Baugeschichte ist konstruiert. Nach der offiziellen Webseite der Escomb Saxon Church sollen bis 990 n. Chr. keinerlei schriftliche Aufzeichnungen existieren; einer Zeitleiste entsprechend gibt es konkrete Nachrichten offenbar erst 1543 (Church records begin). [https://escombsaxonchurch.co.uk/]

Nach meiner Auffassung haben wir es in Escomb mit einer romanischen Dorfkirche des 12. Jh. zu tun. Sie diente von Anfang an als Pfarrkirche. Das Pfarrsystem wurde erst im 12. Jh. eingeführt.

Der Grund, dass Escomb nicht von dem Pseudepigraph "Bede" erwähnt wird, liegt ganz einfach an der Bedeutungslosigkeit dieses Baus selbst zur späteren Entstehungszeit des Pseudepigraphs "Bede".
Die angebliche Bedeutung des Baus ist allein der konstruierten Geschichte und der historisierenden Schwärmerei des 19. Jh. zuzurechnen.

Hexham, St. Andreas und Ripon, St. Peter und St. Wilfrid

Die Kirchenbauten in Hexham und Ripon werden von mir in einem Abschnitt behandelt. Der Grund sind die eigenartigen Krypten in beiden Bauten, die in ihrer Gestaltung nicht nur in

England sondern auch darüber hinaus einzigartig und angeblich die einzigen sichtbaren Überreste der im 7. Jh. vom hl. Wilfrid gegründeten Kirchen seien.

Zuerst zu Hexham:
Hexham ist eine kleine Stadt am Fluss Tyne in Northumberland, im Norden Englands, unweit der schottischen Grenze.
Um 674 soll Etheldreda, Königin von Northumbria, dem hl. Wilfrid, Bischof von York, Land geschenkt haben, auf dem er eine Benediktinerabtei errichtet haben soll. Baumaterial gewann er angeblich aus den nahe gelegenen römischen Ruinen. Von diesem Bau soll die angelsächsische Krypta erhalten sein. Die Kirche soll im Jahr 875 von Dänen verwüstet und niedergebrannt worden sein.
Um 1050 soll die Kirche wiederaufgebaut worden sein. In normannischer Zeit (1113) sei die Abtei durch ein Augustinerpriorat ersetzt worden.
Die heutige Kirche stammt angeblich größtenteils aus der Zeit um 1170-1250. Sie wurde im "Early English Style" errichtet, einem englischen Baustil der traditionell in die Zeit von 1170-1240 datiert wird.
Von diesem Bau seien der Chor und das Querhaus im aktuellen Bau erhalten.
"Das östliche Ende wurde 1858 wieder aufgebaut. Die Abtei wurde größtenteils während der Amtszeit des Kanonikers Edwin Sidney Savage, der 1898 nach Hexham kam und bis 1919 blieb, wieder aufgebaut. Dieses Mammutprojekt umfasste den Wiederaufbau des Kirchenschiffs, in dessen Wände ein Teil der früheren Kirche integriert wurde, sowie die Restaurierung des Chors. Das Kirchenschiff wurde am 8. August 1908 neu eingeweiht."
[https://en.wikipedia.org/wiki/Hexham_Abbey]

Die frühe Geschichte Hexhams nach [https://www.hexham-abbey.org.uk/brief-history]:
"673-674   Königin Etheldreda gewährt Bischof Wilfrid die Ländereien von Hexhamshire für ein neues Benediktinerkloster.

678	Die Kirche von Wilfrid wird fertiggestellt.
681	Das Priorat Hexham wird eine Kathedrale. Trumbrith wird zum ersten Bischof geweiht.
875	Wikinger-Räuber zerstören Teile des Klosters Hexham.
1113	Der Erzbischof von York, Thomas II., formt die Kirche in Hexham zum "Priorat der Regularkanoniker des heiligen Augustinus" um und stattet sie mit Land und Besitz aus.
1150	Das Tor und die Mauer des Bezirks werden errichtet.
1180-1250	Die Prioratskirche wird um einen Altarraum, Querschiffe und einen Turm erweitert.
1296	Schottische Plünderer setzen das Priorat in Brand und zerstören Schreine, Bücher und Reliquien.
1297	William Wallace - "Braveheart" - führt einen weiteren schottischen Überfall durch und greift die Prieuré erneut an, wobei er zerstört, was nach dem Überfall von 1296 übrig blieb.
...	
1536	Die Klöster werden aufgelöst. In Hexham überleben der Altarraum und die Querschiffe, weil sie von der Pfarrkirche benötigt werden.
1538	Die Abtei wird zur Hexham Parish Church und ersetzt die südlich des Marktplatzes gelegene St. Mary's Church.
1725	Die längst vergessene sächsische Krypta wird von Arbeitern wiederentdeckt, die die Fundamente für einen Strebepfeiler zur Stützung der Westseite des Turms ausheben.
...	
1828	Ein Teil des Ostflügels stürzt ein. Er wird im folgenden Jahr vom Newcastle-Architekten John Dobson wieder aufgebaut.
1857	Die Restaurierung des Ostflügels beginnt.
...	

| 1907-8 | Das Kirchenschiff wird nach dem gleichen Grundriss wie im 13. Jahrhundert wieder aufgebaut. Es wurde am 8. August 1908 eingeweiht." |

Nach der Webseite [https://www.undiscoveredscotland.co.uk/hexham/hexhamabb ey/index.html] scheint in den 1090er Jahren ein Langhaus mit nur einem Seitenschiff begonnen worden sein. Dieses soll 1296 durch Schotten zerstört und in den 1400er Jahren weitgehend wieder aufgebaut worden sein. Nach der Auflösung des Priorats 1537 wurden die Ostteile weiter als Pfarrkirche genutzt, während das Langhaus verfiel. "Auch andere Teile der Kirche litten unter dem Zahn der Zeit. 1858 befand sich das östliche Ende des Chores in einem so schlechten Zustand, dass es abgebaut und nach einem Entwurf nach dem Vorbild von Whitby Abbey wieder aufgebaut wurde." [ebd.]

Die Formulierung in der Chronik von Lanercost wurde von den früheren Forschern so interpretiert, dass Wilfrids Kirche bis zum Überfall der Schotten 1296 noch existiert habe. CAMBRIGDE widerspricht dieser Auslegung, indem mit der Bezeichnung "Wilfrids Kirche" nicht deren Bausubstanz beschrieben wird, sondern seine Gründung. [CAMBRIDGE, 159f]

"Nach der dänischen Zerstörung des Klosters (875) bestand Hexham als *minster* fort; es war der Sitz einer kleinen Kleriker-Gemeinschaft unter der Leitung eines Propstes (erbliches Amt seit dem späten 10. Jh.). Der letzte Erb-Propst, Eilaf II., war der Vater des hl. Ælred von Rievaulx (1100-1167). Kirche und Kirchenbesitz von Hexham unterstanden der Kirche des hl. Cuthbert, das heißt dem Bistum Durham. König Heinrich I. entzog im Verlauf seines Streites mit dem Bischof von Durham, Ranulf Flambard, das Priorat Hexham jedoch dem Bistum Durham und übertrug es dem Erzbistum York, das von da an auch die Herrschaft über Stadt und Shire ausübte. 1113 löste Erzbischof Thomas II. das alte *minster* auf und begründete an seiner Stelle ein bedeutendes augustinisches Regularkanonikerstift (sogenannte *abbey*; reicher romanisch-gotischer Baubestand erhalten), das in seinen ersten Gewohnheiten dem Vorbild von Huntingdon folgte." [http://www.manfred-hiebl.de/mittelalter-genealogie/plantagenet_A_Z/H/hexham_stadt.html]

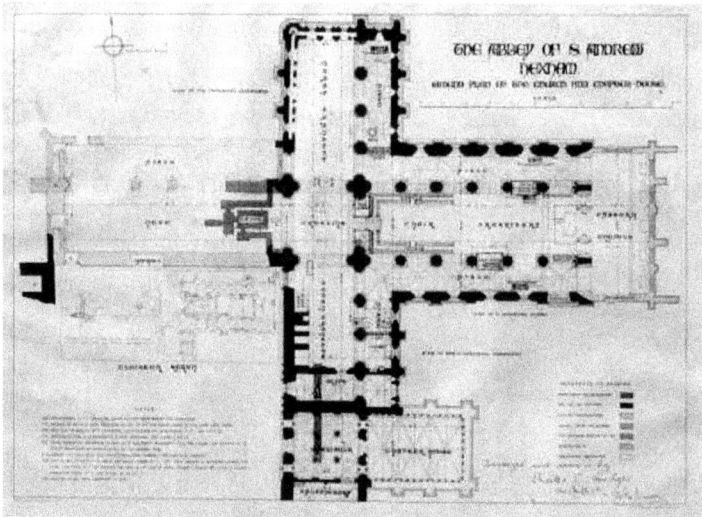

Hexham Abbey, St. Andreas. Grundriss. Entnommen von [https://www.hexhamabbey.org.uk/heritage/Calm/HEXAB3036.html]

Wie sieht es mit dem archäologischen Nachweis etwaiger Vorgängerbauten aus?
Glücklicherweise hat der Architekt Charles Clement Hodges vor und während des Neubaus des Langhauses die baulichen Überreste etwaiger Vorgängerbauten aufgenommen und in einen Plan eingetragen.

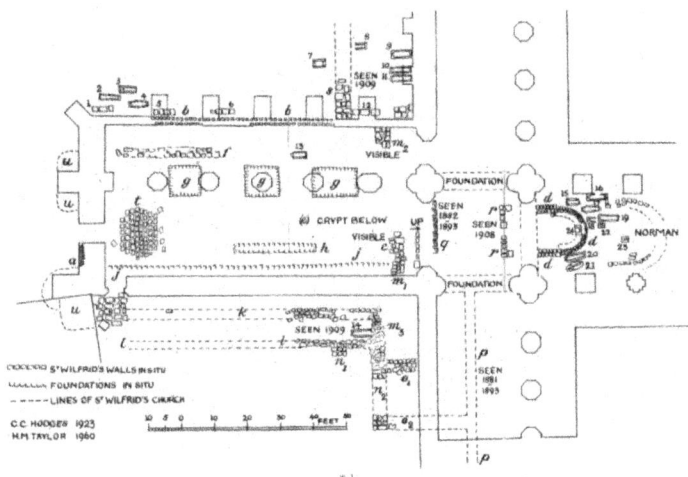

Hexham Abbey. Hodges' Plan. Buchstaben sind Ergänzungen der Taylors. Entnommen aus [TAYLOR/TAYLOR, 116/117]

Hexham Abbey, Grundriss der Krypta. Plan von Hodges (1888). Entnommen aus [BIDWELL, 57]

Auf der Grundlage von Hodges' Plan haben sich verschiedene Autoren an einer Rekonstruktion von Wilfrids Bau und den späteren Veränderungen versucht. So haben H. M. und Joan TAYLOR 1961 für den Wilfridbau eine im Osten gerade geschlossene Basilika mit doppelten Seitenschiffen rekonstruiert. Die Mittelschiffsarkaden waren für sie Pfeiler, während die Seitenschiffe durch Säulen unterteilt waren. Die Krypta sahen sie unter dem Sanktuarium, im Westen gab es Treppentürme zu einem höheren Geschoss. Im Osten soll es sowohl im Norden als auch im Süden Portiken gegeben haben. Die ergrabene Apsis im Osten soll zu einer kleinen freistehenden, apsidial geschlossenen Kapelle gehört haben, die in Kirchenachse angeordnet war. [TAYLOR/TAYLOR, 124ff]

BAILEY modifizierte die Rekonstruktion der TAYLORs nur geringfügig, indem er südlich des Chors einen gesonderten Raum sah, womit sich im Süden ein "querschiffartiger Flügel" ergab. Ansonsten diskutierte er vor allem offene Fragen. [BAILEY, 57ff]

CAMBRIDGE hält einen Teil der von HODGES' beschriebenen Fundamente für "wahrscheinlich hochmittelalterlich" und nicht dem Wilfridbau zugehörig. Darüber hinaus moniert er zahlreiche Ungenauigkeiten von HODGES. [CAMBRIDGE, 165ff]

1978 wurde in einem kleinen Bereich südlich der Hauptkammer der Krypta eine archäologische Untersuchung angestellt, bei der ein Stück Mauerwerk aufgedeckt wurde, das zeitgleich mit der Krypta sein soll und von BAILEY/SULLIVAN als Südwand des Sanktuariums interpretiert wird. Darüber hinaus stellten sie fest, dass das Fußbodenniveau des Wilfridbaus mit dem heutigen Fußbodenniveau übereinstimmte. [BAILEY/SULLIVAN, 154f]

Auf dieser Grundlage rekonstruierten CAMBRIDGE/WILLIAMS eine dreischiffige Basilika mit verschieden breiten Seitenschiffen und eingezogenen Sanktuarium. In der freistehenden Kapelle vermuten sie ein Mausoleum des mercianischen Königshauses. Darüber hinaus sehen sie zahlreiche Fragen als ungeklärt, u. a. die generelle Gestaltung der Ostteile, die Eingänge der Krypta und den Westabschluss.[CAMBRIDGE/WILLIAMS, 76ff] Erstmals stellen sie einen Rekonstruktionsversuch für die Kirche um die Mitte des 12. Jh. vor: eine kreuzförmige Basilika (ohne südliches Seitenschiff) mit einschiffigem, langgestreckten Chor, der die ursprünglich freistehende Apsidenkapelle überbaut, mit Hauptapsis und an den Querarmen Nebenapsiden. Die in den Quellen vermeldete Reliquienübertragung im Jahr 1155 soll die Fertigstellung der Arbeiten an den Ostteilen datieren.

Diese Kirche soll im späten 12./13. Jh. wieder aufgebaut worden sein.

Der Klausurbereich soll bereits im frühen 12. Jh. errichtet worden sein und bis zu einem Brand im frühen 19. Jh. bestanden haben. [ebd., 80ff]

BIDWELL befasst sich zwar hauptsächlich mit der sog. angelsächsischen Krypta, geht aber auch auf die Rekonstruktion des zugehörigen Kirchenbaus ein. Er modifiziert die Rekonstruktion von Cambridge, indem er die Einziehung des Chors eliminiert und insgesamt die Kirchenachse etwas nach Norden verschiebt, womit die externe Kapelle jetzt südlich der Kirchenachse liegt, was er einem Aufmaßfehler von Hodges zuschreibt. [BIDWELL, 121ff]

Alternative Rekonstruktion der Baugeschichte

Dass der aktuelle Bau bereits 1180 begonnen wurde, ist zu bezweifeln. In England ist, wie in Frankreich auch, die gotische Stilepoche, hier der Early English Style, um ca. einhundert Jahre zu früh datiert. Vermutlich wurde diese Fehldatierung von Frankreich übernommen. Hexham Abbey zeigt an keiner Stelle irgendwelche romanischen Formen. Die ältesten Bauteile sind eindeutig frühgotisch. Ich sehe diese nicht früher als in der zweiten Hälfte bzw. Ende des 13. Jh. Damit zählt natürlich der aktuelle Bau nicht zu den frühen Kirchen in England.

Zunächst zur Krypta: Die bisherige Forschung hat ausnahmslos die erhaltene unterirdische Raumstruktur für eine ehemalige Krypta gehalten, manche glaubten, in ihr Parallelen zu den römischen Ringkrypten zu erkennen. Nach meiner Auffassung irrte sie diesbezüglich. Die Anlage war keine Krypta, sondern wurde als Schatzkammer zur Aufbewahrung wertvoller liturgischer Gegenstände angelegt. Ursprünglich besaß die Kammer nur zwei Zugänge. Der heutige Westzugang wurde erst im 18. Jh. angelegt, möglicherweise im Zusammenhang mit der Nutzung als Grablege der Familie Andrews. BAILEYs Artikel enthält im Anhang 1 einen Plan des 18. Jh. (1760er Jahre), bei dem dieser Westeingang noch fehlt. In späteren Skizzen um 1780 ist der Westeingang dagegen schon vorhanden.

Da für Hexham nirgendwo ein Heiligengrab überliefert ist, kann diese "Krypta" nicht dem *accessus ad confessionem*, also dem Zugang zu einem Heiligengrab, gedient haben. Auch dürften die schmalen, verwinkelten Gänge kaum für einen regelmäßigen Besucherverkehr geeignet gewesen sein.

Der südliche Zugang dürfte der Zugang für den Priester gewesen sein, der von der Sakristei die Schatzkammer direkt erreichen konnte. Der nördliche Gang zur Vorkammer war vermutlich ausgewählten Besuchern vorbehalten, die von dort einen Blick in die Schatzkammer werfen konnten. Der Nordzugang mündete anscheinend ins Freie.

Der heutige Durchgang von der westlichen Vorkammer in den Hauptraum war ursprünglich sicher durch ein Gitter o. ä. versperrt und diente als Einblicköffnung. Vielleicht wurde er in der heutigen Form erst später, im Zusammenhang mit dem Westeingang, geschaffen. Eine ähnliche Konstellation, dort jedoch oberirdisch, war in der Stiftskirche Gernrode vorhanden. Die Schatzkammer in Gernrode, als Heiliges Grab bekannt, war nur von der Sakristei zugänglich. Vom Kirchenraum gab es nur eine Einblicköffnung. Die Anlage in Gernrode stammt aus der Mitte des 12. Jh. (siehe [MEISEGEIER 2018-1, 37ff]). Die Schatzkammer in Hexham wurde anscheinend nachträglich in den Chor der Kirche eingebaut. BAILEY/SULLIVAN beschreiben den Einbau in einem großen Loch [BAILEY/SULLIVAN, 155]. Nun zum Kirchenbau: Die frühe Geschichte, d. h. die Gründungsgeschichte des 7. Jh. um den hl. Wilfrid bis zum 9. Jh. ist freie Erfindung. Sie entstammt angeblich zeitgenössischen Schriftquellen, wie der *Historia* von Beda Venerabilis und dem Bericht von Eddius Stephanus, dem Autor der *Vita Sancti Wilfrithi*, die durchgängig später entstanden und offensichtlich Pseudepigraphen sind. Auch der hl. Wilfrid fällt damit durch das Raster. Er ist einfach eine fromme Legende.

Die erste zutreffende Nachricht über einen Kirchenbau dürfte die Umwandlung einer vorhandenen Kirche in ein Augustiner-Priorat aus dem Jahr 1113 sein. Diese vorhandene Kirche ist der von der Forschung dem hl. Wilfrid zugeschriebene Bau. Seine Gründung als Eigenkirche sehe ich um 1100. Nach meiner Auffassung war dieser Bau ein relativ großer Saalbau von ca. 15 m Spannweite und ca. 27 m Länge mit einem stark eingezogenem Rechteckchor und war vermutlich dem hl. Andreas gewidmet. Mit dem Aufkommen der besonderen Marienverehrung ab 1100 wurde, ich denke in der ersten Hälfte des 12. Jh., der Kirche eine der hl. Maria geweihte Chorscheitelkapelle als separater Bau hinzugefügt, die ergrabene, freistehende Apsidenkapelle. "Es kann keine ernsthaften Zweifel an der Existenz einer Marienkirche im zwölften Jahrhundert geben ..." [CAMBRIDGE/WILLIAMS, 73ff]

Um die Mitte des 12. Jh. wurde nachträglich südlich an den Chor ein gesonderter Raum angebaut, m. E. eine Sakristei, und es wurde die Schatzkammer mit ihren Zugangskorridoren in den Boden eingetieft. Die Verwendung von Baumaterial aus römischen Ruinenstätten ist bis ins 12. Jh. durchaus üblich gewesen. Die Errichtung von solchen Zusatzräumen um die Mitte des 12. Jh. ist auch anderenorts nachgewiesen.

Dieser Bau entsprach schon bald nicht mehr den Anforderungen. In der zweiten Hälfte des 12. Jh. erfolgte ein umfassender Umbau der vorhandenen Kirche zu einer dreischiffigen Basilika, einem Querhaus und einem Langchor mit eingezogener Apsis sowie möglicherweise einem Vierungsturm.

Dieser Umbau ist die zwischen 1180 und 1250 bezeugte Erweiterung der Prioratskirche um einen Altarraum, Querschiffe und einen Turm.

Die ursprünglich freistehende Marienkapelle wurde bei dieser Erweiterung in den Kirchenbau integriert. Ob die Schatzkammer in diesem Bau weiter genutzt wurde, entzieht sich unserer Kenntnis.

Als Westabschluss sehe ich einen gesonderten Westbau, vielleicht eine Doppelturmfassade. Von diesem sind anscheinend keine Spuren erhalten. Vielleicht kam er auch nicht mehr zur Ausführung. Dass ein Westbau zumindest vorgesehen war, ist an der Lage der ehemaligen Klausur abzulesen, deren westliche Außenwand gegenüber der Westwand des neuzeitlichen Langhauses ungefähr ein Stützenraster weiter nach Westen reicht

Mein Rekonstruktionsvorschlag gleicht bis auf das bei CAMBRIDGE/WILLIAMS fehlende Südseitenschiff und die von ihnen rekonstruierten Nebenapsiden, für die es keinen Beleg gibt, im Wesentlichen dem von CAMBRIDGE/WILLIAMS [CAMBRIDGE/WILLIAMS, 84].

Dieser Kirchenbau dürfte die von den Schotten 1296/97 zerstörte Kirche gewesen sein. Ob die Beschädigungen wirklich so gravierend waren, dass ein Neubau der Kirche erforderlich war, oder ob die Verwüstungen eher der Anlass für die Errichtung eines "modernen" Kirchenbaus waren, ist heute kaum mehr zu entscheiden.

Der nach 1296 errichtete Bau ist die aktuelle Kirche. Mit der Aufgabe der alten Kirche geriet auch ihre unterirdische Schatzkammer in Vergessenheit (sie wurde erst 1725 wiederentdeckt).

Möglicherweise aus Geldmangel kam es im Mittelalter nicht mehr zur Errichtung des Langhauses. Erst Anfang des 20. Jh. errichtete man ein Langhaus, jedoch ohne südliches Seitenschiff.

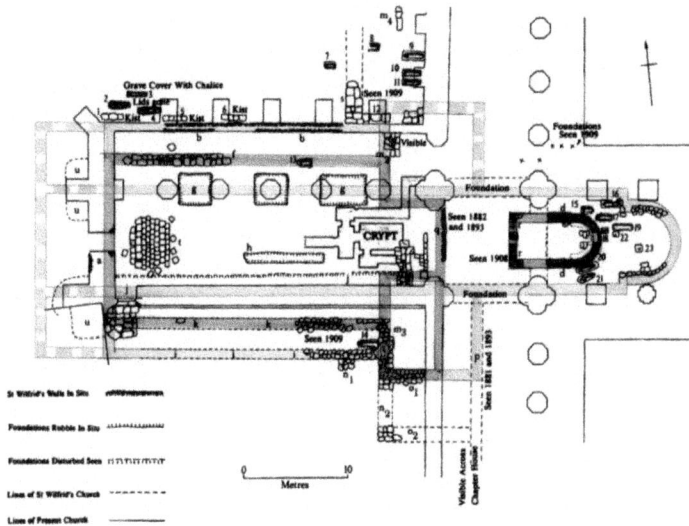

Hexham St. Andreas. Grundriss mit Kennzeichnung der Vorgängerbauten (Rekonstruktionsvorschlag, Bau I - rot / Bau II - braun)

Ripon, St. Peter und St. Wilfrid

Die Kirche in Ripon ist deshalb interessant, da angeblich an dieser Stelle im 7. Jh. eine der ersten Steinkirchen Englands errichtetet wurde.
[https://en.wikipedia.org/wiki/Ripon_Cathedral]
Ripon ist eine Kleinstadt in Nord-Yorkshire ca. 40 km nordwestlich von York. Die ständige Besiedlung von Ripon soll auf ein Kloster zurückgehen, das im 7. Jh. gegründet wurde. Im Jahr 1108 soll Ripon das Stadtrecht erhalten haben. [ebd.]

Die Kirche St. Peter und St. Wilfrid ist allgemein bekannt als Kathedrale von Ripon. Kathedralkirche der Diözese Ripon wurde sie jedoch erst 1836 (seit 2014 gehört sie zur Diözese Leeds).

129

Zur frühen Geschichte:

"In den 660er Jahren von schottischen Mönchen als Kloster gegründet, wurde sie 672 von St. Wilfrid als Benediktinerkloster neu gegründet. Die Kirche wurde im zehnten Jahrhundert zum Kollegiat und fungierte für den Rest des Mittelalters als Mutterkirche innerhalb der großen Diözese York." [ebd.]

"Seit 672, als Saint Wilfrid die frühere Holzkirche des Klosters in Ripon (ein Tochterhaus des Saint-Aidan-Klosters in Melrose) durch eine Kirche im römischen Stil ersetzte, gibt es an diesem Ort eine Steinkirche. Dies ist eines der frühesten Steingebäude, die im angelsächsischen Königreich Northumbria errichtet wurden." [ebd.]

"Der Heilige Wilfrid brachte Steinmetze, Stuckateure und Glaser aus Frankreich und Italien mit, um 672 n. Chr. seine große Basilika zu bauen. Ein zeitgenössischer Bericht von Eddius Stephanus berichtet uns davon ... Der Heilige Wilfrid wurde in dieser Kirche in der Nähe des Hochaltars begraben. Vom englischen König Eadred 948 n. Chr. als Warnung an den Erzbischof von York verwüstet, überlebte nur die Krypta von Wilfrids Kirche, aber heute ruht diese winzige Kapelle aus dem 7. Jahrhundert vollständig unter der späteren Pracht des Münsters des Erzbischofs Roger de Pont l'Evêque aus dem 12. Jahrhundert. Ein zweites Münster entstand bald in Ripon, aber auch es ging unter - diesmal 1069 durch die Hände Wilfrids des Eroberers. Thomas von Bayeux, zunächst normannischer Erzbischof von York, veranlasste dann den Bau einer dritten Kirche, deren Spuren in den späteren Kapitelsaal des Münsters von Roger aufgenommen wurden." [ebd.]

Noch einmal kurz zusammengefasst:

Um 660	schottischen Kloster (ein Tochterkloster des Klosters Melrose) mit Holzkirche
672	Neugründung eines Benediktinerklosters und Bau einer Steinkirche durch Wilfrid (römisch orientiert)

948	Zerstörung durch König Eadred
?	Wiederaufbau/Neubau (zweites Münster)
1069	Zerstörung durch Wilhelm den Eroberer
1070/1100	Neubau durch Erzbischof Thomas von Bayeux
(1070-1100)	
1154/1181	Neubau durch Erzbischof Roger de Pont l'Evêque (1154-81), die heutige Kirche

Der heutige Kirchenbau, angeblich die vierte Kirche an dieser Stelle (wenn man die Holzkirche nicht zählt), soll zwischen dem 13. und 16. Jh. erbaut worden sein. [ebd.]

Andere Quellen schreiben den bestehenden Bau in seinem Kern Erzbischofs Roger de Pont l'Evêque (1154-81) zu, wobei der Bau danach noch weitere gravierende Veränderungen erfahren hat.

Von den drei Vorgängerbauten seien nur die angelsächsische Krypta vom Bau Wilfrids (7. Jh.) unter der Vierung der heutigen Kirche und möglicherweise die beiden unteren, in einer Ostapsis endenden Geschosse des dreigeschossigen Anbaus an das südliche Chorseitenschiff erhalten. Letztere werden dem ersten normannischen Erzbischof Thomas von Bayeux (1070-1100) oder Erzbischof Thurstan (1114-1141) zugeschrieben [http://www.gutenberg.lib.md.us/2/5/8/0/25800/25800-h/25800-h.htm].
Das Untergeschoss wird als sog. normannische Krypta bezeichnet; das erste Obergeschoss nehmen der sog. Kapitelsaal (Chapter House) und die Sakristei (Vestry) ein. Das zweite Obergeschoss, die Frauenkapelle (Lady-Loft), heute die Bibliothek, stammt wahrscheinlich aus dem 14. Jh.

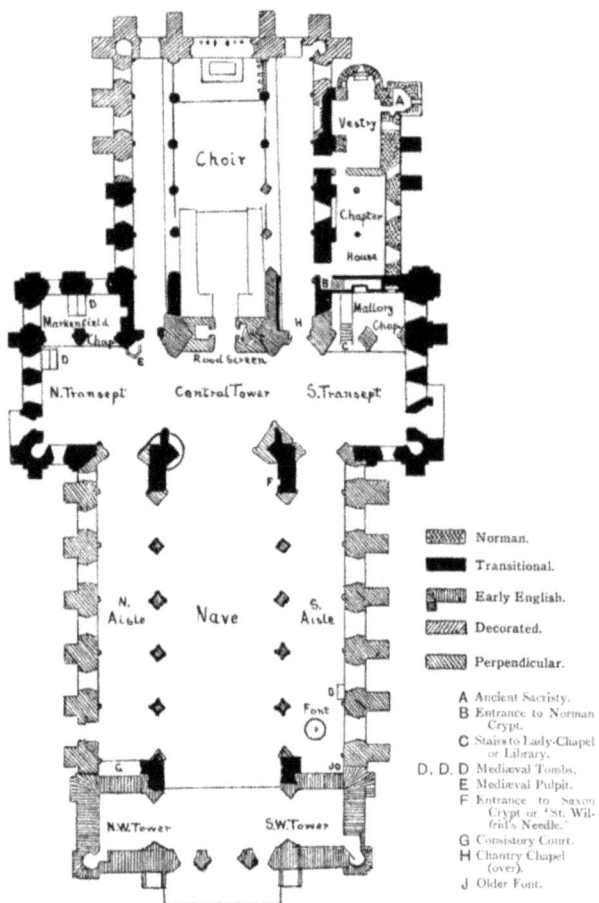

Ripon, St. Peter und St. Wilfrid. Grundriss. Entnommen von [HALLETT, 147] (http://www.gutenberg.org/files/25800/25800-h/images/image51-full.png)

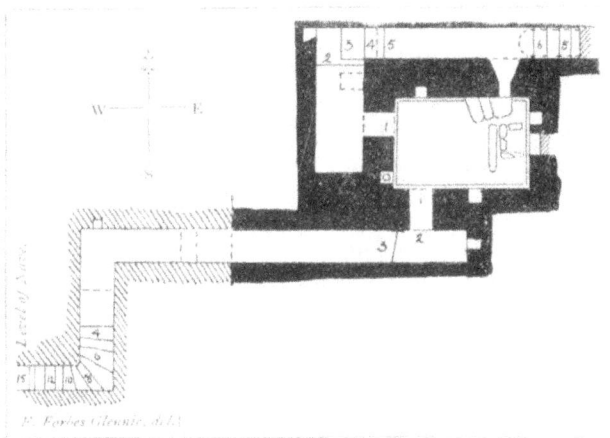

Ripon, St. Peter und St. Wilfrid. Grundriss der sog. angelsächsischen Krypta. Entnommen von [HALLETT, 72] (http://www.gutenberg.lib.md.us/2/5/8/0/25800/25800-h/25800-h.htm#image21)

Die Kirche von Erzbischof Roger soll ein kreuzförmiger Bau mit einem rechteckigen Umgangschor und einem Saal als Langhaus gewesen sein [ebd., 15f], in den der Anbau an den Chor im Süden vom Vorgängerbau einbezogen wurde. "Ein großer Teil seines Werks ist erhalten geblieben - die beiden Querschiffe, die Hälfte des Mittelturms und Teile des Kirchenschiffs und des Chors." [ebd., 16]

"Einige Jahre später wurde jedenfalls eine bedeutende Veränderung in der Bausubstanz vorgenommen, und zwar durch den Bau der heutigen Westfassade mit den beiden flankierenden Türmen, und die hohen hölzernen und bleiverkleideten Türme, die einst die letztgenannten und den zentralen Turm krönten, wurden wahrscheinlich zu dieser Zeit errichtet." [ebd., 16]

Nach der englischen Wikipedia wurde die Westfassade 1220 hinzugefügt; die Rekonstruktion des Chors mit dem Einbau des großen Ostfensters erfolgte zwischen 1286/88 und 1330. [https://en.wikipedia.org/wiki/Ripon_Cathedral] Der Vierungsturm stürzte 1450 bei einem Erdbeben teilweise ein und wurde danach wieder aufgebaut, aber nie vollendet. Als letzte große Baumaßnahme sollen zwischen 1501 und 1522 die Mittelschiffswände erhöht und die Seitenschiffe hinzugefügt worden sein. [ebd.]

Die frühe Baugeschichte ist wenig glaubhaft. Die Informationen zu dieser entstammen wie schon zu Hexham angeblich zeitgenössischen Schriftquellen, wie der *Historia* von Beda Venerabilis und dem Bericht von Eddius Stephanus, die durchgängig später entstanden und offensichtlich Pseudepigraphen sind. Den hl. Wilfrid habe ich schon im Abschnitt zu Hexham als fromme Legende abgetan.

Mit dem Entfall der Gründungsgeschichte entfallen auch die frühen Kirchenbauten, das sind einmal die angebliche Holzkirche, die nur in den Schriftquellen existiert, aber auch Wilfrids Steinkirche. Damit ist auch die Zerstörung durch König Eadred ins Reich der Märchen zu verweisen; ebenso der darauf folgende Neubau, der wiederum von Wilhelm dem Eroberer zerstört worden sein soll.

Nach meiner Auffassung ist der Bau aus der zweiten Hälfte des 12. Jh., der traditionell Erzbischof Roger de Pont l'Evêque (1154-81) zugeschrieben wird, der erste Kirchenbau an dieser Stelle.

Damit ergibt sich zwangsläufig die Frage nach der sog. angelsächsischen Krypta unter der Vierung. Für die "Krypta" in Ripon gilt dasselbe wie für die in Hexham (siehe oben). Wir haben es hier mit einer ehemaligen Schatzkammer zu tun und nicht mit einer Krypta.

Die Einbindung der Schatzkammer in einen zugehörigen Kirchenbau ist in Ripon offenbar unbekannt. Dass die unterirdische Anlage nicht zu dem rezenten Bau gehörte, dürfte unstrittig sein. Es muss zumindest einen Vorgängerbau gegeben haben, dessen Grundriss anscheinend nicht bekannt ist, zumindest konnte ich keine archäologischen Informationen zu etwaigen Vorgängerbauten auffinden. Möglicherweise gab es einen ähnlichen Gründungsbau wie in Hexham, in den die Schatzkammer nachträglich(?) eingefügt wurde, der in der zweiten Hälfte des 12. Jh. durch den aktuellen Bau ersetzt wurde. Der Gründungsbau könnte der Erzbischof Thomas von Bayeux (1070-1100) zugeschriebene Neubau der Kirche sein. Seine Errichtung sehe ich um 1100. Die Gründungsgeschichte davor erachte ich für konstruiert.

Der Anbau im Süden des Chors ist natürlich kein Rest dieses Vorgängerbaus. Allein die Erhaltung solch eines Bauteils während der Errichtung des Chors wäre eine bauliche Herausforderung, die in keinem Verhältnis zum Nutzen stände. Dieser Anbau ist dem Bau des späten 12. Jh. nachträglich angefügt worden. Daran besteht für mich kein Zweifel.

Nun zu der Rekonstruktion der Kirche Rogers. Die bei HALLET angeführte Rekonstruktion erachte ich für unzutreffend. Nach meiner Ansicht war von Anfang an die Errichtung einer dreischiffigen Kirche vorgesehen. Es war damals üblich, den Gesamtgrundriss am Beginn der Bauarbeiten abzustecken und den Bauplatz vorzubereiten. Danach begann man mit der Errichtung der Ostteile, das sind das Querhaus und der Chor.
Die Rekonstruktion eines rechteckigen Umgangschores halte ich für falsch. Der Chor des 12. Jh. war sicher dreischiffig, d. h. es gab einen Hauptchor, der von zwei Nebenchören flankiert wurde. Möglicherweise hatte der Hauptchor dieselbe Ausdehnung nach Osten wie der aktuelle Bau. Die Nebenchöre dürften jedoch weiter westlich geendet haben.
"Zu Erzbischof Rogers Zeiten war der Chor wahrscheinlich so lang wie heute, und Walbran (gefolgt von Sir Gilbert Scott) glaubte, dass die Seitenschiffe zu jener Zeit über das Ostende zurückgesetzt waren." [HALLETT, 63]

Möglicherweise waren der Hauptchor und die Nebenchöre im Osten gerade geschlossen, wie in England offenbar (später?) beliebt, wobei ein apsidialer Schluss des Hauptchors und auch der Nebenchöre nicht ausgeschlossen werden kann. Über archäologische Untersuchungen in dieser Richtung ist mir nichts bekannt. Der apsidiale Ostschluss des südlichen Anbaus weist auf diese Möglichkeit hin. Auch ist es durchaus denkbar, dass der Ostschluss des Anbaus weiter nach Osten ragte, als die damaligen Nebenchöre. Offenbar sind das östlichste Joch der Mittelschiffsarkaden noch diesem Bauabschnitt zugehörig. Dieses Joch war einfach statisch erforderlich, um den Schub der in Ost-West-Richtung spannenden Vierungsbögen abzuleiten. Die weitgehende Fertigstellung dieses ersten Bauabschnitts sehe ich frühestens im frühen 13. Jh., vielleicht auch erst kurz vor Mitte des 13. Jh. Vermutlich wurden die fertiggestellten Ostteile als Kirche schon genutzt.
In die erst Hälfte des 13. Jh. datiere ich auch den Südanbau. Vermutlich merkte man schnell, dass das ursprüngliche Raumprogramm nicht ausreichte. Man benötigte zusätzliche Räume für die Sakristei und die Versammlung des Kapitels. Das Untergeschoss ist aufgrund des abfallenden Geländes als Substruktionsgeschoss entstanden. Die heutige Bezeichnung als Krypta ist an sich irreführend. Der schmale Zugang zu diesem Raum an der Ostseite des Querarms unterstützt diese Interpretation. Für liturgische Zwecke war dieser Raum nicht vorgesehen.

Als zweiter großer Bauabschnitt erfolgte Ende des 13. Jh./Anfang des 14. Jh. der Bau des Westabschlusses mit den beiden Türmen und dem Zwischenbau mit der Fassade. Da die Mittelschiffsarkaden noch nicht errichtet waren, wurde zumindest das westliche Joch zur Aussteifung errichtet, eine gleiche Verfahrensweise wie im Osten.
Das Langhaus wurde dann zu Beginn des 16. Jh. zwischen die beiden vorhandenen Baukörpern dazwischengebaut.
Der Umbau des Chors mit der Anordnung des riesigen Fensters ist möglicherweise erst im 15. Jh. vorgenommen worden.

Meine o. a. Datierungen der gotischen Bauabschnitte sind gegenüber der traditionellen Baugeschichte um ca. einhundert Jahre verjüngt worden. Wie in den einleitenden Abschnitten zur Geschichte Englands und seiner Architektur ausgeführt, halte ich die traditionelle Architekturgeschichte Englands für etwa einhundert Jahre zu alt und damit für falsch.

Monkwearmouth und Jarrow, Doppelkloster St. Peter und Paul

Monkwearmouth ist heute ein Ortsteil der Stadt Sunderland im Nordosten Englands und liegt am Ufer des Flusses Wear nahe der Mündung in die Nordsee.
Jarrow ist eine Stadt nordwestlich von Sunderland gelegen am Fluss Tyne. Die Entfernung zwischen Monkwearmouth und Jarrow beträgt etwa 11 km.
"Das St. Paul's Monastery mit seinem Zwilling St. Peter's in Wearmouth, Sunderland, war im 7. und 8. Jahrhundert eines der einflussreichsten europäischen Zentren des Lernens und der Kultur. ... Der Ruf des Klosters verbreitete sich in ganz Europa, vor allem aufgrund der wissenschaftlichen Schriften des Ehrwürdigen Bede. Bede trat etwa 680 im Alter von sieben Jahren in St. Peter's ein und verbrachte sein Leben im Zwillingskloster Wearmouth-Jarrow, das er als "ein Kloster an zwei Orten" beschrieb. Inspiriert durch die Gelehrsamkeit und den neuen Stil des monastischen Lebens hier, widmete er sein Leben dem Studium. Er schrieb mehr als 60 Werke, vor allem die erste Geschichte der Engländer, *Ecclesiastical History of the English People*. Er starb im Jahr 735."
[https://www.english-heritage.org.uk/visit/places/st-pauls-monastery-jarrow/history/]

"In Jarrow bestand im späten 7. Jahrhundert eines der wenigen Skriptorien Europas. Beda Venerabilis schrieb hier seine Englische Kirchengeschichte (um 731). Das Kloster hatte mutmaßlich eine umfangreiche Bibliothek mit zahlreichen theologischen und weltlichen Werken, teilweise italienisch-römischer Herkunft.

Im Kloster entstanden

- *Codex Amiatinus*, um 700, älteste erhaltene Vulgata-Handschrift überhaupt
- *Johannes-Evangelium*, ältestes erhaltenes gebundenes Buch Europas, vollständiger Text des Evangeliums (ohne Verzierungen)
- *Cassiodorus: Expositio psalmorum*, gekürzte Fassung eines spätantiken Psalmenkommentars
- Beda Venerabilis: *Historia ecclesiastica gentis Anglorum*, nach 737, eine der beiden ältesten erhaltenen Abschriften von Bedas Kirchengeschichte, nicht illuminiert
- Beda Venerabilis: *Historia ecclesiastica gentis Anglorum*, zwischen 731 und 746, Handschrift mit ältester erhaltener illuminierter Initiale in Europa"

[https://de.wikipedia.org/wiki/Kloster_Monkwearmouth-Jarrow]

"Wearmouth-Jarrow war die Schöpfung des northumbrischen Adligen Benedict Biscop (ca. 628-90), der Rom besuchte und sich von dem christlichen Leben, das er dort sah, inspirieren ließ.
Im Jahr 674 wandte er sich an König Ecgfrith von Northumbria um Land für ein Kloster. Er erhielt zunächst ein großes Anwesen zur Gründung von St. Peter's, Wearmouth, und erhielt dann 681 Land in Jarrow zur Gründung von St. Paul's. Das Zwillingskloster besaß wahrscheinlich einst einen Großteil des Landes zwischen den Flüssen Tyne und Wear."
[https://www.english-heritage.org.uk/visit/places/st-pauls-monastery-jarrow/history/]

"Beide Häuser wurden von Wikingerangriffen geplündert, und im 9. Jahrhundert wurde die Abtei aufgegeben. Nach der normannischen Eroberung Englands im 11. Jahrhundert gab es einen kurzen Versuch, die Abtei wiederzubeleben. Anfang des 14. Jahrhunderts wurden die beiden Häuser als Zellen des Priorats Durham neu gegründet. Im Jahre 1536 wurden sie an die Krone übergeben und aufgelöst.

Seit der Auflösung haben die beiden Abteikirchen als die Pfarrkirchen von Monkwearmouth und Jarrow überlebt."
[https://en.wikipedia.org/wiki/Monkwearmouth-Jarrow_Abbey]

Monkwearmouth, St. Peter

"Von Benedikts Gebäude sind nur die Westwand und die Vorhalle erhalten geblieben. Das Erdgeschoss der Vorhalle ist tonnengewölbt. Sein Außenbogen am westlichen Ende der Vorhalle ist aufwändig gestaltet und mit Steinreliefs verziert. Um ca. 700 n. Chr. wurde die Vorhalle um ein zweites Stockwerk und einen nördlichen und südlichen Portikus erweitert, wodurch ein Westwerk entstand. Bis zum Ende des 10. Jahrhunderts wurde die Vorhalle um weitere Stockwerke aufgestockt, wodurch ihre Höhe zum heutigen Westturm erhöht wurde."
[https://en.wikipedia.org/wiki/St_Peter's_Church,_Monkwearmouth]

"Von der ursprünglichen St. Peter's Kirche überdauerte nur die westliche Mauer. Der Kirchturm wurde vor dem Jahr 1000 über der Vorhalle, der Rest der Kirche im 14. Jh. hinzugefügt .... Das berühmte angelsächsische Fragment, das das westliche Ende der St. Peter's Church bildet ..., ist eines der letzten Beispiele aus der früheren Periode der Angelsächsischen Kirchenbaukunst.
Hier existierte ursprünglich eine Eingangshalle, bedeckt mit einem Tonnengewölbe, worüber ein Zimmer war, das durch einen schmalen Türeingang in seiner östlichen Wand mit der Kirche in einer beträchtlichen Höhe über ihrem Fußboden in Verbindung steht .... Über diesem Zimmer endete die Vorhalle ursprünglich in einem Giebel .... Unterhalb der Spitze des Giebels stand ursprünglich eine in Hochrelief geschnitzte Figur von etwa 1,80 m Höhe, die abgehauen wurde.
In einer viel späteren Periode, wahrscheinlich um die Zeit der Normannischen Eroberung, wurden die Mauern der Vorhalle in Gestalt eines hohen und schlanken Turms nach oben fortgesetzt. Das Schiff der Kirche war sehr lang und schmal, etwa 19,50 zu 5,70 m, und die Mauern sind dünn, aber von

139

verhältnismäßig großer Höhe. Sie sind aus Bruchsteinmauerwerk von uneben viereckig behauenen Steinen aufgeführt und sind so gut zusammengefügt, dass, obgleich die Mauern der ursprünglichen Vorhalle weniger als 60 cm dick sind, sie das Gewicht eines 18 m hohen Turmes tragen."
[https://mittelalter.fandom.com/de/wiki/St._Peter's_Church,_M onkwearmouth]

"Die einzigen aufrechten Überreste des angelsächsischen Klosters von Monkwearmouth sind die Westwand des Kirchenschiffs und der untere Teil des Turms der Peterskirche." [https://historicengland.org.uk/listing/the-list/list-entry/1017222]

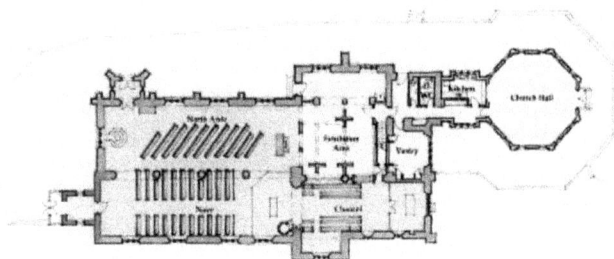

Monkwearmouth, St. Peter. Grundriss. Entnommen von [https://www.churchofengland.org/sites/default/files/2018-11/CCB_Monkwearmouth-St-Peter_Disaster-Management-Plan_Sep-2011.pdf]

"Bei den Ausgrabungen wurden auch die steinernen Fundamente einer Holzstruktur und eines christlichen Friedhofs entdeckt, die als vor der dokumentierten Gründung des angelsächsischen Klosters liegend interpretiert wurden. Die Überreste des angelsächsischen Klosters, die 1 m unter der heutigen Erdoberfläche liegen, umfassen Gräber und

Klostergebäude. Das auffälligste ausgegrabene Gebäude war eine mindestens 32 m lange Galerie, die als überdachter Gang zwischen der Kirche und dem südlichen Rand der Stätte diente. Er ist 3,35 m breit und wurde aus Kalksteinblöcken errichtet; die untersten beiden Schichten waren lehmgebunden, der Rest in Mörtel eingebettet. Er hatte auch einen gemörtelten Boden, ein Dach aus dünnen Kalksteinschiefern mit Bleiverblendung und Fenster aus farbigem Glas. Die Kunst der Glasherstellung wurde von Kunsthandwerkern gelehrt, die, wie die Steinmetze, von Benedikt Biscop aus Gallien angefordert wurden. Diese Galerie trennte den Laienfriedhof im Westen vom Klosterfriedhof im Osten. Auf dem Laienfriedhof gab es eine Mischung aus Männer-, Frauen- und Kinderbestattungen, die alle in Rückenlage lagen, mit dem Kopf nach Osten und den Füßen entweder gekreuzt oder zusammen. Einige wiesen Hinweise auf eine Bestattung in Holzsärgen oder auf Bahren (Holztabletts) auf. Auf dem Klosterfriedhof gab es nur männliche Bestattungen in Rückenlage." [ebd.]

"Die Aktivität an der Stätte zwischen dieser Aufgabe (des Klosters um 874 - MM) und ihrer Wiederbelebung im späten 11. Jahrhundert wird jedoch durch die Errichtung der oberen Stockwerke des Turms um das Jahr 1000 und auch durch Bestattungen in diesem Zeitraum belegt. Im Jahr 1072 belebte Alwine, Prior von Winchcombe, das Kloster wieder, das nach 1083 bis zur Auflösung der Klöster im Jahr 1540 als Zelle der Durham Benedictine Foundation weitergeführt wurde." [ebd.]

"Wiederum sind die einzigen aufrechten Überreste des mittelalterlichen Priorats in die Struktur der St. Peterskirche integriert und umfassen Teile der Chorwände, den Chorbogen, Teile des nördlichen Seitenschiffs und das fünfstrahlige Ostfenster." [ebd.]

Jarrow, St. Paul

"Ausgrabungen haben ergeben, dass das früheste Kloster zwei Kirchen hatte, die parallel zu zwei großen Gebäuden lagen, mit einem Gästehaus in der Nähe des Flusses." [https://www.english-heritage.org.uk/visit/places/st-pauls-monastery-jarrow/history/]

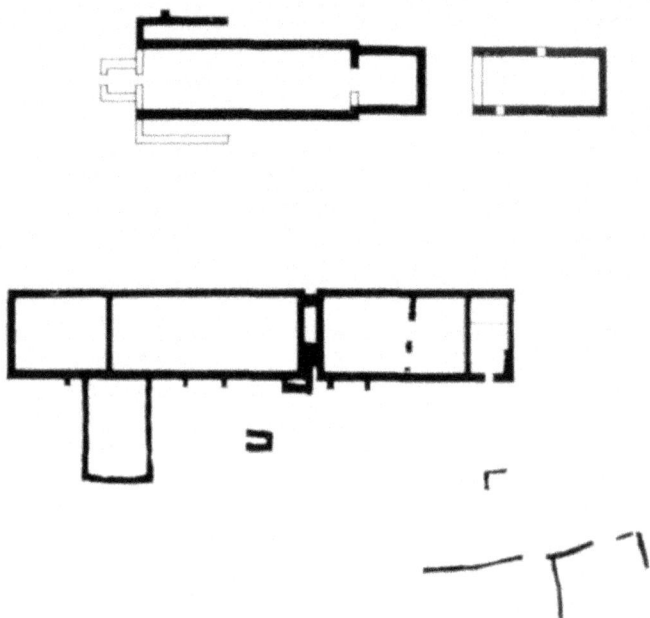

Jarrow, St. Paul. Entnommen von [https://www.chegg.com/flashcards/exam-1-e8101f89-a537-4412-818b-957a856e9ee3/deck]

"Das sächsisch-normannische Kirchenschiff stürzte ein und wurde durch ein viktorianisches ersetzt, aber der sächsische Altarraum mit dem ältesten Glasfenster der Welt, das aus

142

ausgegrabenen Fragmenten aus der Zeit um 600 n. Chr. hergestellt wurde, ist erhalten geblieben. Im Inneren der Kirche, eingefügt in die Wand des Turms, befindet sich die ursprüngliche Steinplatte, auf der die Einweihung der Kirche am 23. April 685 festgehalten ist. Abgesehen vom Chor der Pauluskirche ist von dem Kloster aus dem 7. Jahrhundert oberirdisch nichts erhalten geblieben ..." [https://en.wikipedia.org/wiki/Monkwearmouth-Jarrow_Abbey]

"Während des 9. Jahrhunderts ging das klösterliche Leben hier zurück, obwohl die Stätte aufgrund ihrer Verbindung mit Bede ein Wallfahrtsort geblieben sein mag. In den 1020er Jahren wurden einige Gebeine, von denen man annahm, dass es sich um die Überreste von Bede handelt, von hier zur Kathedrale von Durham gebracht.

Das Kloster wurde in den 1070er Jahren von Aldwin, Prior von Winchcombe in Gloucestershire, wiedererrichtet, der durch die Lektüre von Bedes Kirchengeschichte inspiriert wurde, die heiligen Stätten von Northumbria zu besuchen.

Mit der Erlaubnis des Bischofs von Durham begann Aldwin mit dem Wiederaufbau des Klosters. Er führte einen Grundriss im benediktinischen Stil für die Klostergebäude ein, basierend auf einem zentralen Kreuzgang mit einem geschlossenen Gang, in dem die Mitglieder der Gemeinschaft Zeit in Gebet und Kontemplation verbringen konnten.

Aldwins Kloster wurde nie fertiggestellt, obwohl es bis zur Auflösung der Klöster in viel kleinerem Maßstab als zuvor genutzt wurde. Die Ostflügel des Klosters war fertig gestellt, aber der Süd- und Westflügel befanden sich noch im Bau, als der Bau 1083 unterbrochen wurde. Aldwin wurde eingeladen, Prior von Durham zu werden, und die Wearmouth-Jarrow-Mönche wurden dorthin umgesiedelt, um das Zentrum der neu reformierten Mönchsgemeinschaft zu werden.

Im 12. Jahrhundert wurde das klösterliche Leben hier jedoch als eine der neun abhängigen Zellen von Durham wieder aufgenommen. Die religiöse Gemeinschaft war sehr klein: ein Meister, der für einen oder zwei Mönche verantwortlich war, die hier nur etwa drei Jahre lang ansässig waren, bevor sie nach Durham zurückkehrten. Zu dieser Zeit war Jarrow eine der ärmsten abhängigen Zellen von Durham. Die wichtigsten klösterlichen Gebäude wurden im 13. und 14. Jahrhundert umgebaut - neue Gebäude wurden dem Südflügel hinzugefügt und die Arkaden des Kreuzgangs entfernt." [https://www.english-heritage.org.uk/visit/places/st-pauls-monastery-jarrow/history/]

Jarrow, St. Paul. Grundriss. Entnommen von [https://www.churchofengland.org/sites/default/files/2018-11/CCB_Jarrow-St-Paul_Disaster-Management-Plan_Sep-2011.pdf]

"Pfarrkirche, ehemals zwei getrennte Kirchen, Teil des Klosters St. Paul. ... 685 Widmungsstein der Basilika wurde im Kirchenschiff über dem Bogen zum Turm angebracht. Ostsächsische Kirche ist gegenwärtiger Altarraum; Turm normannisch, kann aber sächsische Substanz enthalten; ehemalige Basilika, ist gegenwärtiges Kirchenschiff, 1782 umgebaut. 1866 Änderungen und Ergänzungen des großen nördlichen Seitenschiffs und der nördlichen Vorhalle ...; 1972 Restaurierung. Kirchenschiff aus Sandstein mit Sockel; Turm und Chor aus bearbeiteten Sandsteinblöcken, von denen einige wiederverwendete römische Steine sind." [https://historicengland.org.uk/listing/the-list/list-entry/1355091]

Jarrow, St. Paul. Kirche mit Klosteranlage. Früheste Anlage - rot. (Entsprechend einer Tafel vor Ort)

Alternative Rekonstruktion der Baugeschichte

Die Gründungsgeschichte ist ein Konstrukt. Schon an verschiedenen anderen Stellen habe ich Beda Venerabilis, kurz "Bede", als Pseudepigraph einer viel späteren Zeit benannt. Bede's Schriften sind weder in Monkwearmouth noch in Jarrow entstanden. Ich vermute als Herstellungsort dieser Pseudepigraphen das Kloster Durham. Ob wirklich die beiden Klöster ein Doppelkloster waren, kann hier nicht schlüssig beantwortet werden. In der Regel bestanden Doppelklöster aus einem Mönchskloster und einem Nonnenkloster. Monkwearmouth war offenbar ein Männerkloster, was durch die ergrabenen Bestattungen belegt sein dürfte. Dagegen kenne ich für Jarrow keine entsprechenden Hinweise. Die Patrozinien St. Peter und Paul und der Hinweis im Namen von Wearmouth (Monk) könnten Indizien für ein Doppelkloster sein.

„Im Westen umfasste die Lebensdauer der Doppelklöster, besonders im früheren angelsächsischen Raum, das 5. bis 9. Jahrhundert. Hier wurden die klösterlichen Einrichtungen fast immer von den Äbtissinnen geleitet. Die Äbte vertraten die Ordensgemeinschaften nach außen und waren das Bindeglied zwischen weltlicher und kirchlicher Macht. In Frankreich, Italien und dem späteren Deutschland erlebten die Doppelklöster ihre Blütezeit im 11. und 12. Jahrhundert. ... Im 13. Jahrhundert wurden die Doppelklöster fast überall aufgegeben; eine der beiden Gemeinschaften verschwand oder wurde verlegt."
[https://de.wikipedia.org/wiki/Doppelkloster]
Das zu frühe Auftreten "im früheren angelsächsischen Raum" ist allein der falschen Chronologie geschuldet. Nach der Korrektur erscheinen diese etwa zeitgleich mit denen im übrigen West- und Mitteleuropa.

Zu Monkwearmouth:
Den Ursprung der Pfarr- und Klosterkirche St. Peter sehe ich um 1100 in einer Turmhügelburg oder Motte. Der Westturm ist der verbliebene Rest dieser Verteidigungsanlage. Die

zugehörige Grabenanlage wurde offenbar noch nicht entdeckt. Dieser Turm hatte im Westen, im Norden und Süden jeweils Annexbauten. Die erhaltenen Portale sind die ehemaligen Verbindungen zu diesen Anbauten. Im Osten gab es ursprünglich keinen solchen Anbau. Dort war der erhöhte Zugang zum Obergeschoss, der heute noch zu sehen ist. Von der entsprechende Treppenanlage gibt es keine Spuren mehr. In der ersten Hälfte des 12. Jh. wurde die Verteidigungsanlage aufgegeben. Bei der Errichtung der Pfarr- und Klosterkirche wurde der Turm als Westbau einbezogen. Vermutlich hatte man zunächst vor, die Obergeschosse des Turms zurückzubauen, worauf die Anordnung der beiden Fenster in der Westwand der Kirche hinweist. Als um die Mitte des 12. Jh. generell Westtürme aufkommen, entschied man sich zum Erhalt der Obergeschosse, womit die heutige etwas merkwürdige Lösung mit den weitgehend verdeckten Fenstern entstand.

Die Kirche soll ursprünglich ein relativ langgestreckter Saal gewesen sein. Leider konnte ich keine weiteren Angaben zu dieser Kirche finden. Ob die heutige querhausartige Erweiterung und der große Chor schon bei diesem Bau vorhanden war, muss hier offen bleiben, ist aber denkbar.

Mit der Installation des Pfarrsystems etwa in der ersten Hälfte des 12. Jh. wurde entsprechend viel Platz benötigt. So dürfte das Langhaus der Pfarrgemeinschaft und die Ostteile den Mönchen vorbehalten gewesen sein. Am Ostende des Langhaussaales ist sicher ein Lettner zu rekonstruieren. Die ergrabene Galerie, die den Laienfriedhof im Westen und den Mönchsfriedhof im Osten trennte, wiederholt diese Unterteilung.

Die verfügbaren Informationen zum weiteren Werdegang der Kirche sind dürftig. Die heutige Kirche ist im Wesentlichen ein Umbau des 19. Jh. Vermutlich fristete das Kloster bis zu seiner Auflösung ein kärgliches Dasein. Danach verbleib die Kirche als Pfarrkirche. Im 19. Jh., mit dem Aufkommen eines neuen englischen Nationalbewusstsein und damit einem aufkommenden Interesse an der englischen Geschichte, erfuhr das Pseudepigraph "Bede" besondere Verehrung. "Bede" wurde sozusagen zum Nationalheiligtum. Erst jetzt

erhielten die angeblichen "Wirkungsstätten Bedes" Monkwearmouth und Jarrow eine besondere Aufmerksamkeit und wurden entsprechend ausgebaut.
Die nördliche Erweiterung des Langhauses dürfte erst in diesem Zusammenhang errichtet worden sein.

Zu Jarrow:
Der sognannte Widmungsstein ist eine spätere Fälschung um die später kreierte Gründungsgeschichte zu "belegen". Als Gründungsbau von St. Paul sehe ich die schmale, langgestreckte Saalkirche mit eingezogenem Altarraum, die sog. westliche Kirche. Ihre Errichtung sehe ich um 1100. Mit dem Aufkommen der besonderen Marienverehrung nach 1100 errichtete man östlich der bestehenden Kirche eine Marienkapelle. Dieser Vorgang ist vergleichbar mit der Errichtung der sog. Chorscheitelkapellen auf dem Kontinent, die ich alle als Marienkapellen identifiziere. In Jarrow war diese Marienkapelle kein Rundbau oder ähnliches, sondern ein Saal. Dass dieser Bau möglicherweise der Marienverehrung diente, ist dem Text einer Tafel vor Ort zu entnehmen: "The chancel of St. Paul's is the original Saxon church built as a separate chapel possibly dedicated to Our Lady." (Der Chor von St. Paul's ist die ursprüngliche sächsische Kirche, die als eine separate Kapelle gebaut wurde, die möglicherweise der Muttergottes geweiht ist.) Vermutlich wurde der Gründungsbau zunächst als Klosterkirche errichtet. Mit der Zusatzfunktion als Pfarrkirche in der ersten Hälfte des 12. Jh. war eine Vergrößerung des Baus erforderlich. Diese erfolgte durch die Einbeziehung der Marienkapelle. Ich sehe diesen Umbau in der zweiten Hälfte bis Ende des 12. Jh. Als Lückenschluss wurde der Turm errichtet. Der ehemalige Chor zuzüglich der Erweiterung durch den Turm und die ehemalige östliche Kapelle wurde der neue Chor, reserviert für die Kleriker (Mönche oder Nonnen). Der alte Langhaussaal wurde der Pfarrgemeinde zugewiesen.
In diesem Zusammenhang wurde der Klausurbereich komplett umgestaltet. Die alten Klostergebäude wurden abgerissen und ein Nord-Süd-gerichtetes Klausurgebäude (Ostflügel) an den Chor angebaut. Westlich davon wurde ein Kreuzgarten mit

Kreuzgang errichtet. Einen Klausursüd- und -westflügel gab es offenbar nie.

Wie Monkwearmouth auch, war Jarrow nach der Auflösung des Klosters nur noch Pfarrkirche und fristete ein unscheinbares Dasein. Mit dem aufkommenden Hype um "Bebe" im 19. Jh. wurde Jarrow sozusagen wiedererweckt. Das alte Langhaus wurde abgebrochen und das heutige, zweischiffige Langhaus erbaut. Nur der Turm und der östlich anschließende Altarraum, die ehemalige Marienkapelle, blieben von dem Bau des 12. Jh. erhalten.

Lindisfarne Abbey

Lindisfarne Abbey liegt auf der kleinen, gleichnamigen Insel, auch Holy Island genannt, vor der Nordostküste Northumberlands im Norden Englands unweit der Grenze zu Schottland.

Highlight für Besucher sind die sehr beeindruckenden Überreste einer angeblich normannischen Abtei.

Doch Lindisfarne verweist auf eine viel ältere Geschichte.

Schon im Jahr 635 sollen hier schottische Mönche unter der Führung des hl. Aidan eine Abtei gegründet haben. Der hl. Cuthbert soll der erste Bischof von Lindisfarne gewesen sein.

"Bald war Lindisfarne ein Zentrum der keltischen Klosterkultur, eine Stätte des Glaubens, der Kunst und der Gelehrsamkeit, berühmt durch seine Schreibschule. Von der Insel aus trieben die Mönche die Christianisierung Englands voran ..." [https://de.wikipedia.org/wiki/Lindisfarne_(Kloster)]

Im Jahr 793 soll Lindisfarne von den Wikingern überfallen worden sein. 875 sollen dann die Mönche aus Angst vor weiteren Überfällen das Kloster verlassen haben. Sie sollen die sterblichen Überreste der Heiligen Cuthbert, Aidan, Eadberht, Eadfrith, Æthelwald und das Book of Lindisfarne mitgenommen haben. [ebd.]

Die englische Wikipedia berichtet über die frühe Entwicklung folgendermaßen: "Das Kloster Lindisfarne wurde um 634 vom irischen Mönch Saint Aidan gegründet, der auf Wunsch von König Oswald von Iona vor der Westküste Schottlands nach Northumbria geschickt worden war. Das Priorat wurde noch vor Ende 634 gegründet, und Aidan blieb dort bis zu seinem Tod im Jahr 651. Fast dreißig Jahre lang blieb das Priorat der einzige Sitz eines Bistums in Northumbria. Finian (Bischof 651-661) baute eine Holzkirche, die "für einen Bischofssitz geeignet" war. St. Bede kritisierte jedoch, dass die Kirche nicht aus Stein, sondern nur aus behauener Eiche mit Reetdach und Schilf gebaut war. ... Lindisfarne wurde zum Stützpunkt für die christliche Mission im Norden Englands und sandte auch eine erfolgreiche Mission nach Mercia. Mönche aus der irischen Gemeinde Iona ließen sich auf der Insel nieder. Der Schutzpatron von Northumbria, der Heilige Cuthbert, war Mönch und späterer Abt des Klosters, und seine Wunder und sein Leben werden vom Ehrwürdigen Bede aufgezeichnet. Cuthbert wurde später Bischof von Lindisfarne. Eine anonym verfasstes Biographie von Cuthbert in Lindisfarne ist das älteste erhaltene Stück englischer Geschichtsschreibung. Von seiner Bezugnahme auf "Aldfrith, der jetzt friedlich regiert" muss es auf die Zeit zwischen 685 und 704 datiert sein. Cuthbert wurde hier begraben, seine Überreste wurden später in die Kathedrale von Durham übersetzt (zusammen mit den Reliquien des Heiligen Eadfrith von Lindisfarne)." [https://en.wikipedia.org/wiki/Lindisfarne]

Hier weiß man anscheinend mehr: "... dass Bischof Aidan, der spätere St. Aidan, als er 635 sein Kloster auf der Insel gründete, im Herzen der Insel zwei Holzkirchen baute, die nicht weit voneinander entfernt waren und eine gemeinsame Ost-West-Achse teilten. Die Tradition besagt, dass die "größere", östlichere Kirche dem heiligen Petrus geweiht war und als Klosterkirche diente, während die westlichere der heiligen Maria geweiht war und möglicherweise der größeren Gemeinschaft diente, die um das Kloster herum auf der Insel aufwuchs.

In dieser ersten Marienkirche wäre Cuthbert Bischof von Lindisfarne geworden; und sie hätte hier gestanden, als die Evangelien von Lindisfarne in den frühen 700er Jahren im benachbarten Kloster erstellt wurden ...ʺ [https://www.undiscoveredscotland.co.uk/lindisfarne/stmarys/index.html]

Und die weitere Geschichte:
"Erst 1069–1090 kehrten für kurze Zeit Benediktinermönche zurück. Im 12. Jahrhundert wurde auf der Insel neben den Resten des alten ein neues Kloster gegründet. Am Ort des ursprünglichen Klosters steht heute die Pfarrkirche St. Mary, die im 12. Jahrhundert etwa gleichzeitig mit der neuen Abteikirche errichtet wurde.
Zunächst vor allem mit dem Königreich Schottland verbunden, wurde Lindisfarne 1296 von Eduard I. erobert und in der Folge zu einer englischen Grenzfestung ausgebaut. 1536 wurde das Kloster aufgelöst, aber nicht abgerissen." [https://de.wikipedia.org/wiki/Lindisfarne_(Kloster)]
1820 stürzte der Vierungsturm ein, in den 1850 Jahren auch die Westfassade [ebd.]

"Die Arbeiten an der Prioratskirche begannen um 1120 und wurden bis 1150 fortgesetzt. Im dreizehnten Jahrhundert zählte die Gemeinschaft etwa zehn Mönche, von denen die meisten abwechselnd für zwei oder drei Jahre aus dem Mutterhaus in Durham abgezogen wurden." [http://www.castlesfortsbattles.co.uk/north_east/lindisfarne_priory.html]

Die englische Wikipedia verrät nährere Details: "Wilhelm von St. Calais, der erste normannische Bischof von Durham, stattete sein neues Benediktinerkloster in Durham mit Land und Besitz in Northumberland, einschließlich der Heiligen Insel und eines Großteils des umliegenden Festlandes, aus. Das Priorat Durham errichtete 1093 wieder ein Klosterhaus auf der Insel, und zwar als eine Zelle von Durham, die von Norham aus verwaltet wurde. Die Überreste stammen aus dieser Zeit (während die Stelle des ursprünglichen Priorats heute von der

Pfarrkirche   eingenommen   wird)."
[https://en.wikipedia.org/wiki/Lindisfarne]

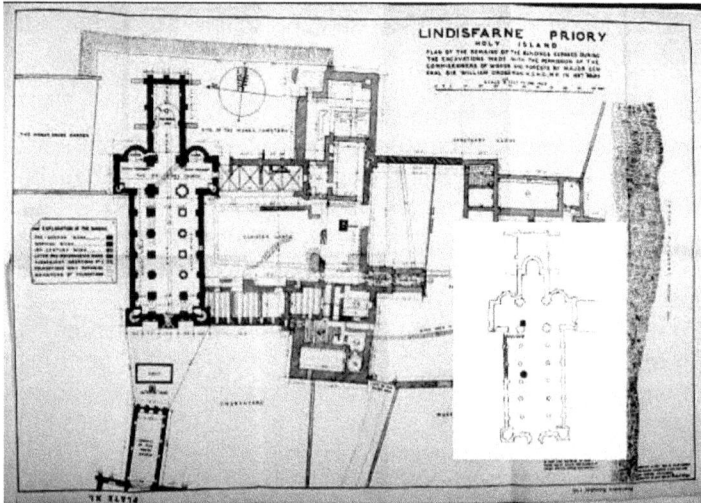

Lindisfarne Abbey, Grundriss des Benediktinerklosters.
Entnommen von [https://www.slideshare.net/DigNation/3-dr-
david-petts-lindisfarne]

"Als die Abtei von den Normannen wieder aufgebaut wurde,
wurde die Stätte verlegt. Die Stelle der ursprünglichen
Prioratskirche wurde als Pfarrkirche (St Mary the Virgin - MM)
in Stein umgebaut. Als solche ist sie heute das älteste noch
überdachte Gebäude der Insel. Von der sächsischen Kirche
sind Reste der Chorwand und des Bogens erhalten geblieben.
Eine normannische Apsis (später im 13. Jahrhundert ersetzt)
führte vom Chor nach Osten. Das Kirchenschiff wurde im
12. Jahrhundert mit einer nördlichen und im folgenden
Jahrhundert mit einer südlichen Arkade erweitert." [ebd.]

Man sollte meinen, dass so eine reiche Vorgeschichte auch
archäologisch nachweisbar ist - aber Fehlanzeige.

"Die Gebäude des „jüngeren" Klosters ab 1081 und weitere Ausbauten sind gut dokumentiert, hingegen hat man von der ursprünglichen Anlage des 7. Jahrhunderts keine Funde gemacht, schon gar nicht auf und um den „Beblowe Craigh" (Hügel, auf dem die Burg Lindisfarne Castle erbaut wurde - MM). Die umfangreichen Gebäude befanden sich aber sicher auf weitem, ebenen Grund, schon wegen der Ausdehnung. Die Vermutung liegt nahe, dass die alten Kloster- und Wirtschaftsgebäude am selben Ort standen, wie die heutige Ansiedlung um die Klosterruinen." [http://wikinger-normannen.ch/?page_id=644]
Die andere oft gebrauchte Ausrede, dass die Holzbauten eben spurlos verschwunden seien, dürfte kaum ausreichen, zumal man heute durchaus auch eisenzeitliche Siedlungen (alles Holzbauten) erstaunlich gut nachweisen kann.

Die einzige schlüssige Erklärung ist, dass es das frühe Kloster niemals gab. Es existiert nur in den späteren, erfundenen bzw. gefälschten Schriftquellen. Auch hier wieder das Pseudepigraph St. Bede bzw. Beda Venerabilis, das ich bereits in meinen einleitenden Abschnitten als solches deklariert habe. Genauso gab es die sog. Wikingerüberfälle nie.

Von dieser Feststellung ist natürlich auch das sog. Evangeliar von Lindisfarne (Book of Lindisfarne, Lindisfarne Gospels) betroffen, eine illustrierte Handschrift angeblich aus dem späten 7. oder frühen 8. Jh., das im Kloster Lindisfarne vor 721 „zur Ehre Gottes und des heiligen Cuthbert" geschaffen wurde [https://de.wikipedia.org/wiki/Evangeliar_von_Lindisfarne].

Die Lösung ist relativ einfach: Die Handschrift ist wesentlich jünger - frühestens spätes 12. Jh.
Die Handschrift sollen die Mönche bei ihrer Flucht im 9. Jh. zuerst nach Chester-le-Street und dann nach Durham mitgeführt haben. [ebd.]
Die Lokalisierung der Erstellung nach Lindisfarne soll einer alt-englischen Glosse zu entnehmen sein, die in der zweiten

Hälfte des 10. Jh. hinzugefügt wurde [https://en.wikipedia.org/wiki/Lindisfarne]. Ob die Handschrift überhaupt im Kloster Lindisfarne (des 12. Jh.!) entstand oder aber vielleicht in Durham muss hier offen bleiben.

Real ist nur das spätere Benediktinerkloster. Die traditionelle Bauzeit von 1120 bis 1150 trifft mit Sicherheit nicht für den gesamten Bau zu. Nach meiner Auffassung wurden bis 1150 nur die Ostteile fertiggestellt. Erst danach wurde der Westabschluss errichtet und zuletzt das Langhaus dazwischen gebaut - eine übliche Bauabfolge im romanischen Kirchenbau.

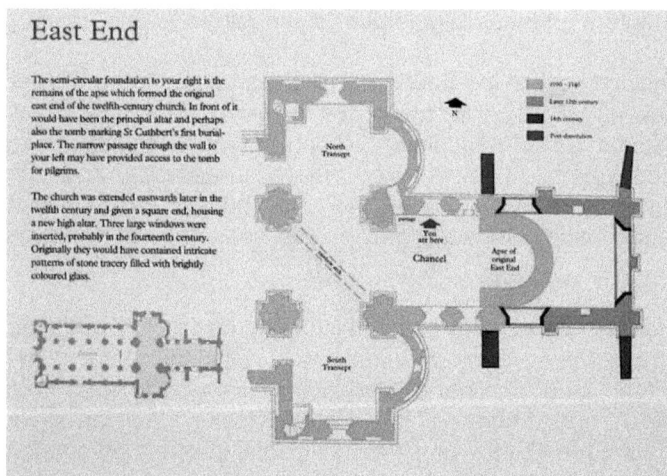

Lindisfarne Abbey, Grundriss der Ostteile nach einer Tafel vor Ort. Entnommen von [https://www.flickr.com/photos/31068574@N05/41996550665/]

Das gewölbte Langhaus und die Wandgliederung der Mittelschiffswände mit den Emporen über den Seitenschiffen verweisen eindeutig in die zweite Hälfte bzw. an das Ende des 12. Jh., ebenso die Westfassade mit den außen angefügten

Türmen wie man sie ähnlich in Soissons (St. Medard) und in Bari (San Nicola) findet. Die Fertigstellung dürfte vielleicht erst im frühen 13. Jh. erfolgt sein.

Lindisfarne Abbey, Joseph Mallord William Turner 1775-1851 from Liber Studiorum 1807-1819 Watercolours, circa 1806-7

Die St Mary's Church westlich der Klosterkirche ist keinesfalls ein Bau des 12. Jh. Der Chor könnte noch dem 13. Jh. angehören. Möglicherweise war dieser zuvor ein zum Kloster zugehöriger Bau. Das dreischiffige Langhaus dürfte spätmittelalterlich sein. Denkbar ist ein Umbau zur Pfarrkirche nach der Auflösung des Klosters im 16. Jh.

Reculver, St. Mary

Reculver liegt im Südosten Englands in der Grafschaft Kent unmittelbar an der Nordseeküste unweit von Canterbury. Durch die Küstenerosion ist der Ort Reculver heute weitgehend verschwunden, jedoch die Ruine der ehemaligen Klosterkirche, St. Mary's Church, ist bis jetzt erhalten. St. Mary's Church soll im 7. Jh. über den Resten eines römischen Forts errichtet worden sein.

"Im Jahr 669 wurde der Standort des Forts zu diesem Zweck von König Ecgberht von Kent an einen Priester namens Bassa übergeben, wodurch eine Verbindung mit den Königen von Kent begann, die dazu führte, dass König Eadberht II. von Kent in den 760er Jahren dort begraben wurde und die Kirche zu Beginn des 9. Jahrhunderts sehr wohlhabend wurde. Vom frühen 9. bis zum 11. Jahrhundert wurde die Kirche im Wesentlichen als ein Stück Eigentum behandelt, wobei die Herrschaft zwischen den Königen von Mercia, Wessex und England und den Erzbischöfen von Canterbury wechselte. Angriffe der Wikinger könnten die religiöse Gemeinschaft der Kirche im 9. Jahrhundert ausgelöscht haben, obwohl eine Aufzeichnung aus dem frühen 11. Jahrhundert darauf hinweist, dass sich die Kirche damals in den Händen eines von Mönchen begleiteten Dekans befand. Zur Zeit des Domesday Book, das 1086 fertiggestellt wurde, diente St. Mary's als Pfarrkirche."
[https://en.wikipedia.org/wiki/St_Mary's_Church,_Reculver]

"Das ursprüngliche Gebäude, das aus Steinen und Ziegeln bestand, die aus dem römischen Kastell stammen, war ein einfaches Gebäude, das nur aus einem Kirchenschiff und einem apsidalen Chor bestand, mit einem kleinen Raum oder Vorhalle, die jeweils an der Nord- und Südseite der Kirche, wo sich Schiff und Chor trafen, gebaut wurden. Die Kirche wurde im Mittelalter stark verändert und erweitert, einschließlich der Hinzufügung von Zwillingstürmen im 12. Jahrhundert; die letzte Hinzufügung, im 15. Jahrhundert, bestand aus Nord- und Südportalen, die in das Kirchenschiff führten." [ebd.]

"Der Niedergang der Siedlung führte zum Verfall der Kirche, und nach erfolglosen Versuchen, die Erosion der angrenzenden Küstenlinie zu verhindern, wurde das Gebäude 1809 fast vollständig abgerissen. ... Sonstige, erhaltene Überreste sind Fragmente eines hohen Steinkreuzes, das einst im Inneren der Kirche stand, und zwei Steinsäulen aus einem Dreifachbogen zwischen Kirchenschiff und Chor: Die Säulen waren Teil der ursprünglichen Kirche und waren noch vorhanden, als der Abriss begann. Die Kreuzfragmente und Säulen werden heute in der Kathedrale von Canterbury aufbewahrt und gehören zu den Charakteristika, die dazu geführt haben, dass die Kirche als Musterbeispiel angelsächsischer Kirchenarchitektur und -skulptur bezeichnet wird." [ebd.]

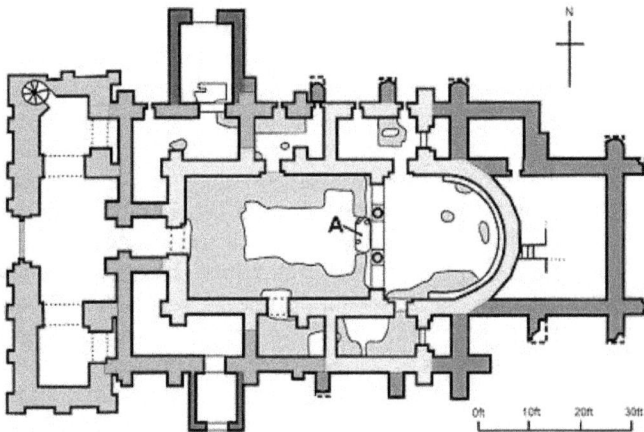

Reculver, St. Mary. Grundriss mit Darstellung der Bauphasen nach C. R. PEERS. Entnommen von [https://en.wikipedia.org/wiki/St_Mary's_Church,_Reculver] Erläuterung: gelb - 7. Jh., orange - 8. Jh., grün - 12. Jh., violett - 13. Jh., blau - 15. Jh.

"... der Standort des ursprünglichen Altars oder möglicherweise das Fundament für das Kreuz ist mit "A" gekennzeichnet. Grau schattierte Bereiche weisen auf Teile des ursprünglichen Betonbodens aus dem 7. und 8. Jahrhundert hin. Rechts neben der halbkreisförmigen Apsis sind Stufen markiert, die zu einem Grabgewölbe hinabführen." [ebd.]

Eine etwas detaillierte Beschreibung der ursprünglichen Kirche: "... die neue Kirche wurde "fast vollständig aus abgerissenen römischen Strukturen" gebaut. Das Gebäude bestand aus einem Kirchenschiff von 11,4 m (37,5 Fuß) mal 7,3 m (24 Fuß) und einem apsidalen Chor, der außen polygonal, aber innen rund war und vom Kirchenschiff durch einen Dreifachbogen getrennt war, der aus zwei Säulen aus Kalkstein der Marquise in der Region Pas-de-Calais in Nordfrankreich bestand. Die Bögen wurden aus römischen Kacheln geformt, aber die Säulen wurden für die Kirche hergestellt und waren nicht römischen Ursprungs, und ihre Form wurde auf spät-römische und früh-byzantinische architektonische Einflüsse zurückgeführt, die wahrscheinlich über die zeitgenössische Architektur des merowingischen Frankreichs übertragen wurden. Um die Innenseite der Apsis herum befand sich eine Steinbank, und zwei kleine Räume oder Porticus, die rudimentäre Querschiffe bildeten, wurden von der Nord- und Südseite der Kirche aus gebaut, wo das Kirchenschiff auf den Chor traf, von wo aus sie zugänglich waren. Das Vorhandensein einer Steinbank um die Innenseite der Apsis wurde dem Einfluss der syrischen Kirche zugeschrieben, zu einer Zeit, als ihre Anhänger vertrieben wurden. Die Wände der Kirche waren innen und außen verputzt, was ihnen ein schlichtes Aussehen verlieh und das Mauerwerk verdeckte." [ebd.]

"Das Kirchengebäude wurde im Laufe der Zeit erheblich vergrößert. Die Außenmauern des nördlichen und südlichen Portikus wurden im 8. Jahrhundert nach Westen erweitert, um das Kirchenschiff zu umschließen, und bildeten eine Reihe von Räumen, darunter Kapellen auf der Nord- und Südseite und eine Vorhalle auf der Westseite. Die Türme wurden als Teil einer Erweiterung mit einer neuen Westfassade im späten 12. Jahrhundert hinzugefügt, als die Innenwände der im 8. Jahrhundert hinzugefügten Räume abgerissen wurden, wodurch Gänge an der Nord- und Südseite des Kirchenschiffs entstanden. Im 13. Jahrhundert wurde die ursprüngliche Apsis abgerissen und der Chor mehr als verdoppelt, wobei ein dreifaches Ostfenster aus Lanzetten mit Säulen aus Purbecker Marmor eingebaut wurde, und im 15. Jahrhundert wurden dem Kirchenschiff Nord- und Südportale hinzugefügt." [ebd.]

Die Archäologen konnten zusätzliche Details ermitteln: "Weitere Ausgrabungen wurden in den 1920er Jahren von C. R. Peers durchgeführt, der herausfand, dass das Kirchenschiff der ursprünglichen Kirche Außentüren an der Nord-, Süd- und Westseite hatte und dass der Chor Türen hatte, die in den Nord- und Südportikus führten, die wiederum Außentüren an ihren Ostseiten hatten. ... Erweiterungen des Portikus nach Westen und um die ursprüngliche Westfront herum wurden auf nicht mehr als 100 Jahre nach dem ersten Bau der Kirche datiert, und Peers bemerkte, dass diese Erweiterungen den gleichen Fußbodentyp wie die ursprüngliche Kirche erhalten hatten. Nach Vergleichen mit der St.-Peter-on-the-Wall-Kapelle in Bradwell-on-Sea in Essex aus dem 7. Jahrhundert und der Abtei des heiligen Augustinus in Canterbury vermutete Peers, dass die ursprüngliche Kirche in Reculver wahrscheinlich hohe Fenster an der Nord- und Südwand des Kirchenschiffs hatte. Von Archäologen gefundene Wandbereiche, die jetzt oberirdisch fehlen, sind an der Stelle durch mit Feuerstein eingefasste Betonstreifen markiert." [ebd.]

Auch zu der Anordnung der Klosteranlagen versuchten die Archäologen eine Antwort: "Es wurde festgestellt, dass die Kirche freistehend war, so dass alle anderen Klostergebäude getrennt voneinander gestanden haben müssen. 1966 entdeckten Archäologen die Fundamente dessen, was sie als ein wahrscheinlich mittelalterliches Gebäude identifizierten, rechteckig und auf einer Ost-West-Achse, wobei die östliche Wand mit der des Kirchenbezirks, dem sie voranging, ausgerichtet war. ... Ansonsten wurden keine derartigen Gebäude gefunden, aber sie könnten sich alle in dem Gebiet nördlich der Kirche befunden haben, das dem Meer zum Opfer gefallen ist. ... Ein Gebäude, das west-nordwestlich der Kirche stand, hatte möglicherweise ein angelsächsisches Portal und die Ausmaße einer angelsächsischen Kirche und hatte "den Anschein, Teil einer klösterlichen Errichtung gewesen zu sein"." [ebd.]

Ich denke, dass die Summe der vorliegenden Informationen eine alternative Baugeschichte ermöglichen. Zunächst ist wieder festzustellen, dass sämtliche frühmittelalterliche Schriftquellen und damit die vermeintlichen Informationen über die Gründung konstruiert bzw. gefälscht sind. Das bedeutet, dass wir keinerlei reale Kenntnisse über die Gründung der Kirche haben. Es bleibt nur, sich an den Bau selbst zu halten.
Die verlässlichsten Informationen zum Bau betreffen die jüngeren Bauphasen. Das sind zum einen die Datierung der Doppelturmfassade in das späte 12. Jh. und zum anderen die Chorerweiterung des 13. Jh. Die Ergänzungen des 15. Jh. lasse ich außen vor, weil in diesem Zusammenhang ohne Bedeutung. Alle früheren Bauphasen bedürfen einer grundlegenden Korrektur.
Der Gründungsbau war ein Saalbau mit einer weit gespannten, schiffsbreiten Apsis sowie zwei rechteckigen Anbauten im Norden und Süden. Wie die Ausgrabungen ergeben haben, gab es je eine Türverbindung von der Kirche in den Anbau und von dort ins Freie.
Die Anbauten sind zweifellos Vorräume vor den Eingängen am Ostende des Saales, die u. a. als Windfang fungierten. Sie besaßen jeweils in der Ostwand Ausgänge ins Freie. Vermutlich waren die Gebäude mit den Aufenthaltsräumen der Kleriker (Chorherren?, Mönche?) östlich der Kirche gelegen.
Da sich unmittelbar westlich dieser Eingänge in den Kirchenraum eine Abtrennung in Form einer Arkadenstellung befand, die offensichtlich den Klerikerbereich vom Laienbereich trennte (Lettner?), müssen diese Zugänge den

Klerikern zugeordnet werden. Ob die Annexräume zusätzlich zur Vorbereitung der liturgischen Handlungen dienten, ähnlich einer Sakristei, kann nur vermutet werden. Der Zugang für die Laien befand sich mittig in der Westwand des Saals.

Den Gründungsbau ordne ich der ersten Hälfte des 12. Jh. zu, vielleicht auch erst der Mitte des Jahrhunderts. Die Trennung in einen Kleriker- und einen Laienbereich deutet auf die Funktion als Pfarrkirche hin. Da das Pfarrsystem, z. B. in Deutschland, erst im 12. Jh. geschaffen wurde und England mit Sicherheit nicht Vorreiter war, ist eine frühere Datierung eigentlich nicht möglich. Darüber hinaus weist das Marienpatrozinium eindeutig auf das 12. Jh. Erst ab Beginn des 12. Jh. kommt die besondere Verehrung der hl. Maria auf.

Offenbar nur wenige Jahre später erfolgte eine Erweiterung der Anbauten nach Westen, so dass ein Gang entstand, der den Saal nicht nur im Norden und Süden, sondern auch auf der Westseite umschloss. Nach meiner Auffassung dienten diese Gänge dem Zugang der Kleriker zum Westeingang ohne durch den Kirchenraum bzw. durchs Freie gehen zu müssen, u. a. vielleicht für etwaige Prozessionen.

Im späten 12. Jh. wurde dann im Westen die Doppelturmfassade hinzugefügt, im Volksmund Twin Towers. Der Westflügel der vorherigen Erweiterung wurde damit in den Kirchenbau integriert. Möglicherweise wurden in diesem Zusammenhang sowie mit der Osterweiterung des 13. Jh. die ursprünglichen Wände des Saales als Arkadenwände umgestaltet, so dass die ehemaligen Gänge zu Seitenschiffen und die Kirche zu einem dreischiffigen Bau wurden. Die im 15. Jh. hinzugefügten Nord- und Südportale weisen vielleicht darauf hin. Leider konnte ich dazu keine weiteren Informationen finden.

Winchester, Kathedrale of the Holy and Indivisible Trinity (der Heiligen und Unteilbaren Dreieinigkeit)

Die Stadt Winchester liegt im Süden Englands, südwestlich von London unweit von Southhampton, und ist Verwaltungssitz der Grafschaft Hampshire. Die ehemals römische Ansiedlung *Venta Belgarum* soll im 10. und frühen 11. Jh. Hauptstadt von England und davor die Hauptstadt des angelsächsischen Königreichs Wessex gewesen sein [https://de.wikipedia.org/wiki/Winchester].

Die aktuelle Kathedrale, eine der größten in Großbritannien, soll ab 1079 errichtet worden sein. "Neben der Kathedrale kann man auf der Wiese den Grundriss der Vorgängerkirche, des Alten Münsters, sehen. Auch die danach gebaute Neue Münsterkirche, in der ursprünglich Alfred der Große und Eduard der Ältere begraben waren, stand ehemals neben der Kathedrale." [ebd.]

"Eine vornormannische Kathedrale wurde 642 an einer Stelle unmittelbar nördlich der heutigen gegründet. Dieses Gebäude wurde als Old Minster bekannt. Es wurde Teil einer klösterlichen Siedlung im Jahr 971 und 1093 abgerissen. Im alten Münster wurde 1043 Eduard der Bekenner gekrönt." [https://de.wikipedia.org/wiki/Kathedrale_von_Winchester]

Zur normannischen Kathedrale berichtet Wikipedia:
"Das Querschiff der heutigen Kathedrale ist der älteste Bauteil. Er wurde von 1079 bis 1090 errichtet. ... Erhalten sind von diesem romanischen Bau das nördliche Querhaus und die Krypta als der eindrucksvollste Innenraum der frühromanischen Jahrzehnte. Die um die Schmalseiten herumgeführten Seitenschiffe besitzen eigene Emporen. Die Weihe der Kirche erfolgte 1093.[ebd.]

"Zum ersten Mal tritt hier das Aufriss-System 1:2:3 auf, das für England das übliche wird: einem Arkadenbogen des Erdgeschosses entspricht eine Doppelarkade in der Emporenregion und eine dreiteilige Bogenstellung im

162

Lichtgaden nach dem Schema a-b-a (größere Breite der Mitte mit dem Fenster, das nach normannischer Art hinter dem Laufgang liegt). Bezeichnend sind die normannischen Blendbogenarkaturen der unteren Seitenschiffwände. Ursprünglich waren die Seitenschiffe nur mit Kreuzgratgewölben zwischen Gurtbögen gedeckt." [ebd.]

"Nach einem Einsturz des Kreuzungsturm im Jahr 1107 vollzog man im beginnenden 12. Jahrhundert eine Verstärkung der Vierungspfeiler und eine Erneuerung des Vierungsturms.
Der Retrochor aus den Jahren 1189–1202 wurde in der späten Gotik verändert. In ihm befinden sich die Totenmesskapellen für Kardinal Beaufort und für Bischof Waynfletes.
Die Fresken in der Kapelle zum Heiligen Grab stammen aus der Zeit um 1230 und dokumentieren den damaligen Hofstil." [ebd.]

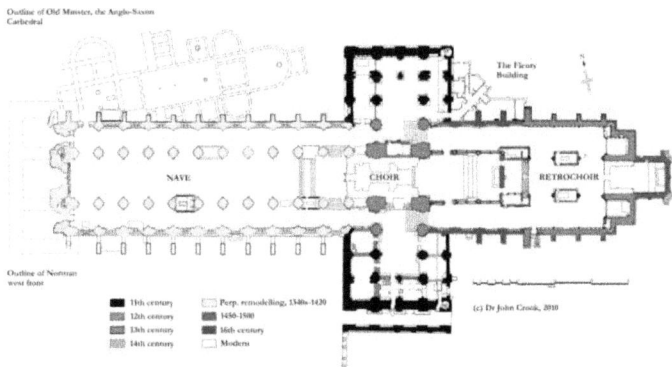

Winchester, Kathedrale. Grundriss mit Kennzeichnung der Bauphasen. Entnommen von [https://www.winchester-cathedral.org.uk/our-heritage/our-history/building-the-cathedral/]

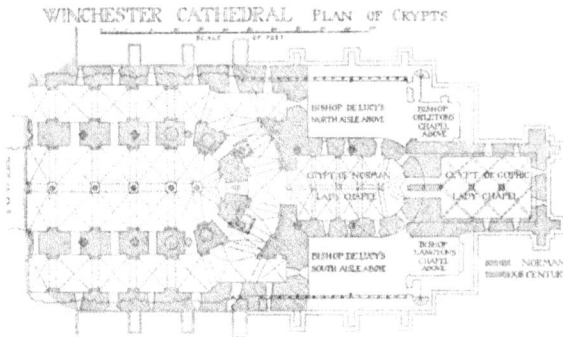

Winchester, Kathedrale. Grundriss der Krypta. Entnommen
von
[https://commons.wikimedia.org/wiki/File:Byzantine_and_Rom
anesque_architecture_(1913)_(14779297011).jpg]

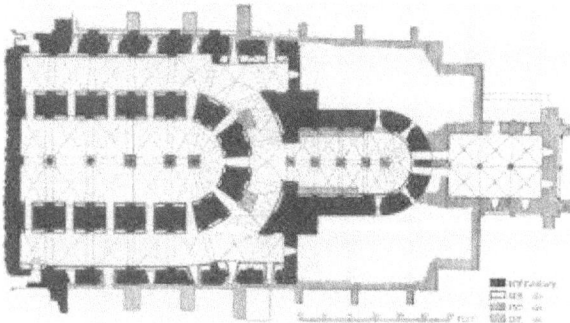

Winchester, Kathedrale. Grundriss der Krypta. Entnommen
von DRAPER [https://www.jstor.org/stable/1568357?seq=1]

Zur vornormannischen Kathedrale, dem sog. Old Minster:

"Das **Old Minster** war die angelsächsische Kathedrale der Diözese Winchester von 660 bis 1093. Sie stand unmittelbar nördlich und teilweise auf demselben Grund wie ihre Nachfolgerin, die Winchester Cathedral.
Das Münster wurde 648 für König Cenwalh von Wessex gebaut. Es wurde die Kathedrale des westsächsischen Bistums, als dieses in den 660er Jahren von Dorchester hierher verlegt wurde. Die Kirche wurde über die Jahre erweitert und ausgeschmückt, Bischof Swithin wurde 862 außerhalb bestattet. Im 10. Jahrhundert war das Münster die Kirche von St. Swithin's Priory, einer benediktinischen Mönchesgemeinschaft. Im Jahr 901 wurde New Minster, das neue Münster, so nahe an die alte Kirche gebaut, dass gesagt wurde, die Gesänge der Mönche seien hoffnungslos miteinander vermischt. Bischof Æthelwold und seine Nachfolger Ælfheah (Alphege) ließen die Kirche während ihrer monastischen Reformen in den 970er Jahren in großem Maßstab vollständig neu bauen, die dabei die größte Kirche Europas wurde. Swithins Körper wurde ins Innere umgebettet. Dennoch ließ Bischof Walkelin nach der normannischen Eroberung Englands parallel zu alten eine neue Kathedrale bauen und Old Minster wurde 1093 abgerissen.[3] Viele Könige von Wessex und Könige von England (darunter Egbert von Wessex († 839)) sowie viele Bischöfe von Winchester wurden im Old Minster bestattet.[4] Ihre Körper wurden exhumiert und in die neue Kathedrale umgebettet."
[https://de.wikipedia.org/wiki/Old_Minster_(Winchester)]

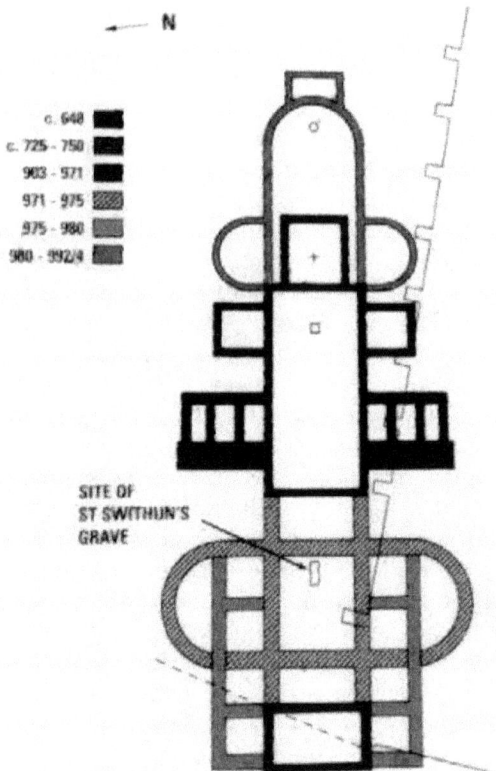

Winchester, Old Minster. Grundriss mit Darstellung der Bauphasen. Nach einer Tafel vor Ort. Entnommen von [http://www.tribur.de/blog/2015/07/16/old-minster-winchester/] (von Autor leicht bearbeitet, d. h. nur bereinigt)

Die Bauphasen nach ZWITTMEIER [ebd.]:
Bauphase I (ca. 648): Saalbau mit eingezogenem, rechteckigem Altarraum und Portiken im Norden und Süden am Schiff

Bauphase II (ca. 725-750): Torbau, westlich der Kirche vorgelagert.

Bauphase III (903-921): Anbauten im Norden und Süden (im westlichen Schiffsbereich) mit je drei parallelen Kammern. Die Funktion dieser Anbauten unbekannt.

Bauphase IV (971-975): Errichtung eines Turms mit Kreuzarmen nach Norden und Süden über dem Grab Swithins. Die Kreuzarme mit Konchen. Im Westen vorgelagerte Eingangshalle.

Bauphase V (975-980): Überbauung der Eingangshalle durch einen zweitürmigen Westbau mit Einbeziehung des Turmes aus Phase IV in das Raumgefüge. Rückbau der Konchen.

Bauphase VI (980-992/4): Errichtung eines neuen, größeren Chors mit Krypta. An diesem querhausartig Konchen im Norden und Süden angebaut, darüber Vierungsturm.

Das Old Minster soll 1093 abgerissen worden sein.

Unmittelbar neben dem Old Minster soll es eine weitere Kirche gegeben haben, das New Minster, errichtet um 900, wohin Eduard der Ältere, Alfreds Sohn, 901 die Gebeine seines Vaters überführt haben soll.
"Der Bau des nördlich liegenden New Minsters führt zum Konkurenzkampf der beiden Kirchen. Das New Minster zieht nach und baut in den 980ern einen 6 stöckigen Turm, der mit Figuren im Winchester Stil geschmückt ist.
Das New Minster wird ebenfalls abgerissen und die Mönche nach Hyde Mead, nördlich der Stadtmauer vertrieben." [ebd.]

Alternative Rekonstruktion der Baugeschichte

Ich möchte sozusagen von hinten beginnen, mit der sog. normannischen Kathedrale. Die frühesten Bauteile der heutigen Kathedrale sind das Querhaus und die Krypta. Die

167

Kathedrale wurde offenbar im Osten begonnen. Die Krypta, eine zweischiffiger zentraler Raum mit einem Umgang sowie einer zweischiffigen Scheitelkapelle, die sog. normannische Lady Chapel, lässt mit einiger Sicherheit auf den Aufriss des darüber liegenden Chors schließen. Der Chor besaß kongruent mit der Krypta einen Chorumgang. Wenn man davon ausgeht, dass die Wandgliederung im Chor der erhaltenen Wandgliederung im Querhaus glich, so haben wir in Winchester nicht nur einen einfachen Chorumgang, sondern eine völlige Auflösung der Wand in zwei vertikale Ebenen: die geschlossene Außenschale mit den Fenstern in drei Geschossen und die durchkomponierte, dreigeschossige Arkadenwand als Innenschale mit dem unteren Umgang, der Empore im ersten Obergeschoss und dem darüber angeordneten Triforium. Während der Umgang auch über die Stirnwände des Querhauses herumgeführt wurde, wurde auf die aufwendige Gliederung in den Obergeschossen dort verzichtet.

Chorumgänge gibt es verbreitet in der romanischen Architektur erst ab der zweiten Hälfte des 12. Jh., nicht früher. Das allein spricht gegen eine Erbauung schon im 11. Jh. Ebenso verweist das Motiv der Chorscheitelkapelle, eine Verehrungsstätte der hl. Maria, frühestens auf die Zeit nach 1100, in England eher deutlich später.

Auch die Herumführung des Chorumgangs/Seitenschiffs im Querhaus tritt in West- und Mitteleuropa nicht vor der zweiten Hälfte des 12. Jh. auf. Die Auflösung der Wand ist eindeutig ein Motiv der späten Romanik. Daraus ist abzuleiten, dass der sog. normannische Neubau nicht im 11. Jh., sondern vermutlich erst im späten 12. Jh. oder Anfang des 13. Jh. begonnen wurde. Damit vergrößert sich das Baufenster für den Vorgängerbau beträchtlich.

Die frühe Gründungsgeschichte ist nur ein Konstrukt. Ich sehe den frühesten Kirchenbau, die Saalkirche mit dem eingezogenen Altarraum und den Annexen (Portiken) im Süden und Norden, etwa um 1100, vermutlich ursprünglich eine Eigenkirche.

Die Erweiterung nach Osten durch den verlängerten Chor mit den in Konchen endenden Querbauten sehe ich irgendwann in der ersten Hälfte des 12. Jh., möglicherweise im Zusammenhang mit der neuen Funktion als Pfarrkirche. Ich denke, dass das Pfarrsystem in England - wie auf dem Kontinent auch - im 12. Jh. eingeführt wurde. Vielleicht erfolgte die Erweiterung nach Westen mit dem in Konchen endenden Westquerbau etwa gleichzeitig. Ob diese Bauphase jedoch jemals fertiggestellt wurde, kann hier nicht gesagt werden. Erst nach der Mitte des 12. Jh. dürfte der Umbau des Westbaus zu einer Doppelturmfassade erfolgt sein.

Die Anbauten im Norden und Süden mit den drei parallelen Kammern sind nach meiner Auffassung Kapellen für Privatmessen o. ä. Da der Kirchenbau nur einschiffig war, waren innerhalb des Kirchenraum die Möglichkeiten für die Anordnung zusätzlicher Altäre beschränkt, weshalb man zu dieser ungewöhnlichen Lösung griff. Im 12. Jh. kam es allgemein zur Vergrößerung der Anzahl der Altäre in Kirchen, vorzugsweise in gesonderten Kapellen angeordnet. Die Kirche konnte damit erhebliche Zusatzeinnahmen generieren. Insgesamt blieb der Vorgängerbau bis zu seinem Abriss Ende des 12. Jh. ein sehr bescheidener Bau, insbesondere im Vergleich zu dem Nachfolgebau. Vielleicht erfolgte die Bistumsgründung als Suffragan des Erzbistums Canterbury erst im späten 12. Jh. und war der Anlass für den prächtigen Neubau. Die Gründung des Bistums Winchester im 7. Jh. ist zweifellos ein Konstrukt.

Das ominöse New Minster gab es vermutlich nie. Es dürfte ein Produkt der späteren gefälschten Quellen sein. Selbst die Webseite der Kathedrale erwähnt es in seiner Geschichte nicht. Bei den Grabungen hätte es, da es sich nur wenige Meter entfernt befunden haben soll, gefunden werden müssen, aber Fehlanzeige. Ich denke, dass damit vielleicht der "normannische" Neubau gemeint war, der natürlich nicht nördlich, sondern südlich des Old Minsters errichtet wurde - also ein Missverständnis bei der Quelleninterpretation.

Wing, All Saints Church (Allerheiligenkirche)

Das Dorf Wing liegt etwas südlich der Mitte Englands nordwestlich von London. Die *All Saints Church* zählt zu den ältesten erhaltenen Kirchen Englands. "Ihr Mauerwerk wurde zu großen Teilen im 8. bis 11. Jahrhundert zur angelsächsischen Zeit errichtet." [https://de.wikipedia.org/wiki/All_Saints_Church_(Wing)]

"Die erste Erwähnung von Wing stammt aus dem Zeitraum zwischen 966 und 975. Die erste schriftliche Erwähnung der Kirche stammt kurz nach der normannischen Eroberung 1066 und betrifft einen Priester namens Goldric, der auch nach der normannische Eroberung in Besitz der Kirchen und seines Landes blieb." [ebd.]

"Erhaltene Bauteile aus angelsächsischer Zeit sind die Apsis und die darunterliegende Krypta, die Nordwand der Kirche und die Pfeiler. Zu beachten ist dabei, dass die Krypta und die darüberliegende Apsis aus unterschiedlichen Bauepochen stammen: Der älteste Teil, drei Nischen und Fenster in der Krypta, sind aus dem achten Jahrhundert. Die Apsis darüber stammt aus dem neunten Jahrhundert und ist eines der besten Beispiele von Architektur aus dem neunten Jahrhundert und die einzige komplett erhaltene Apsis aus der angelsächsischen Zeit in England. Aus angelsächsischer Zeit stammt auch die 10,6 Meter hohe dreischiffige Kirche mit Ausnahme der Außenmauer des südlichen Seitenschiffs. Der Triumphbogen zwischen Apsis und Schiff stammt wahrscheinlich aus der Zeit der ersten Renovierung im 9. Jahrhundert. Das einzige angelsächsische Fenster befindet sich in der Wand des östlichen Giebels über dem Chor." [ebd.]

Nach 1066 soll das Benediktinerkloster in Angers die Aufsicht über die Kirche gehabt haben. Die Kirche war ab 1216 Pfarrkirche. [ebd.]

Spätere Veränderungen in der ersten Hälfte des 14. Jh. und im 15. Jh. (Portiken und Portale, Glockenturm) [ebd.]

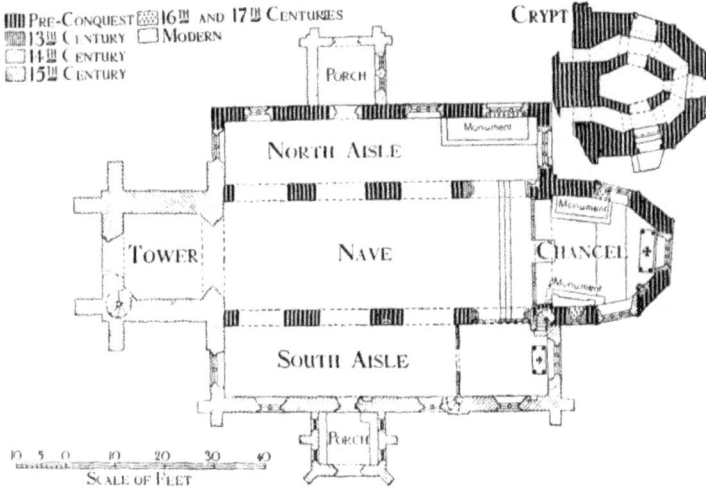

Wing, All Saints Church. Grundriss. Entnommen von [PAGE, 449ff]

Andere Quellen plädieren für eine andere Datierung. "Obwohl die Datierung des Gebäudes nicht beglaubigt ist, stammt es wahrscheinlich aus dem 10. Jahrhundert." [PAGE, 449ff]

Die Datierung des Gründungsbaus in das 10. Jh. übernimmt auch die Eintragung in die Denkmalliste Englands [https://historicengland.org.uk/listing/the-list/list-entry/1320141].
Nach dieser sollen das Langhaus, das nördliche Seitenschiff, der Chor und die Krypta aus dieser Zeit erhalten sein. Das Südseitenschiff soll im 14. Jh. wieder aufgebaut worden sein. Im 15. Jh. wurden dann der Westturm, der Obergaden und die Südvorhalle errichtet. Die Nordvorhalle wurde im 19. Jh. wieder aufgebaut. Restauriert wurde die Kirche 1848/49, 1893/94 und 1939/40. [ebd.]

Im Osten schließt an das Mittelschiff eine geometrisch nicht ganz exakte, polygonale Apsis an, die den gegenüber dem Langhaus erhöhten Chor bildet, der noch ein kleines Stück weit in das Mittelschiff ragt. Unter der Apsis erstreckt sich ein Raumgebilde, das als Krypta, (z. T. auch als Confessio) bezeichnet wird. Die neueren Quellen halten sich diesbezüglich etwas zurück und sprechen nur von einer Krypta.

Beschreibung der Krypta bei [PAGE, 449ff]: "Die Krypta ist, wie der Chor darüber, apsidial und bildet eine unregelmäßige Figur von sieben Seiten. Sie ist grob aus grobem Bruchsteinmauerwerk gebaut und besteht aus einer zentralen Kammer mit dem Grundriss eines unregelmäßigen Achtecks und einem äußeren Umgangsraum, mit dem sie durch drei Rundbögen in Verbindung steht. Die diesen Bögen gegenüberliegende Außenmauer ist von drei niedrigen Fenstern durchbrochen; das südliche Fenster dient heute als Eingang zur Krypta. Der Chorumgang hat ein Tonnengewölbe und die mittlere Kammer ein Gewölbe mit Kuppelcharakter, das aus langen, schmalen, grob mit breiten Fugen gefassten Steinen gebaut ist. Der Zugang zur Krypta erfolgte über zwei Treppen, die vom Nord- und vom Südschiff aus führen, und obwohl diese inzwischen verschwunden sind, sind die Bögen in die Krypta noch vorhanden."

Die Beschreibung der Zugänge zur Krypta ist nicht eindeutig. Erfolgte der Zugang von Norden und Süden direkt über abgewinkelte Gänge wie manche Rekonstruktionen zeigen? Die östlichen Arkadenöffnungen sind in gotischer Zeit entstanden oder verändert worden, so dass diese Lösung nicht unmöglich wäre.

Doch der noch zu sehende, vermauerte Zugang zur Krypta befindet sich in der Ostwand des Nordseitenschiffs. Er führte direkt nach außen und liegt außerhalb des Kryptagrundrisses.

Alternative Rekonstruktion der Baugeschichte

Die Kirche war von Anfang an nur Pfarrkirche. Da das Pfarrsystem erst im 12. Jh. installiert wurde, kann die Kirche kaum älter sein. Nach meiner Auffassung wurde die Kirche um die Mitte des 12. Jh. als dreischiffige Basilika erbaut. Der Blendbogenschmuck der Apsisaußenwand gehört in diese Zeit.

Ich halte die sog. Krypta nicht für eine solche, sondern nur für die Substruktionen unter dem erhöhten Chor.

Das heute vermauerte Portal in der Ostwand des Nordseitenschiffs führte nicht in die "Krypta", sondern war vermutlich der Zugang für den Priester. Vermutlich war, wie bei PAGE [ebd.] beschrieben, der östliche Bereich des Mittelschiff zunächst durch eine Wand (bis auf einen Durchgang für den Priester) geschlossen (Die Arkadenöffnungen wurden m. E. erst im 14. Jh. nachträglich hergestellt, vermutlich im Zusammenhang mit dem Wiederaufbau des Südseitenschiffs).

Möglicherweise war der östliche Bereich des Nordseitenschiffs ursprünglich als Sakristei abgetrennt, für deren Zugang das heute vermauerte Portal diente.

Auf der Südseite war ein solches Portal offenbar nicht vorhanden, auch wenn die Rekonstruktion auf dem Buckinghamshire's Heritage Portal [https://heritageportal.buckinghamshire.gov.uk/Monument/MB C3308] ein solches zeigt. Das Portal hätte vermutlich mit dem Antritt der Treppenspindel (Aufgang zum Dachboden), die zur originalen Substanz gehören soll, kollidiert.

Mit der Wiedererrichtung des Südseitenschiffs erfolgte die Verlegung der Sakristei auf die Südseite.

Die heute noch vorhandene Kapelle im östlichen Bereich des Südseitenschiffs dürfte diese damals verlegte Sakristei sein.

Die Gründe für die Abtragung und den Wiederaufbau des Südseitenschiffs werden leider nirgendwo genannt.

Schottland

Dalmeny, Dalmeny Kirk (St. Cuthbert's Parish Church)

Dalmeny ist ein Dorf auf der Südseite des Firth of Forth, nur wenige Kilometer westlich des Stadtzentrums von Edinburgh. Die Kirche "gilt als die schönste normannisch/romanische Pfarrkirche, die in Schottland noch in Gebrauch ist, und als eine der vollständigsten im Vereinigten Königreich" [https://en.wikipedia.org/wiki/Dalmeny]

"Sie wurde im 12. Jahrhundert erbaut und bestand ursprünglich aus einem heute abgerissenen W-Turm, einem einschiffigen Kirchenschiff, einem Altarraum und einer Apsis. Ein Seitenschiff wurde 1671 hinzugefügt. ... Die Kirche wurde 1937 restauriert, wobei zu diesem Zeitpunkt ein neuer W-Turm hinzugefügt wurde."
[https://canmore.org.uk/site/50567/dalmeny-main-street-dalmeny-parish-church]

Die Datierung ist offenbar nicht vollkommen geklärt. "Das heutige Kirchengebäude wurde um 1130 erbaut, möglicherweise von Gospatric, Earl of Dunbar."
[https://en.wikipedia.org/wiki/Dalmeny]

"St. Cuthbert's Church wurde wahrscheinlich um 1160 von Gospatric III., Earl of Lothian, dem Enkel von Gospatric, Earl of Northumbria, erbaut, der nach der normannischen Eroberung Englands ins Exil nach Schottland geflohen war. Dies ist ein wenig spekulativ, aber Gospatric III. besaß Güter in der Gegend und war als wichtiger religiöser Mäzen bekannt. Die Analyse von Steinmetzspuren, die hier und anderswo auf Mauerwerk gefunden wurden, lässt den Schluss zu, dass zumindest einige der Maurer, die in den 1140er und 1150er Jahren für die Arbeit in der Abteikirche in Dunfermline verantwortlich waren ... diese Kirche gebaut haben. Da bekannt ist, dass Gospatric III. 1166 gestorben ist und vor seinem Tod einige Zeit als Mönch in Durham verbrachte, ist es

nahezu möglich, alle Daten miteinander zu verknüpfen und anzunehmen, dass St. Cuthbert's um 1160 von ihm erbaut wurde."
[https://www.undiscoveredscotland.co.uk/queensferry/dalmeny church/index.html]

Vom Ursprungsbau erhalten das Schiff, der Chor und die Apsis. Der zweigeschossige Anbau im Norden, das sog. *Rosebery-Aisle* (eine Patronatsloge der *Earls of Rosebery* mit anschließender Privatkapelle im Obergeschoss und darunter befindlicher Familiengruft), wurde 1671 errichtet.

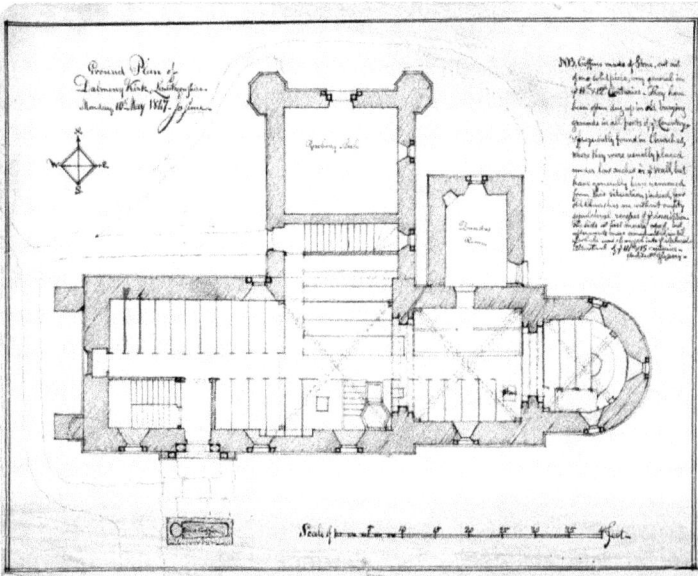

Dalmeny Kirk. Grundriss (1847). Entnommen von [https://canmore.org.uk/site/50729/kirkliston-the-square-kirkliston-parish-church#site-images]

Bemerkenswert ist der reiche Bauschmuck der Kirche, sowohl im Inneren als auch außen.

Innen: Auffallend der mit einem Zackenfries dekorierte, dreifach gestufte Apsisbogen und der ebenfalls mit einem Zackenfries dekorierte, zweifach gestufte Chorbogen sowie die Kreuzrippengewölbe von Altarraum und Apsis. Die gestuften Pfeiler von Chor- und Apsisbogen mit Halb- und Viertelsäulen. Die Rippen ebenfalls mit einem Fries geschmückt.
Außen: Das Südportal ist ein gestuftes Säulenportal, die Archivolten sind reich skulptiert. Über dem Südportal eine Arkadengliederung mit Doppelsäulen und überschneidenden Bögen. Fenster im Schiff, Chor und Apsis mit skulptierter Rahmung und eingestellten Ecksäulen.

Es ist offensichtlich, dass die Kirche in Dalmeny nicht zu den frühen Kirchen Schottlands gehört. Dass die Datierung des Baus um 1130 nicht möglich ist, dürfte offenkundig sein. Aber selbst die Datierung um 1160 ist immer noch deutlich zu früh. Der Bau gehört eindeutig in das 13. Jh. Seine Fertigstellung reicht sicher ein Stück weit in die zweite Hälfte des 13. Jh.

Die Bezugnahme auf die *Dunfermline Abbey* aufgrund der Steinmetzzeichen ist bzgl. der Datierung irreführend, denn auch die *Dunfermline Abbey* ist zu früh datiert. Ich sehe die Fertigstellung der Abtei in Dunfermline um 1200 (siehe Abschnitt *Dunfermline Abbey*), womit ein Arbeiten der Bauhütte von Dunfermline im 13. Jh. in Dalmeny durchaus denkbar ist.

Der Grund für die Falschdatierung der *Dalmeny Kirk* als auch der *Dunfermline Abbey* liegt an der generellen Fehldatierung der Romanik und den zu früh angesetzten Beginn der Gotik in England.

Dunfermline Abbey

Dunfermline (bei SCHOLL Dumferline?) ist eine Stadt am Firth of Forth, nur ca. drei Meilen von der Küste entfernt. Dunfermline soll eine der ältesten Siedlungen Schottlands und einst sogar stolze Hauptstadt gewesen sein [https://dunfermlineabbey.com/wwp/?page_id=16696].

Eine erste christliche Kirche soll bereits um 800 in Dunfermline existiert haben. Diese soll eine Kirche der Culdeer gewesen sein, ein klösterlicher Orden mit Ansiedlungen in Irland und Schottland, entstanden um 800 in Irland gemäß den schriftlichen Nachweisen [https://de.wikipedia.org/wiki/Culdeer].

"Im 12. Jahrhundert wurde die keltische Kirche nach römischem Muster völlig umgestaltet. In diesem Prozess verloren die Culdeer als Orden auch jene Besonderheiten und Eigenarten, die ihnen zu früheren Zeiten zugeschrieben wurden ..." [ebd.]

Materiell greifbar sind die Abteikirche einschließlich ihrer Vorgängerbauten. Der stehende Kirchenbau weist deutlich zwei verschiedene Bauphasen aus. Der Westteil ist bis auf die Westtürme eindeutig romanisch, während der Ostteil nachmittelalterlich ist.

Das romanische Langhaus soll einem Bau angehören, der in der ersten Hälfte des 12. Jh. errichtet und bis 1150 fertiggestellt gewesen sein soll.

Die Benediktinerabtei der hl. Dreifaltigkeit und der hl. Margaret soll 1128 von König David I. von Schottland gegründet worden sein. Dieser Gründung ging jedoch eine ältere Gründung voraus, angeblich um 1070 von Königin Margarete, der Ehefrau von König Malcolm III., möglicherweise ehemals ein Priorat, das 1128 zur Abtei erhoben wurde.

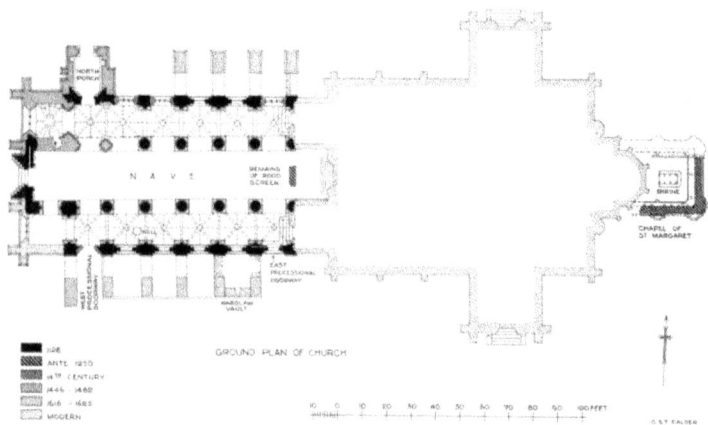

Dunfermline Abbey. Grundriss der Abteikirche. Entnommen von [https://canmore.org.uk/site/49315/dunfermline-st-margarets-street-dunfermline-abbey-palace-and-new-abbey-parish-church]

Unter dem romanischen Teil wurden 1916 angeblich zwei Vorgängerbauten ergraben, "die kleine römische Kirche mit halbkreisförmiger Apsis, die von Malcolm III. von Schottland für seine heilige Königin Margarete um 1072 erbaut wurde, und die noch ältere keltische Kirche, die undatiert ist." [PITCAIRN, 7]

Anscheinend war die Rekonstruktion von zwei getrennten Vorgängerbauten nicht unumstritten. So werden an anderer Stelle die ergrabenen Fundamente auch nur einem Bau zugeordnet (siehe unten stehende Übersicht).

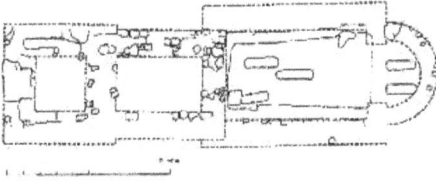

Dunfermline, Abteikirche. Die 1916 ergrabenen beiden
Vorgängerbauten. Entnommen aus [PITCAIRN, 7]

PITCAIRN zeigt eine Übersicht über die Bauphasen der
Dunfermline Abbey [ebd., 45]. Diese sieht die erste Kirche
St. Margaret etwa 1072-74.
Dieser ersten Kirche folgte ein monumentaler Neubau, ein
dreischiffiger, kreuzförmiger Bau mit dreischiffigem Chor und
Mittelapsis sowie Nebenapsiden an den Querarmen, ab 1126
bis 1150, begonnen mit den Ostteilen, 1150 geweiht.
In einer späteren Bauphase, um 1250, wurde der Chor nach
Osten erweitert.

Offenbar ist man sich uneins darüber, wie die Ostteile der
romanischen Kirche ausgesehen haben. Die Rekonstruktion
bei PITCAIRN bezieht sich vermutlich auf zwei Pläne aus dem
19. Jh., die eine Mittelapsis zeigen. Diese Pläne basieren
vermutlich auf der Aufnahme der vor dem Neubau des 19. Jh.
noch vorhandenen Reste der alten Ostteile.

DUNFERMLINE ABBEY

PLANS SHOWING STAGES IN DEVELOPMENT.

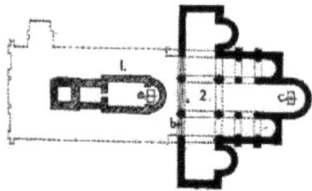

1. Queen Margaret's church added to original Culdee church circa 1072-74.

   a. Early high altar

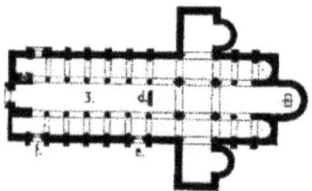

2. First part of Abbey church used for worship while nave was being built, circa 1126-50.
   b. Temporary screen wall - conjectural.
   c. High altar in 1150

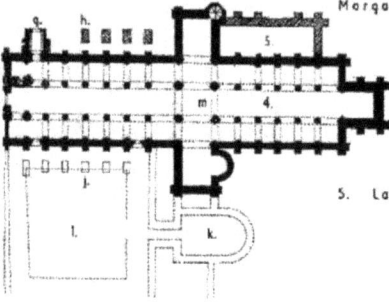

3. Nave of Abbey church dedicated in 1150.
   d. Remains of rood screen
   e. East processional doorway.
   f. West processional doorway.

4. Conventual church and choir completed in 1250 including Saint Margaret's Shrine.
   g. North Porch built by Abbot de Bothwell in 1450
   h. North series of buttresses -date stone 1625.
   j. South series of buttresses -date stone 1620.

5. Lady Chapel added in 14th cent.
   k. Probable position of Chapter house.
   l. Position of Cloister court
   m. Pulpitum.

SCALE OF FEET

Dunfermline. Bauphasen der Abtei. Entnommen aus [PITCAIRN, 45]

180

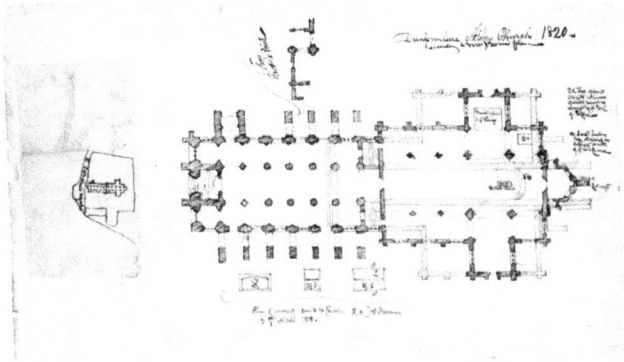

Dunfermline Abbey. Grundriss der Abteikirche (Plan von 1820). Entnommen von [https://canmore.org.uk/site/49315/dunfermline-st-margarets-street-dunfermline-abbey-palace-and-new-abbey-parish-church]

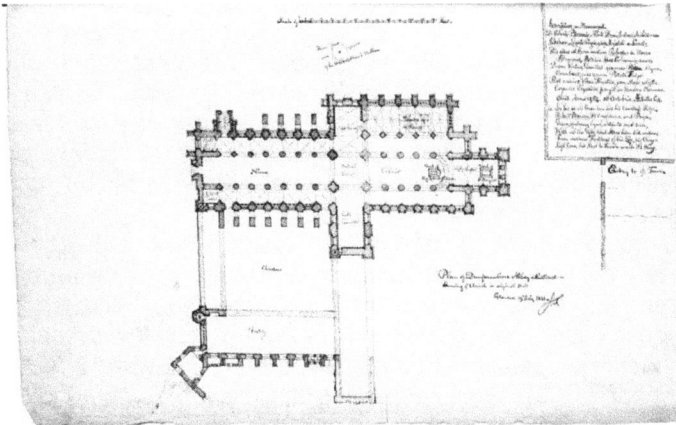

Dunfermline Abbey. Grundriss der Abteikirche (Plan von 1841). Entnommen von [https://canmore.org.uk/site/49315/dunfermline-st-margarets-street-dunfermline-abbey-palace-and-new-abbey-parish-church]

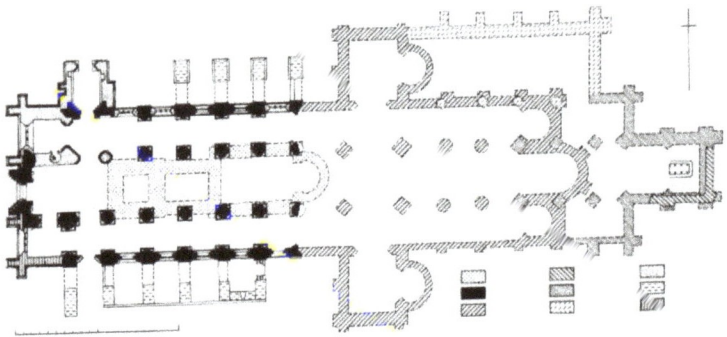

Dunfermline Abbey. Grundriss der Abteikirche mit eingetragenem Vorgängerbau. Entnommen von [https://imagedatabase.st-andrews.ac.uk/images/viewimage.php?id=2KONkZ26ei4=] (Grundriss auf der Webseite der University of St. Andrews nicht mehr verfügbar)

Prinzipiell halte ich die vorgestellte Baugeschichte für einigermaßen plausibel, natürlich ohne die sog. Culdeer-Kirche um 800. Diese existierte nur in den gefälschten, erfundenen Schriftquellen. Der Orden der Culdeer ist vermutlich aus demselben Grund ein Produkt der phantasievollen Schriftquellen.

Der erste Kirchenbau dürfte der kleine Saal mit Apsis gewesen sein, der etwas später die westliche Erweiterung erfahren hat. Dass der westliche Bau älter sei, halte ich - zumindest nach o. a. Grundrissplan - für nicht sehr wahrscheinlich (Das Fundament der Südwand des Apsidensaals wäre dann vermutlich um die Fundamentbreite nach außen gerückt worden.). Als separater Sakralbau (die keltische Kirche?) ist der Westteil nur schwer vorstellbar.

Zugegebenermaßen ist die westliche Erweiterung mit dem schmaleren Mittelteil und Westturm, wie bei PITCAIRN [PITCAIRN, 10] gezeigt, sehr eigenwillig. Ein Westturm wäre kaum vor Mitte des 12. Jh. anzusetzen.

182

Die Bauzeit: Die Gründungsgeschichte um Königin Margaret erachte ich für konstruiert. Eine einigermaßen sichere Datierung der Errichtung des schlichten Apsidensaals ist schwierig, da es keine datierbaren Stilelemente gibt. Der Bau dürfte jedoch zeitlich vor der Klostergründung 1128 errichtet worden sein.

"Das Jahr der Gründung der großen Kirche in Dunfermline ist nicht aktenkundig; es ist jedoch davon auszugehen, dass es kurz nach der "Hochzeitszeremonie" (Hochzeit von Malcolm Canmore und Königin Margareta im Jahre 1070 - MM) stattfand. Wir legen die Gründung im Jahr 1072, zwei Jahre nach der Eheschließung, als das wahrscheinlichste Datum fest." [PITCAIRN, 8]

Der vorstehende Satz ist etwas missverständlich, da von der großen Kirche in Dunfermline die Rede ist. Diese dürfte jedoch im Zusammenhang mit der Gründung des Benediktinerklosters im Jahr 1128 errichtet worden sein, wie die obige Übersicht auch wiedergibt. Die Bauzeit von nur 15 Jahren für den gesamten Bau halte ich dagegen für unzutreffend. Möglicherweise bezieht sie sich nur auf die Errichtung der Ostteile. Vermutlich wurde die Vorgängerkirche erst nach deren Innutzungnahme abgebrochen. Beim Neubau des Langhauses wurden offenbar Teile der Fundamente der ersten Kirche wiederverwendet.

Die Datierung des noch heute stehenden Langhauses in die erste Hälfte des 12. Jh. ist m. E. zu früh. Der Bau dürfte eher der zweiten Hälfte des 12. Jh. angehören. Dafür sprechen die Emporen, die sicher eher Entlastungsbögen sind, die ursprüngliche Doppelturmfassade, die Einwölbung der Seitenschiffe mit Kreuzrippengewölben und das Stufenportal. Eine Fertigstellung sehe ich eher um 1200.

Denkbar ist, dass die sog. Margaret-Kapelle ursprünglich eine östlich des Chors, außerhalb des eigentlichen Kirchenraums angeordnete Marienkapelle war, möglicherweise mit überdachtem Zugang vom Kircheninneren (Außenkrypta). Die besondere Marienverehrung kam Anfang des 12. Jh. auf. Solche Kapellen sind aus Deutschland (z. B. Hildesheim, Dom und Reichenau-Mittelzell) und Frankreich (z. B. Auxerre, Flavigny, Dijon) bekannt (siehe [MEISEGEIER 2020]).

Die Marienkapelle wurde erst später, nach der Kreation der Margaret-Legende zur Margaret-Kapelle. Als Ersatz für die entfallene Marienkapelle könnte die Lady Chapel auf der Nordseite des Chors angebaut worden sein. Diese wird traditionell in das 14. Jh. datiert. In der schottischen Reformation 1560 wurde die Kirche geplündert. Während das Langhaus verschont blieb und weiter als Pfarrkirche genutzt wurde, verfielen die Ostteile. Diese sollen zwischen dem 17. und 18. Jh. eingestürzt sein. 1818 wurde an der Stelle der ehemaligen Ostteile eine neue Pfarrkirche errichtet.
[http://www.scottishchurches.org.uk/sites/site/id/2260/name/D unfermline+Abbey+Dunfermline+Fife]

Dunkeld Cathedral

Der kleine Ort Dunkeld liegt im Zentrum Schottlands am Nordufer des Flusses Tay.
Die sog. Kathedrale von Dunkeld, großenteils Ruine, habe ich hier nur aufgenommen, da ihre Geschichte in das 9. Jh. zurückreichen soll. Der aktuelle Bau bzw. seine Reste gehören nicht zu den frühen Kirchenbauten Schottlands.

Nachfolgend verschiedene Informationen zur frühen Geschichte:
"Dunkeld ist ein frühchristlicher Standort in Schottland, der vermutlich seit dem 6. Jahrhundert in Benutzung war. In diesem Jahrhundert wurde ein einfaches Kloster errichtet. König Kenneth MacAlpin, der 843 die Königreiche der Pikten und Skoten vereinte, ließ zum Schutz vor raubenden Wikingern Reliquien des heiligen Columban von Iona in eine Kirche bringen, deren Bau in Dunkeld er veranlasst hatte. Mit dem Bau einer befestigten Klosteranlage baute MacAlpin damit Dunkeld möglicherweise zum christlichen Zentrum des frühmittelalterlichen Schottlands aus. ... König Alexander I. (1107–1124) verlieh dem Standort neue Impulse. Im selben Jahrhundert wurde das Bistum Dunkeld errichtet."
[https://de.wikipedia.org/wiki/Dunkeld_Cathedral]

"Die Kathedrale stammt aus dem Jahre 1325, aber bereits um das Jahr 600 gab es hier ein Kloster, das vermutlich von Columban gegründet worden war. Dort befanden sich auch seit 849 die Reliquien dieses Missionars, und deshalb war Dunkeld jahrhundertelang das religiöse Zentrum Schottlands, in gleichem Rang mit der politischen Hauptstadt Scone."
[https://de.wikipedia.org/wiki/Dunkeld]

"Die eigentliche Kathedrale wurde 1260 begonnen und 1501 fertiggestellt. ... Das ursprüngliche Kloster in Dunkeld stammt aus dem sechsten oder frühen siebten Jahrhundert und wurde nach einer Mission des Heiligen Columba in das Land von Alba gegründet. Im neunten Jahrhundert errichtete Causantín mac Fergusa eine größere Kathedrale aus rötlichem Sandstein und erklärte Dunkeld zum Primat (Zentrum) des Glaubens in Alba."
[https://en.wikipedia.org/wiki/Dunkeld_Cathedral]

"Dunkeld entwickelte sich im 7. Jahrhundert, als Columba von Iona herüberkam, zu einem Zentrum des Christentums, und viel Arbeit wurde von seinen Nachfolgern geleistet. Im 9. Jahrhundert machte Kenneth MacAlpin, der erste König der Schotten, Dunkeld zum Oberhaupt der keltischen Kirche und zur Hauptstadt der neu gegründeten Nation, die durch die Vereinigung der Schotten und Pikten entstanden war. Die Kirche wuchs an Macht und Reichtum, und die 1325 begonnene Kathedrale war bis zur Reformation im 16. Jahrhundert, als sie zerstört wurde, für die keltische Kirche von großer Bedeutung."
[https://www.dunkeldcathedral.org.uk/history-visitors-information/55-history-visitors/222-dunkeld-history]

"Im Jahr 849 wurden die Reliquien von St. Columba aus Iona entfernt, um sie vor Wikingerangriffen zu schützen. Sie wurden von König Kenneth MacAlpin nach Dunkeld gebracht, der einen Bischof in Dunkeld ernannte. Columba wurde zum Schutzheiligen von Dunkeld und seinem Kloster.
Der Bischofssitz wurde in den frühen 1100er Jahren wiederbelebt, als Cormac Bischof von Dunkeld wurde. Die

Kathedrale entwickelte sich über etwa 250 Jahre, und der früheste erhaltene Teil ist der Chor aus den späten 1200er Jahren." [https://www.historicenvironment.scot/visit-a-place/places/dunkeld-cathedral/]

"Die Kathedrale von Dunkeld ist ein alter heiliger Ort. Vor dem Bau der Kathedrale befand sich an diesem Ort ein Pikten-Kloster, und der Ort wird auch heute noch kirchlich genutzt. Kenneth MacAlpin ließ 849 Reliquien von St. Columba in eine speziell errichtete Kirche in Dunkeld bringen. Wiederholte Wikingerangriffe hatten ihr ursprüngliches Zuhause Iona unsicher gemacht. Diese frühe Kirche ist längst verschwunden, aber es gibt behauene Steine, die von dieser frühen Aktivität zeugen. Dazu gehört der "Apostelstein" aus dem Jahr 800.

Aber die Wikinger überfielen bald auch Dunkeld, und so verlagerte sich der Schwerpunkt der schottischen Kirche in den 900er Jahren weiter östlich nach Kilrymont, dem heutigen St. Andrews.

... Die Kirche von Schottland war aus dem Einklang mit Westeuropa geraten. Im Jahr 1114 reorganisierte David I. die Bistümer in Schottland, und Cormac wurde zum ersten Bischof von Dunkeld ernannt. Er hatte dieses Amt bis etwa 1132 inne." [ebd.]

"Der Ort ist seit etwa 730 n. Chr. heiliger Boden, als keltische Missionare hier das erste Kloster errichteten. Die wichtigste Entwicklung kam im Jahr 848, als Kenneth MacAlpin, der damalige König der Schotten und Pikten, die ursprünglichen Flechtwerksgebäude aus rotem Stein wieder aufbaute (siehe unsere historische Zeitleiste). Zwei Jahre später wurde Dunkeld zum religiösen Zentrum Schottlands, als die Reliquien von St. Columba angesichts der zunehmenden Wikingerangriffe auf die Westküste von Iona hierher verlegt wurden.

Die Kathedrale, die Sie heute sehen, zeigt sowohl gotische als auch normannische Einflüsse, die in einem Zeitraum von fast 250 Jahren zwischen 1260 und 1501 in Etappen gebaut wurden. Der restaurierte Chor ist der älteste Teil der

ursprünglichen Kirche, der 1350 fertiggestellt wurde."
https://www.undiscoveredscotland.co.uk/dunkeld/cathedral/ind
ex.html

"Dunkeld ist seit mindestens 848-9 ein kirchliches Zentrum. Zu
dieser Zeit berichtet Boethius' Scottish Chronicle, dass
Kenneth MacAlpin "Reliquien des heiligen Columba in eine
von ihm erbaute Kirche brachte", und obwohl der Name der
Kirche nicht genannt wird, wird angenommen, dass sie sich in
Dunkeld befand. Offenbar beabsichtigte Kenneth, dass
Dunkeld das Hauptzentrum der Kirche im Osten Schottlands
sein sollte, obwohl strukturelle Beweise für dieses frühe
kirchliche Zentrum fehlen. ... Obwohl das kirchliche Primat von
Dunkeld später nach St. Andrews verlegt wurde (bis 943),
überlebte irgendeine Form von Kirchengemeinschaft bis zur
Wiederbelebung des Stuhls durch Alexander I. (1107-24). Mit
den Arbeiten an der heutigen Kathedrale wurde erst im
dreizehnten Jahrhundert begonnen; der Chor wurde im
vierzehnten Jahrhundert fertiggestellt und die Arbeiten wurden
im fünfzehnten Jahrhundert auf das Kirchenschiff ausgeweitet.
Zwischen 1450 und 1475 wurden der Westturm, die
Südvorhalle und der Kapitelsaal hinzugefügt. Das
Kirchenschiff wurde 1571 für nichtig erklärt und das Dach
wurde von der Kirche entfernt, aber 1691 wurde der Chor für
die Nutzung als Pfarrkirche renoviert."
[https://canmore.org.uk/site/27156/dunkeld-cathedral-street-
dunkeld-cathedral]

Man kann es kurz machen. Die frühe Kirchengeschichte in
Dunkeld ist konstruiert. Wie zu Iona bereits ausgeführt (siehe
dort), halte ich die Klostergründung des 6. Jh. in Iona
einschließlich der Person des hl. Columba(n) für eine fromme
Legende, womit natürlich sein Wirken in Dunkeld ins Reich der
Phantasie gehört. auch die Wikingerüberfälle gehören ins
Reich der Legenden.
Die Informationen zu den kirchlichen Aktivitäten des 9. Jh. in
Dunkeld gehen offenbar auf die 1527 erschienene Geschichte
Schottlands von Hector Boece oder Boethius (1465-1536)
zurück, eines schottischen Gelehrten und Historiker. Sein

Werk gehört damit zu dem Komplex der Geschichtserfindung im späten Mittelalter.

Maßgeblich ist, dass es keinerlei materielle Belege für einen frühen Kirchenbau gibt, weder archäologische noch sonstige. Der als Beweis angeführte, skulptierte, sog. "Apostelstein" ist mit der Datierung in das Jahr 800 eindeutig fehldatiert. Er ist m. E. ein Werk des späteren 12. Jh.

Die kirchliche Entwicklung in Dunkeld beginnt greifbar ungefähr Mitte des 13. Jh. Für ein früheres Kloster gibt es - außer in den Schriftquellen - keinen Beleg.

Die Annahme eines Bistum Dunkeld resultiert vermutlich aus der Ernennung eines Bischofs für die Kirchengründung in Dunkeld. Dies entsprach einer üblichen Verfahrensweise der römischen Kirche. In früher Zeit ernannte sie Kirchengründer, die die Oberhoheit der römischen Kirche anerkannten, zum Bischof. Mit dieser Ernennung bekam er jedoch keine Machtbefugnisse, sondern allein kirchliche Aufsichtsrechte. Der Werdegang solcher "Bistümer" hing unmittelbar vom Schicksal des Machtbereichs des "Bischofs" ab. Die meisten dieser "Bistümer" verschwanden bzw. gingen in Neugründungen bzw. Gründungen von Erzbistümern auf.

Die Reorganisation der Bistümer in Schottland, angeblich durch David I., war vielleicht die Neuordnung der frühen, sporadisch entstandenen Bistümer und deren Einbindung in das spätere (Erz)Bistumssystem der römischen Kirche.

Edinburgh, St Margaret's Chapel

Die kleine Burgkapelle im Edinburgh Castle soll das älteste Kirchengebäude Schottlands sein [https://schottlandinfos.de/schottische-kirchen-kathedralen]. Ihre Errichtung wird in das 12. Jh. datiert. Sie soll von König David I. (1124-1153) erbaut und seiner Mutter Margaret geweiht worden sein, die angeblich in Edinburgh Castle 1093 verstarb. [ebd.]

" Ursprünglich dachte man, dass die Heilige Margarete selbst in dieser kleinen Kapelle verehrt wurde, aber der Stil der

Architektur deutet darauf hin, dass sie während der Regierungszeit Davids I., ihres vierten Sohnes, der von 1124-1153 regierte, erbaut wurde. Die Kapelle war Teil eines größeren Gebäudes, das sich im Norden befand und die königlichen Unterkünfte des Schlosses enthielt. ... Die Kapelle verfiel im Zuge der protestantischen Reformation und wurde ab dem 16. Jahrhundert als Schießpulverlager genutzt."
[https://en.wikipedia.org/wiki/St_Margaret's_Chapel,_Edinburgh]

Aus dem Statement of Significance: "Es ist nicht einfach, die Geschichte und Entwicklung der Kapelle zusammenzufassen, und es wurden mehrere unterschiedliche Interpretationen diskutiert. Alle sind sich einig, dass Teile der Struktur mindestens aus den 1140er Jahren stammen; dieses Datum ist aus stilistischen Gründen auf die Datierung des Chorbogens festgelegt. Teile der Struktur könnten jedoch sogar noch früher liegen, wenn der Chorbogen als Modifikation verstanden wird, könnte die Datierung der Kapelle auf die frühen 1100er Jahre und möglicherweise noch weiter in die Lebenszeit von Königin Margarete zurückverlegt werden."
[file:///C:/Users/Michael/AppData/Local/Temp/edinburgh-castle-st-margarets-chapel-sos.pdf]

"Nachdem an der Kapelle umfangreiche Veränderungen vorgenommen worden waren, wurde die ursprüngliche St Margaret's Chapel 1845 von Daniel Wilson wieder entdeckt. Sie wurde dann grundlegend restauriert, ... Das Tonnengewölbe über dem Hauptschiff wurde zu dieser Zeit im Einklang mit dem architektonischen Stil des früheren Baus hinzugefügt."
[https://de.wikipedia.org/wiki/St_Margaret's_Chapel]

Es ist zu konstatieren, dass das Tonnengewölbe über dem Schiff ein Ergebnis der Restaurierung des 19. Jh. ist. Darüber hinaus wurde auch die komplette Nordwand erneuert [https://en.wikipedia.org/wiki/St_Margaret's_Chapel,_Edinburgh].

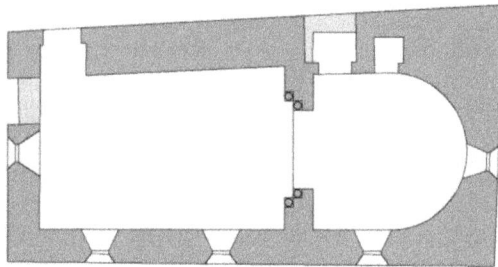

North   0 ————————— 5m

Edinburgh, Burgkapelle St Margaret. Grundriss. Entnommen
von
[https://commons.wikimedia.org/wiki/Category:St._Margaret's_Ch
apel,_Edinburgh?uselang=de#/media/File:Plan_of_St_Margaret's
_Chapel.png]

Die zeitliche Einordnung der Kapelle erfolgte aufgrund des
skulptierten Chorbogens, der nach stilistischen Vergleichen in
die 40er Jahre des 12. Jh. datiert wird. Nach meiner
Auffassung ist der skulptierte Chorbogen, der einem
romanischen Stufenportal gleicht, zu früh datiert, wie
allgemein die skulptierten Arbeiten und die gesamte Romanik
in England und Schottland zu früh gesehen werden.
Ich sehe die Entstehung dieser Portale und damit auch des
Chorbogens eher in der Mitte der zweiten Hälfte bis Ende des
12. Jh.
Gegen die Entstehung der Burgkapelle im 12. Jh. im
Zusammenhang mit der Errichtung der Burganlagen ist nichts
einzuwenden. Den Gründungsmythos um Margaret und König
David I. halte ich dagegen für ein späteres Konstrukt.

190

Der Kirchenbau beginnt in Edinburgh generell erst im fortgeschrittenen 12. Jh. So soll der Vorgängerbau der Altstadtkirche von Edinburgh, heute St Giles' Cathedral, etwa ab 1120 erbaut worden sein [https://de.wikipedia.org/wiki/Edinburgh], was mit Sicherheit zu früh ist. Ihre erste urkundliche Erwähnung soll sogar aus dem Jahr 854 stammen [ebd.] - natürlich gibt es die Kirche des 9. Jh. nur in den gefälschten Schriftquellen. Der Bau des 12. Jh. soll der zwischen 1140 und 1166 errichteten Kirche in Dalmeny (St Cuthbert's), nordwestlich von Edinburgh gelegen, ähnlich gewesen sein. [https://en.wikipedia.org/wiki/St_Giles'_Cathedral], eine Saalkirche mit einem wenig eingezogenen quadratischen Chor und anschließender, geringfügig eingezogener, gestelzter Halbkreisapsis.

Auch die Kirche von Dalmeny ist traditionell zu früh datiert. Sie gehört hinsichtlich ihrer Bauzeit an das Ende des 12. Jh.

Siehe Abschnitt *Dalmeny, Dalmeny Kirk (St. Cuthbert's Parish Church)*.

Inchcolm

Inchcolm Island ist eine nur 9 ha große, heute unbewohnte Insel im Firth of Forth. Im Zentrum der Insel befinden sich heute die Überreste einer ehemaligen Abtei der Augustiner-Chorherren, die im 12. Jh. als Priorat gegründet wurde, wahrscheinlich nach 1124. Die Gründung des Augustiner-Chorherrenstifts soll in den 1160er Jahren erfolgt sein; die erste urkundliche Erwähnung datiert um 1165 [https://www.nigelsphotoblog.co.uk/2020/05/inchcolm-abbey-historic-12th-century.html].

1235 soll das Kloster zur Abtei erhoben worden sein.

Doch die Ehre, eine der frühesten Kirchenbauten Schottlands zu besitzen, verdient sie offenbar nicht der Abtei, sondern einer angeblichen, ehemaligen Einsiedlerzelle.

"Inchcolm beherbergte eine religiöse Gemeinschaft lange vor der Gründung eines Klosters im frühen 12. Jahrhundert. Die frühen Bewohner waren Einsiedler, die sich der Vormundschaft eines heiligen Ortes widmeten, dessen Ruf der Heiligkeit auf seine Verbindungen mit dem heiligen Colm zurückzuführen war, der mit dem heiligen Columba, dem Abt von Iona im 6. Jahrhundert, identifiziert wurde. Die Einsiedler lebten wahrscheinlich in der einfachen steinernen Zelle, die westlich des mittelalterlichen Klosters erhalten ist, aber in einer anscheinend restaurierten Form aus dem 14. oder 15. Jahrhundert." [https://canmore.org.uk/site/50895/inchcolm-abbey]

"Das unregelmäßig geformte Steingebäude wurde ursprünglich im zehnten oder elften Jahrhundert erbaut und im vierzehnten oder fünfzehnten Jahrhundert größtenteils mit einem tunnelgewölbten Innenraum wieder aufgebaut. Die Zelle hat an ihrer Ostwand ein kleines rechteckiges Fenster, und an ihrer Südwand befindet sich eine Rundbogentür, die verändert wurde, als die Zelle im siebzehnten Jahrhundert als Leichenhalle genutzt wurde." [http://www.scottishchurches.org.uk/sites/site/id/4657/name/Inchcolm+Abbey+Aberdour+(Dunfermline)+Fife]

"Inchcolm bedeutet übersetzt "Columba's Insel", aber es gibt keine bekannte Verbindung zu Saint Columba." [https://www.britainexpress.com/attractions.htm?attraction=973]

So soll Inchcolm im Jahr 567 von dem irischen Mönch Columban von Iona sogar besucht worden sein. [https://de.wikipedia.org/wiki/Inchcolm]

Ich halte die Gründungsgeschichte um die Einsiedlerzelle für eine fromme Legende. Es gibt keinen einzigen nachvollziehbaren Beleg für diese Erzählung. Die sog. Einsiedlerzelle ist ein Bau des 14./15. Jh., vermutlich ein ehemaliges Wirtschaftsgebäude der Abtei.

Die Kirche der Augustiner-Chorherren aus dem frühen 12. Jh. dürfte der erste Kirchenbau auf Inchcolm gewesen sein.

Während sich die meisten Quellen bedeckt halten und nur von einem Kirchenbau sprechen, werden auf der privaten Webseite "Places of Worship in Scotland" der SCHR (Scottish Church Heritage Research) [http://www.scottishchurches.org.uk/sites/site/id/4657/name/In chcolm+Abbey+Aberdour+(Dunfermline)+Fife] zwei zeitlich aufeinanderfolgende Kirchen, eine erste im 12. Jh. und eine spätere im 15. Jh. beschrieben.

"Die erste Kirche befindet sich im Norden des Kreuzgangs. Sie besteht aus einem Kirchenschiff, einem Turm und einem Chor, obwohl die Struktur der Kirche aufgrund einer Nutzungsänderung beim Bau der späteren Kirche erheblich verändert wurde. ... Das Kirchenschiff der Kirche ist aus Quadersteinen gebaut und hat drei Joche. ... Der Chor befindet sich östlich des Turms, und von der Südwand des Chors, die zum Ostflügel der Klausur gehört, sind nur noch die Fundamente übrig geblieben, und sie ist der einzige Teil des Chors, der noch aufrecht steht." [ebd.]

Zur späteren Kirche: "Diese Kirche wurde zu Beginn des fünfzehnten Jahrhunderts als Ersatz für die erste Kirche gebaut. Sie ist im Grundriss kreuzförmig und liegt östlich der ersten Kirche. Die Überreste der Kirche sind größtenteils Fundamente, obwohl ein großer Teil des südlichen Querschiffs und Teile der Südwand des Chors und des Presbyteriums noch erhalten sind." [ebd.]

Die Rekonstruktion des Young Archaeologist's Club (YAC): "Die Abteikirche aus dem 12. Jahrhundert wurde um 1200 nach Osten hin erweitert. Die ursprüngliche Kirche wurde später zur Abtsresidenz umgebaut, und die spätere Kirche besteht heute größtenteils aus Mauerfundamenten." [https://www.yac-uk.org/places/inchcolm-abbey]

Inchcolm Abbey, Grundriss. Entnommen von [https://canmore.org.uk/collection/1209689]

Inchcolm Abbey, Grundriss der ersten Kirche. Entnommen von [https://canmore.org.uk/collection/1209678]

Nach den Plänen auf Canmore.org.uk war der erste Kirchenbau des frühen 12. Jh. ein Saalbau mit einem eingezogenen Rechteckchor - ein üblicher Grundriss kleinerer Kirchenbauten auch auf dem Kontinent. Noch im 12. Jh. soll dieser Bau eine Erweiterung erfahren haben. So wurde im Osten ein größerer Chor angebaut und über dem alten Chor ein Turm errichtet. Den Bau I, die kleine Saalkirche mit dem eingezogenen Chor, sehe ich um die Mitte des 12. Jh., die Überbauung des ursprünglichen Altarraumes durch den Turm um 1200, womit eine Chorturmkirche entstand. Romanische Chorturmkirchen kennen wir vor allem als Dorfkirchen auch in Deutschland. Vermutlich ist der Anbau des größeren Chors erst etwas später, im 13. Jh., erfolgt.
Bis zu diesem Zeitpunkt gab es die Klausur noch nicht. Die Augustiner-Chorherren lebten ursprünglich nicht in Klausur. Die Insellage bot eigentlich genügend Abgeschlossenheit.

Die Errichtung der Klausur dürfte im Zusammenhang mit der Umwandlung in eine Abtei, also nach 1235, erfolgt sein. Auffällig die abweichende Ausrichtung zwischen Klausurostflügel und der Kirche sowie dem Süd- und Westflügel. Offenbar sind der Ostflügel der Klausur (vielleicht nur die Grundmauern) und der sich südlich anschließende L-förmige Gebäudeteil, die sog. Residenz des Abtes, älter als die Klausur.
Nur beiläufig: Völlig eigenwillig erscheint die Anordnung des Kreuzgangs, der im Osten, Süden und Westen den Klausurgebäuden nicht vorgelagert ist, sondern das komplette Untergeschoss dieser einnimmt. Aufgrund dieser Anordnung befindet sich das Refektorium im Obergeschoss des Südflügels und der Kapitelsaal außerhalb des Ostflügels als gesonderter Bau. Möglicherweise eine lokale Besonderheit. Einzig der nicht mehr vorhandene, nördliche Kreuzgangflügel entlang der Kirche war dieser vorgelagert.

Wie in Whithorn werden auch in Inchcolm skulptierte Steinkreuze bzw. -platten als Bestätigung für die frühe Entwicklung herangezogen. In Inchcolm ist es der sog.

Hogback von Inchcolm, ein Grabstein der traditionell in das 10. Jh. datiert wird [https://www.britainexpress.com/attractions.htm?attraction=973]

"Dieser Hogback im skandinavischen Stil stammt aus der Mitte des zehnten Jahrhunderts und wird weitgehend als frühester Beweis für die christliche Besetzung von Inchcolm angesehen." [http://www.scottishchurches.org.uk/sites/site/id/4657/name/In chcolm+Abbey+Aberdour+(Dunfermline)+Fife]

Nach meiner Auffassung bedürfen die Steinkreuze und -platten generell einer Neubeurteilung, insbesondere unter Berücksichtigung der Chronologiekorrektur gemäß der HEINSOHN-These. Die skulptierten Steinkreuze und -platten dürften sich danach größtenteils in das 12. Jh. verschieben, wie schon die skulptierten Großkreuze Irlands.

Iona Abbey

Iona ist eine Insel der Inneren Hebriden im Westen Schottlands.
Gründung des Klosters 563 durch den aus Irland gekommenen hl. Columban. In den folgenden Jahrhunderten soll sich das Kloster zu einem der christlichen Zentren Schottlands entwickelt haben.
Zwischen 797 und 1069 mehrere Wikingerüberfälle, wobei das Kloster "teils vollständig zerstört und wiederaufgebaut und schließlich aufgegeben" wurde.
[https://de.wikipedia.org/wiki/Iona_Abbey]

Das frühmittelalterliche Kloster soll von einem Graben und einem Erdwall umgeben gewesen sein, wobei angenommen wird, dass ein Teil bereits vor der Ankunft Columbas existierte. Ein Rest sei noch heute nordwestlich der heutigen Abteigebäude zu sehen.
[https://en.wikipedia.org/wiki/Iona_Abbey]

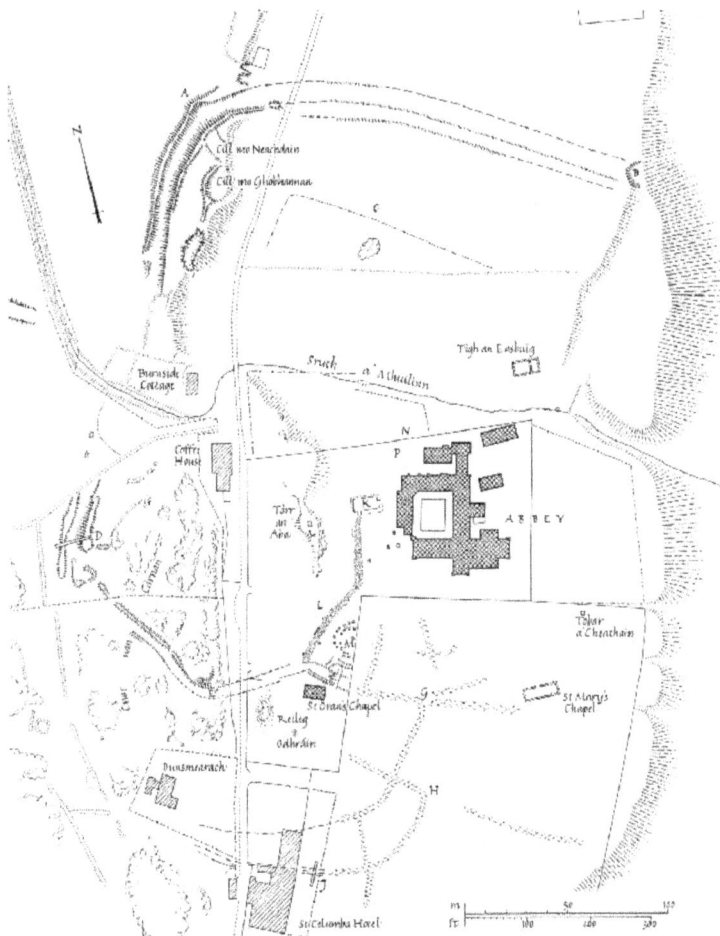

Iona Abbey, Plan des Klosters und Umgebung. Entnommen aus
[https://ionaresearchgroup.arts.gla.ac.uk/wp-content/uploads/2017/07/charles-thomas-excavations-dsr-update1-3.pdf]

"Wahrscheinlich wurde im 12. Jahrhundert ein neues Kirchengebäude unweit der ehemaligen Klosteranlage erbaut. Dessen Existenz ist nicht gesichert und wird alleinig aus den Fundamenten des späteren Klosters hergeleitet. Gesichert ist der Bau eines romanischen Kirchengebäudes um das Jahr 1190. Nördlich der Kirche wurden dann neue Klosteranlagen errichtet, deren Existenz aus einer päpstlichen Eintragung aus dem Jahre 1203 hervorgehen. Wahrscheinlich wurde sie nur kurze Zeit zuvor von Benediktinermönchen erbaut." [ebd.]

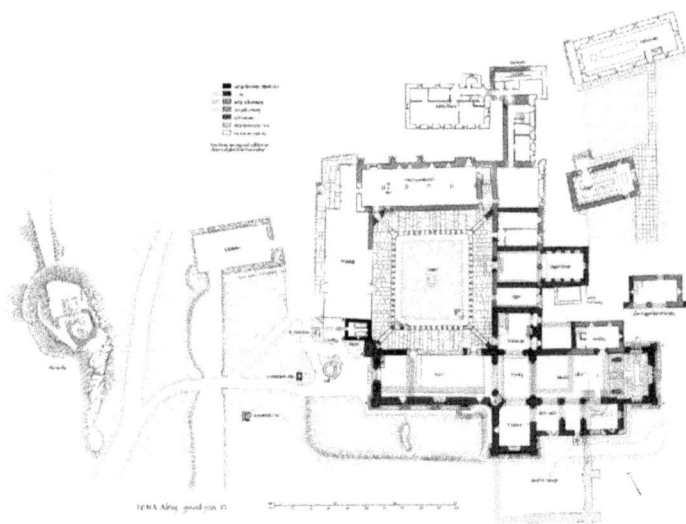

Iona Abbey. Grundriss der Klosteranlage. Entnommen aus [ebd.]

Nur wenige Jahre später entstand südlich des Klosters ein Augustinernonnenkloster (Iona Nunnery) [ebd.].
"Ranald, Somerled's Sohn, heute der "Lord of the Isles", lud 1203 den Benediktinerorden ein, auf den Fundamenten des Columban-Klosters ein neues Kloster und ein Augustiner-Nonnenkloster zu errichten. Die Bauarbeiten für die neue

Abteikirche begannen an der Stelle der ursprünglichen Kirche von Columba." [https://en.wikipedia.org/wiki/Iona_Abbey]

"Während der Reformation wurden alle Gebäude zerstört und das gesamte Interieur - bis auf drei der imposanten großen Keltischen Kreuze - demoliert. Die Abtei war bis 1899 eine Ruine, die der damalige Besitzer der Insel, der Duke of Argyll, schließlich der Church of Scotland stiftete- unter der Bedingung die Kirche wieder zu restaurieren." [https://schottlandinfos.de/schottische-kirchen-kathedralen] 1561 wurde die Anlage aufgegeben, die danach verfiel. Anfang des 20. Jh. erfolgte ein Wiederaufbau der Kirche. Ab 1939 wurde die restliche Anlage unter der Iona Cummunity restauriert. [https://de.wikipedia.org/wiki/Iona_Abbey]

Was sagt die Archäologie?

"Vom ursprünglichen Kloster ist oberirdisch nichts erhalten geblieben, außer möglicherweise das Vallum (befestigter Hügel (Tor Abb) mit einer Wall- und Grabenanlage - MM) ... und die Zelle auf Tor Abb (angeblich die Zelle von St. Columba auf dem Gipfel des Hügels Tor Abb - MM) ..., aber Ausgrabungen, die seit 1957 zunächst von Thomas (1957; 1959) und später von Reece (undatiert) mit Unterstützung des Russell Trust und des DoE durchgeführt wurden, haben gezeigt, dass das kolumbanische Kloster, das aus etwa einem Dutzend Hütten und einer kleinen Kirche bestand, in der Nähe der Abteigebäude lag, insbesondere des Abtshauses, des Refektoriums, des Kreuzgangs und des Westteils der Kathedrale. Schwellenbalkengräben und Pfostenlöcher deuten ebenfalls auf die Existenz großer Holzgebäude auf dem kleinen Feld zwischen der Abtei und der Relig Oran ... und südlich des "Alten Gästehauses" ... zwischen Tor Abb und der Abtei hin. ... Eine Arbeitsstätte aus der Kolumban-Periode wurde etwa 10 yds N des wiederaufgebauten "Abtes Haus" ... ausgegraben, aber sein Zweck wurde nicht festgelegt. Möglicherweise aus der gleichen Zeit ist der Brunnen vor der Westtür der Kirche. Er ist von einem breiten Fundament umgeben, das ein hohes Gebäude getragen haben könnte - es wurde ein Rundturm irischer Bauart vorgeschlagen. ... Ein kleines, steinernes Gebäude, dessen NW-Ecke noch an der SE-Ecke des Kreuzgang-Garths sichtbar ist, könnte die Kirche des späteren Steinklosters sein. Seine Ausrichtung und die Massenbestattung von Skeletten, die 1957 an den Wänden gefunden wurden, stützen diese Theorie. Ein großes rechteckiges Gebäude, das in N-S-Richtung liegt und jetzt von der Vierung der Kathedrale überlagert wird, könnte ebenfalls zu dieser Phase gehört haben" [https://canmore.org.uk/site/21649/iona-early-christian-monastery]

"Die Iona Community knüpft an Traditionen der iroschottischen Kirche an und setzt sich für die Wiederentdeckung einer keltisch geprägten Form des Christentums ein." [https://de.wikipedia.org/wiki/Iona_Community]

"Seit MacAlpin, dem letzten König von Dalriada und ersten König von Schottland bis zu Macbeth sind bis auf zwei Ausnahmen alle schottischen Könige auf dem Klosterfriedhof beigesetzt. Auch irische Könige und, nach der Christianisierung der Wikinger, verschiedene Wikingerführer ließen sich dort bestatten. In der Literatur finden sich verschiedene Angaben, nach denen bis zu 46 schottische Könige sowie weitere Könige aus Irland, Norwegen und Frankreich auf Iona begraben lägen. Diese Zahlen sind jedoch nach heutiger Auffassung skeptisch zu betrachten." [https://de.wikipedia.org/wiki/Iona_Abbey]

"Viele frühe schottische Könige (insgesamt sollen es 48 sein) sowie Könige aus Irland, Norwegen und Frankreich sollen auf dem Friedhof der Abtei begraben sein. Moderne Gelehrte sind jedoch skeptisch gegenüber solchen Behauptungen, die wahrscheinlich mythisch mit der Erhöhung des Ansehens von Iona in Verbindung gebracht wurden. Zahlreiche führende Hebriden, wie verschiedene Lords of the Isles und andere prominente Mitglieder der West Highland-Clans, wurden auf Iona begraben, darunter mehrere frühe MacLeod-Häuptlinge." [https://en.wikipedia.org/wiki/Iona_Abbey]

Alternativ schlage ich nachfolgende Baugeschichte vor:
Die Klostergründung des 6. Jh. einschließlich dem hl. Columban ist eine fromme Legende. Das frühmittelalterliche Kloster und die Wikingerüberfälle gibt es nur in den gefälschten bzw. erfundenen Schriftquellen. Auch für den Kirchenbau des 12. Jh. gibt es keinen Beleg.

Das Gelände, auf dem Ende des 12. Jh. das Benediktinerkloster erbaut wurde, war vermutlich davor ein befestigter Herrschaftssitz. Das Vallum mit der sog. Zelle von St. Columba dürfte u. a. ein Rest dieser Verteidigungsanlage gewesen sein. Die archäologisch belegten Hütten, Holzgebäude und Werkstätten gehörten zu diesem Herrschaftssitz. Sollte die Interpretation eines Befundes als Rundturm richtig sein, dann würde die Anlage den sog. "frühmittelalterlichen Klosteranlagen Irlands" sehr ähneln, die ich auch als ehemalige Herrschaftssitze sehe (siehe Abschnitt *Glendalough, Clonmacnoise, Inis Cealtra (Holy Island), Durrow, Kells, Monasterboice, Nendrum - Frühmittelalterliche Klostersiedlungen in Irland*).

Der ergrabene Kirchenbau, sofern die Interpretation als Kirche zutrifft, könnte die erste Kirche (Eigenkirche) sein, die in dem befestigten Herrschaftssitz errichtet wurde. Zeitlich sehe ich den befestigten Herrensitz um 1100, den kleinen Kirchenbau irgendwann im 12. Jh.
Im fortgeschrittenen 12. Jh. kamen die befestigten Herrschaftssitze aus der Mode. Mit dem Entfall der Verteidigungsfunktion war das Gelände für eine neue Nutzung frei, im vorliegenden Fall für die Errichtung des Benediktinerklosters.
Das Benediktinerkloster wurde bereits unter der Oberhoheit der römisch-katholischen Kirche erbaut, ebenso das etwas spätere Augustiner-Nonnenkloster.

Die Begräbnisse schottischer, irländischer, norwegischer und französischer Könige sind Behauptungen ohne realen Hintergrund.

201

Jedburgh Abbey, Augustinerabtei St. Maria

Jedburgh Abbey ist eine der vier Border-Abteien Schottlands. Leider sind von allen nur noch ruinöse Reste erhalten.
Jedburgh Abbey wurde 1138 als Priorat (Augustiner-Chorherren) gegründet. Im Jahr 1154 soll die Erhebung zur Abtei erfolgt sein.
Jedburgh Abbey ist ein "Scheduled Monument" (angeordnetes Denkmal) Schottlands.

Die Time Line im Statement of Significance liefert folgende Informationen zur frühesten Entwicklung:
"9. Jahrhundert
Es ist wahrscheinlich, dass eine religiöse Gemeinschaft das Gebiet, auf dem die Abtei heute steht, seit dem 9. Jahrhundert belegt hat. Die Lage von Gebäuden aus dieser sehr frühen Zeit ist nicht bekannt.
c. 830
der Ort der späteren Abtei ist mit ziemlicher Sicherheit einer der beiden *Gedweardes*, die Lindisfarne von Bischof Ecgred von Durham geschenkt wurden.
c. 1100
die Entdeckung des "Jedburgh-Kamms" und anderer hochwertiger Artefakte im Jahr 1985 lässt vermuten, dass die Stätte in den Jahrzehnten vor der Gründung des Augustinerklosters als religiöse Einrichtung fungierte.
c.1138
wird das Augustinerhaus von David I. und Bischof John of Glasgow als Priorat eingerichtet. Die Gründerbrüder stammen wahrscheinlich aus St. Quentin in der Nähe von Beauvais, Frankreich. Seine Gründung könnte die Heilung eines Zerwürfnisses mit dem Papsttum über die Weigerung der schottischen Kirche, die Autorität der Erzbischöfe von York anzuerkennen, markiert haben.
c.1154
wird das Priorat zur Abtei erhoben."
[https://www.historicenvironment.scot/archives-and-research/publications/publication/?publicationid=c1a6bae4-6544-4f86-9411-a57000d769df]

Die nächste Nachricht, konkret den Bau betreffend, stammt aus der Mitte des 15. Jh. und informiert darüber, dass sich die Abtei in einem schlechten Zustand befunden haben soll.

"Jedburgh ist eine der vier Grenzabteien in staatlicher Obhut; die anderen sind Dryburgh (Prämonstratenser), Kelso (Tironensianer) und Melrose (Zisterzienser)". Alle waren Teil des ehrgeizigen Programms von David I. zur Errichtung der reformierten Klosterorden in Schottland. Diese Gründungen waren Teil einer grundlegenden Modernisierung und Neuorganisation der Kirche, mit der Schottland in Einklang mit der kontinentalen Kirche gebracht werden sollte." [ebd.]

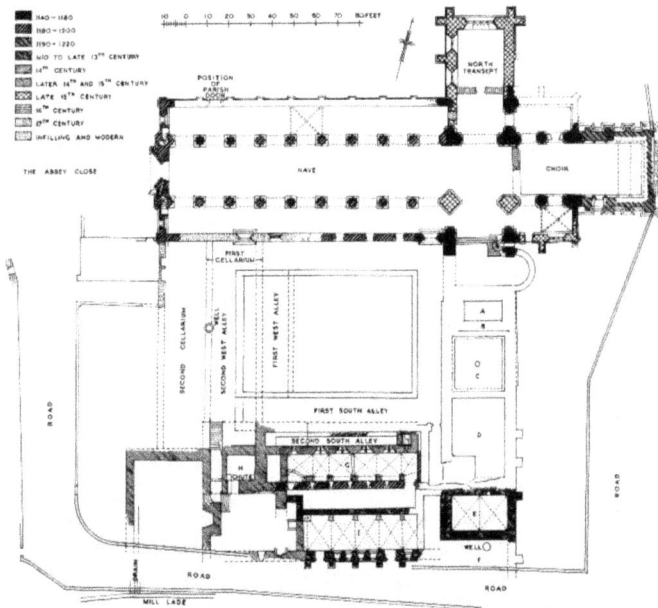

Jedburgh Abbey. Grundriss. Entnommen von [https://i.rcahms.gov.uk/canmore/I/DP00094253.jpg]

Durch die Grenzlage sollen die Border-Abteien besonders gefährdet gewesen sein. Eine erste Verwüstung soll Jedburgh bereits 1297 erlitten haben. Danach und besonders im 15. Jh./16. Jh. wurde sie mehrfach stark in Mitleidenschaft gezogen.

Der Beginn der schottischen Reformation um 1560 war das Ende der großen *Abbey of St. Mary of Jedburgh.* [https://de.wikipedia.org/wiki/Jedburgh_Abbey]

Weitere Informationen zur frühen Geschichte der Abtei:

"An der Stelle der Augustinerabtei St. Marien wurde seit dem 9. Jahrhundert eine Kirche errichtet; diese frühe Kirche taucht in der Geschichte jedoch erst an der Wende vom 11. zum 12. Jh. auf. Diese Kirche scheint von den Augustinern eingenommen worden zu sein, bis ihre Abteikirche weit genug fortgeschritten war, um genutzt zu werden; kein Teil davon ist erhalten geblieben, aber der Plan des Klosterkreuzgangs lässt vermuten, dass sie an der Stelle stand, die von den sechs östlichen Jochen des heutigen Kirchenschiffs eingenommen wird." [https://canmore.org.uk/site/57020/jedburgh-abbey]

"Das Haus wurde vor 1139 von David I. gegründet. Der Chor kann dem zweiten Viertel des 12. Jahrhunderts zugeschrieben werden. Die frühe Kirche wurde wahrscheinlich vor 1174 abgerissen, und die Kirche als Ganzes war offensichtlich spätestens Mitte des 13. Jh. fertiggestellt." [ebd.]

"Der Bau begann am östlichen Ende, dem heiligsten Teil jeder Kirche. Zu seinen romanischen Merkmalen gehören die klobigen zylindrischen Säulen und die Rundbogenfenster. Im Gegensatz dazu weist das um 1180 begonnene Kirchenschiff mit seinem anmutigen Schwung von Spitzbogenarkaden und der prächtigen Westfassade eine filigranere gotische Architektur auf. Die Abteikirche war um 1200 weitgehend fertiggestellt ..." [https://www.historicenvironment.scot/visit-a-place/places/jedburgh-abbey/]

"Die Bauarbeiten hätten fast ein ganzes Jahrhundert gedauert. Die Abteikirche scheint 1285 fertiggestellt worden zu sein" [https://www.undiscoveredscotland.co.uk/jedburgh/jedburghab bey/index.html]

Die Gründung des Augustiner-Chorherrenstifts 1138 ist anscheinend die erste relativ verlässliche Nachricht. Die Annahme einer früheren kirchlichen Entwicklung ist durch nichts gerechtfertigt. Es gibt weder einen realen geschichtlichen noch irgend einen archäologischen Beleg für diese Spekulation.

Die tatsächliche Baugeschichte beginnt vermutlich Mitte der zweiten Hälfte des 12. Jh. Die Fertigstellung erfolgte erst in gotischer Zeit. Das o. a. Jahr 1285 wäre durchaus denkbar. Der späten Romanik sind der Chor und die Langhausarkaden zuzurechnen, wobei die Obergeschosse schon der Gotik angehören. Die zu frühe Einordnung ist dem Umstand geschuldet, dass generell die Gotik in England zu früh angesetzt wird.

Die Ruine gibt nur eine ungenügende Vorstellung vom ursprünglichen Aussehen der Ostteile. Eine wahrscheinliche Grundrissgestaltung der Ostteile kann der Rekonstruktion von LEWIS/EWART (siehe unten stehende Grafik) entnommen werden. Danach war die Kirche eine dreischiffige, kreuzförmige Basilika mit einem dreischiffigen Chor und Rechteckapsis im Bereich des Mittelschiffs sowie halbrunde Apsiden an den Querarmen. Die durch Arkaden mit dem Hauptchor verbundenen Nebenchöre nördlich und südlich des Chorquadrats verweisen auf die Baulösungen der Reformorden. Die Grundrisslösung entsprach dem quadratischen Schematismus, die Vierung war ausgeschieden. Vor den Querflügeln gab es je ein seitenschiffbreites, längsrechteckiges Zwischenjoch, wie bei französischen Kirchen häufiger. Die aufwendige, dreigeschosige Gliederung im Langhaus und Chor verweist bzgl. seiner Konzeption eindeutig auf die fortgeschrittene zweite Hälfte des 12. Jh.

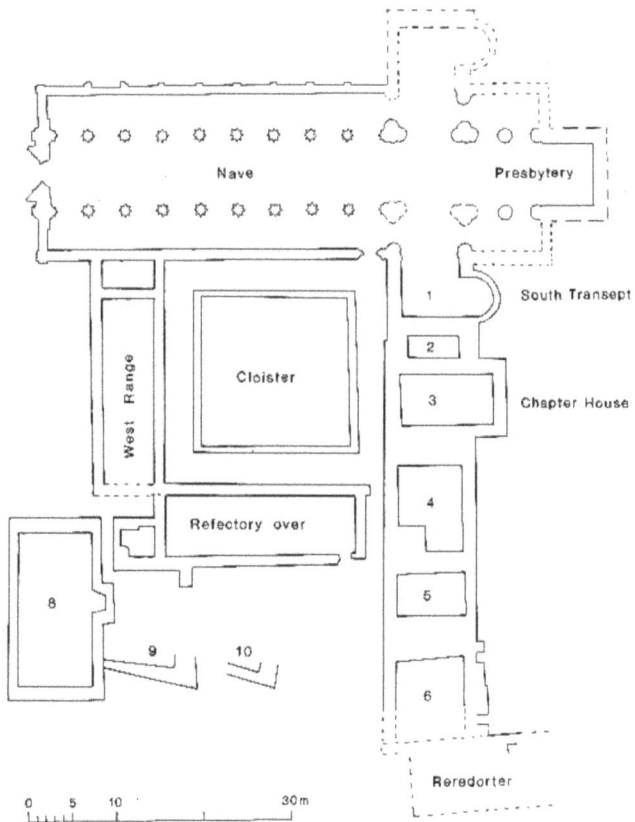

Jedburgh Abbey, Grundriss der Abtei um die Mitte des 13. Jh. nach LEWIS/EWART 'Jedbugh Abbey: the archaeology and architecture of a border abbey' (1995) Entnommen von [https://canmore.org.uk/site/57020/jedburgh-abbey]

Die frühen Verwüstungen, z. B. die von 1297, dürften auf Übergriffe benachbarter (englischer?) Territorialherrschaften zurückzuführen sein. Die völlige Zerstörung der Borderabteien ist sicher den Auseinandersetzungen um die Unabhängigkeit Schottlands im 15./16. Jh. geschuldet.

Jedburgh Abbey gehört nicht zu den wirklich frühen Kirchen Schottlands. Ihre Errichtung, wie die der anderen Border-Abteien, erfolgte bereits unter römischer Oberhoheit.

Kelso Abbey

Kelso Abbey, die größte der vier Border-Abteien, soll 1128 von Mönchen der nordfranzösischen Abtei Thiron (heute Thiron-Gardais bei Chartres) gegründet worden sein, die auf Einladung von König David I. (1124-1153) nach Schottland kamen, zunächst 1113 nach Selkirk und danach nach Kelso. Der Bau soll 15 Jahre später (1143) fertiggestellt und der Jungfrau Maria und dem hl. Johannes geweiht worden sein. [https://de.wikipedia.org/wiki/Kelso_Abbey]
Sie soll eine der wohlhabendsten und bedeutendsten Abteien in Schottland gewesen sein [ebd.].
Die englische Wikipedia: "Man geht davon aus, dass mit dem Bau der Abtei sofort begonnen wurde, und 1143 waren die Fortschritte so weit fortgeschritten, dass das Gebäude der Heiligen Jungfrau und dem Heiligen Johannes gewidmet werden konnte." [https://en.wikipedia.org/wiki/Kelso_Abbey]
Dagegen: "Nach ihrer Fertigstellung wurde sie 1243 der Heiligen Jungfrau und dem Heiligen Johannes geweiht." [https://www.visitscotland.com/info/see-do/kelso-abbey-p247581]

"Die Ursprünge der Abtei Kelso liegen in der Ankunft von Mönchen aus Selkirk im Jahr 1128. ... Die Arbeiten an der großen Abteikirche wurden 1248 abgeschlossen, und das Gebäude wurde der Jungfrau Maria und dem Heiligen Johannes geweiht." [https://canmore.org.uk/site/58418/kelso-bridge-street-abbey]

"Von den Gebäuden der Abtei ist nur noch wenig mehr übrig als das W-Ende der großen Kirche, die am 3. Mai 1128 gegründet wurde ... und am 27. März 1243 von David de Bernham, Bischof von St. Andrews, eingeweiht wurde." [ebd.] Von der ehemaligen Abteikirche steht nur noch ein Teil des Westbau als beeindruckende Ruine. Die Kirche war eine geostete, dreischiffige Basilika mit je einem Querhaus im Osten und Westen und Vierungstürmen über den Kreuzungen zwischen Mittelschiff und Querbauten - eine in Schottland einzigartige Baulösung [https://www.undiscoveredscotland.co.uk/kelso/kelsoabbey/index.html].

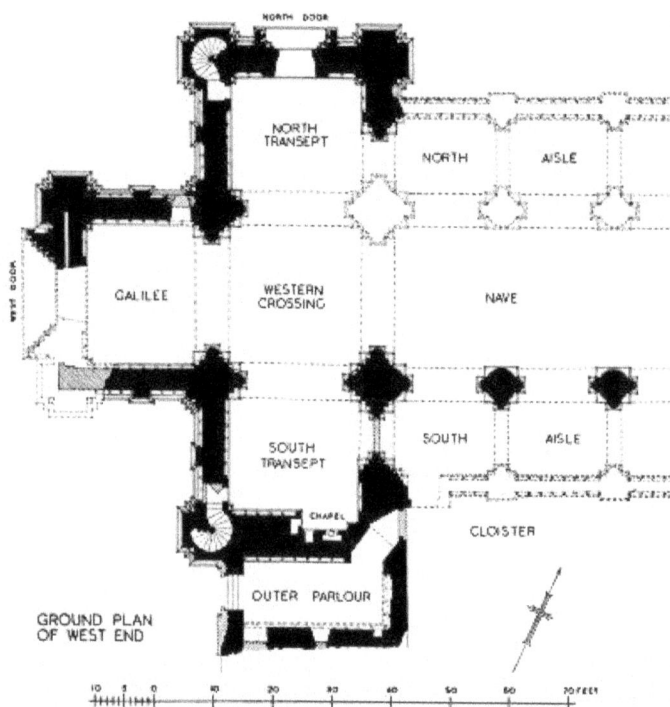

Kelso, Abteikirche. Grundriss des Westteils. Entnommen von [https://canmore.org.uk/site/58418/kelso-bridge-street-abbey]

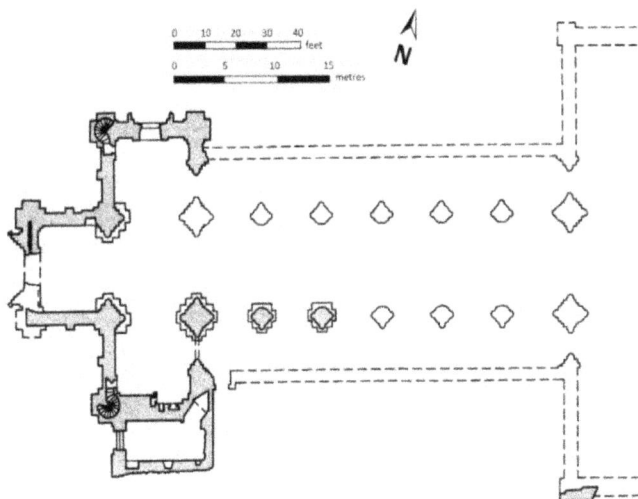

Kelso, Abteikirche. Teilgrundriss. Entnommen aus [FAWCETT, 274]

"Die frühesten Überreste der Abtei sind die beiden Joche des südlichen Arkadenganges des Langhauses ... . Diese haben Rundbögen aus der Zeit um 1128. Spätere Ergänzungen darüber sind ein Triforium aus dem späten 12. Jahrhundert, und über diesem Obergeschoss befindet sich eine durchgehende Arkade. Es gibt kein regelmäßiges vertikales Muster zwischen den drei Ebenen der Arkaden, ein Merkmal, das in Schottland oder England einzigartig ist. Das Mauerwerk über dem Obergeschoss lässt vermuten, dass es kein Gewölbe im Kirchenschiff gab.
Die Süd- und Westfassade des Westturms ragen immer noch bis zur Höhe der Glockenturmöffnungen empor, und diese Struktur ist nicht älter als zu Beginn des 13. Jh."
[https://en.wikipedia.org/wiki/Kelso_Abbey]

Das würde eine sehr lange Bauzeit von 100 Jahren und mehr bedeuten, wenn man die Weihe von 1243 als Fertigstellung ansieht. Eine andere Quelle liefert eine abweichende

209

Information: "Nach den verschiedenen Stilen zu urteilen, die in den Überresten zu sehen sind, dauerte der Bau der Abteikirche über 75 Jahre." [https://www.undiscoveredscotland.co.uk/kelso/kelsoabbey/index.html]

Im 16. Jh. wurde sie aufgrund ihrer Grenznähe - wie auch die anderen Border-Abteien - im Zuge der kriegerischen Auseinandersetzungen mit England bei mehreren englischen Angriffen weitgehend zerstört. Die Reformation 1560 besiegelte das Schicksal der Abteikirche. 1587 wurde die Abtei offiziell aufgelöst.
Im 17./18. Jh. wurden Teile der ehemaligen Kirche restauriert und als Pfarrkirche genutzt, bis 1805 die Ruinen bis auf den verbliebenen Rest beseitigt wurden. [https://www.undiscoveredscotland.co.uk/kelso/kelsoabbey/index.html]

Die traditionelle Baugeschichte mit dem sofortigen Baubeginn nach der Gründung 1128 ist anzuzweifeln. Ich sehe den Baubeginn nach der Mitte des 12. Jh., vielleicht um 1170, womit die Bauzeit inkl. etwaiger Bauunterbrechungen von ca. 75 Jahren zutreffen kann.
Bei einem angenommenen Baustart von 1129, sofern nicht ein Vorgängerbau existierte, von dem es keine Spur noch irgendeine Nachricht gibt, ergäbe sich die Frage nach der Herkunft des doch ziemlich komplexen Entwurfs im Grundriss wie im Aufriss. Die Mönche aus Thiron-Gardais können ihn nicht mitgebracht haben. Die nur kurz vorher (1109/22) gegründete Abteikirche dort ist ein einfacher, relativ langgestreckter Saalbau. Es gibt keinerlei stilistische Verwandtschaft mit Kelso. Bei Kelso wird auf Vorbilder in England (Kathedrale von Ely) und in Deutschland (Rheinland) verwiesen. [https://canmore.org.uk/site/58418/kelso-bridge-street-abbey].

Nach dem Grundriss von FAWCETT ist bei Kelso nicht von zwei Querhäusern mit Vierungstürmen auszugehen, sondern von einem Querhaus im Osten mit einem Turm über der

Vierung und von einem dreizelligem Westquerbau mit Mittelturm sowie einem westlich vorgelagertem, jochtiefen Bauteil von Mittelschiffsbreite. Das im Osten vorhandene Querhaus lud offenbar deutlich weiter nach Norden bzw. Süden aus. Der Westquerbau ragte im Süden wie im Norden über die Langhauswände hinaus. Dem entspräche im Osten ein dreischiffiger Chor, vermutlich mit Mittelapsis.

Auf jeden Fall kann Kelso als wirklich frühe Kirche Schottlands ausgeschlossen werden.

Whithorn

In Whithorn am Solway Firth, im Südwesten Schottlands in den südlichen Machars, einer Halbinsel, sollen sich die Überreste einer der frühesten Steinkirchen Schottlands befinden. Whithorn soll schon 397 n. Chr. unter St. Ninian zum Zentrum der Missionsarbeit in Schottland geworden sein. [https://schottlandinfos.de/schottische-kirchen-kathedralen]

"Candida Casa war der Name, der der Kirche gegeben wurde, die von St. Ninian in Whithorn, Galloway, Südschottland, in der Mitte des fünften Jahrhunderts n. Chr. gegründet wurde." [https://en.wikipedia.org/wiki/Candida_Casa]
Diese Kirche soll das erste christliche Gebäude Schottlands und die erste christliche Siedlung nördlich des Hadrianswall gewesen sein, schon 150 Jahre vor Iona [ebd.].
Bezeichnend die folgende Aussage: "Die erste Kirche hier (oder irgendwo in Schottland) war dem heiligen Martin von Tours geweiht und gemeinhin als Candida Casa oder "Weißes Haus" bekannt, von dem man traditionell annimmt, dass es seinen Steinbau widerspiegelt. Alles, was wir haben, ist eine kurze Passage in Bedes Kirchengeschichte, die etwa drei Jahrhunderte oder 15 Generationen später geschrieben wurde." [https://www.undiscoveredscotland.co.uk/whithorn/whithornpri ory/index.html]

Die bei den Ausgrabungen gefundenen Mauerreste östlich der sog. Krypta beanspruchen für sich, die berühmte Candida Casa von St. Ninian tatsächlich gewesen zu sein, worauf Spuren eines hellen Außenputzes stark hindeuten würden. [ebd.]

Nach einer weiteren Quelle soll sich die "Candida Casa" südwestlich der späteren Kathedrale befunden haben. "Bei kürzlich durchgeführten archäologischen Ausgrabungen wurden Reste von weiß verputzten Mauerresten gefunden, die möglicherweise auf diese erste Kirche hinweisen." [http://www.aboutscotland.com/whithorn/priory.html]

Dagegen meinen die Archäologen: "Die "wenigen Flecken auf der Außenseite, die mit einem groben cremefarbigen Mörtel beschmiert sind" reichen nicht aus, um die Einwände gegen eine von Ninian oder seiner Zeit als Candida Casa bekannte Hauptkirche aufzuwiegen. ... Es gibt keine Hinweise darauf, dass irgendein Kloster in Whithorn bis etwa zum Ende des 6. Jahrhunderts existierte." [https://canmore.org.uk/site/63298/whithorn-bruce-street-whithorn-priory#site-links]

"Der tatsächliche Standort des weiß verputzten (?und mit Kalk verputzten) Candida Casa, des ersten dokumentierten Kirchengebäudes in Schottland, ist seit langem umstritten. ... der derzeitige Favorit, obwohl er ebenfalls aus dem 7. Jahrhundert stammen könnte, ist das kleine Gebäude, das heute am östlichen Ende der Krypta der mittelalterlichen Kathedralen-Priory durch moderne, niedrige Mauern umschlossen ist." [ebd.]

Eines scheint klar zu sein, nämlich, dass nichts klar ist. Die sog. "Candida Casa" geht auf eine Bemerkung von Beda Venerabilis in seiner *Historia* zurück. Wie in meinen einleitenden Ausführungen zur Geschichte bereits ausgeführt, halte ich die *Historia* von Beda Venerabilis für ein Pseudepigraph. Damit dürfte die "Candida Casa" der Phantasie des unbekannten Autors entsprungen sein. Es ist also kein Wunder, dass trotz der zahlreichen Grabungen in Whithorn kein wirklicher Beleg für die Candida Casa noch für ein frühes Kloster in Whithorn gefunden wurde.

Nun ist Whithorn nicht allein auf die ominöse "Candida Casa" beschränkt. Es hat auch eine reale kirchliche Entwicklung vorzuweisen, wenn auch erst Jahrhunderte später.

"Das hier in den 1100er Jahren für Prämonstratensermönche errichtete Priorat wurde später zur Kathedralkirche von Galloway."   [https://www.historicenvironment.scot/visit-a-place/places/whithorn-priory-and-museum/]

"... die späten 1400er und frühen 1500er Jahre waren ein goldenes Zeitalter für Whithorn und sein Priorat. Im Jahr 1511 gründete Jakob IV. Whithorn als königliche Burg neu.
Aber die protestantische Reformation von 1560 verwüstete Whithorn:
- Kirche und Kloster wurden aufgelöst
- Das Heiligtum von St. Ninian wurde zerstört
- die Kathedrale wurde ihres Reichtums und ihrer Besitztümer beraubt
Gegen Ende der 1500er Jahre lag die Kirche in Trümmern." [ebd.]

"Das Bistum Whithorn wurde 1128 wiedererrichtet, und eine neue Kathedrale und ein angrenzendes Priorat wurden an diesem Ort errichtet."
[https://en.wikipedia.org/wiki/Candida_Casa]

"Das Bistum wurde 1128 wiederbelebt, ... , aber der Status der Gemeinschaft, die dem wiederhergestellten Bischofssitz in den ersten fünfzig Jahren diente, ist nicht klar. Wir wissen jedoch, dass etwa in der Mitte des 12. Jahrhunderts eine Kirche im romanischen Stil errichtet wurde; ihr unverwechselbarstes Merkmal ist das verzierte Südportal am westlichen Ende des Kirchenschiffs, wo es möglicherweise im späteren Mittelalter neu positioniert wurde. Diese romanische Kirche hatte einen kreuzförmigen Grundriss mit einem kurzen, saalartigen Kirchenschiff und einem Ostarm von unbekannter Ausdehnung, der vermutlich lang und einschiffig war." [https://canmore.org.uk/site/63298/whithorn-bruce-street-whithorn-priory#site-links]

Nach einer anderen Quelle wurde Whithorn erst 1177 Priorat des Prämonstratenserordens. "Die Kathedrale des Bischofs von Whithorn war wahrscheinlich zu dem Zeitpunkt fertig gestellt, als Whithorn 1177 auch ein Priorat des Prämonstratenser-Ordens der Weißen Kanoniker wurde." [https://www.undiscoveredscotland.co.uk/whithorn/whithornpriory/index.html

"Die heute erhaltenen Ruinen der Whithorn Priory am Westrand von Whithorn stammen aus dem 12. und 13. Jahrhundert. Die aus diesem Zeitraum stammenden erhaltenen Fragmente von Langhaus und Krypta sind aus Bruchstein aufgebaut und romanisch gestaltet." [https://de.wikipedia.org/wiki/Whithorn_Priory]

Auf einer Anschauungstafel vor Ort ist eine Rekonstruktion der ehemaligen Klosterkirche zu sehen.
Der unten stehende Grundriss zeigt vermutlich die erhaltenen bzw. nachgewiesenen Reste (schwarz) sowie die Rekonstruktion der fehlenden Teile (weiß).

Entsprechend dem Statement of Significance zur Whithorn Priory [https://www.historicenvironment.scot/archives-and-research/publications/publication/?publicationid=c3880d30-8531-4b17-a0f4-a8b800fcf677]: "Das östliche Ende der Kirche wurde von Galloway weitgehend rekonstruiert und ist daher eher ein Produkt der Konservierungsbewegung des späten 19. Jahrhunderts als eine genaue Widerspiegelung des tatsächlichen Grundrisses."

Bezüglich der Zuordnung der erhaltenen Baureste als auch der Rekonstruktion der Gesamtanlage sind erhebliche Zweifel anzumelden.

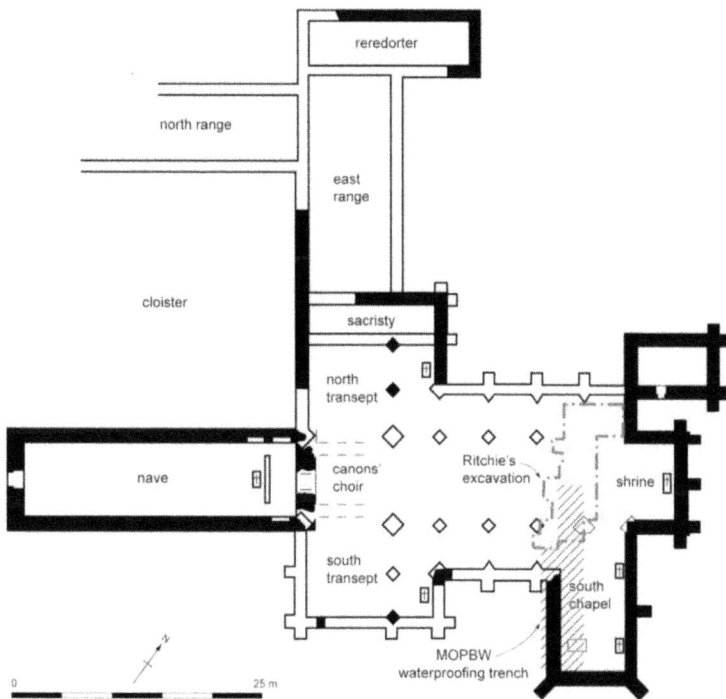

Whithorn Priory, Grundriss. Entnommen von [https://www.cambridge.org/core/books/sacred-heritage/sacred-myths-archaeology-and-authenticity/867A2FB3324D50E9982B978585D42D72/core-reader]

Die Rekonstruktion eines dreischiffigen Chors mit dem westlich anschließenden Querhaus und einem Vierungsturm könnte durchaus zutreffend sein. In diesem Fall ist es jedoch völlig ausgeschlossen, dass sich daran ein schmales, einschiffiges Langhaus - wie dargestellt - angeschlossen hat. Solchen großzügigen Ostteilen entspräche ein dreischiffiges Langhaus und vielleicht als Westabschluss eine Turmlösung.

215

Dass die vorhandene Ruine im Westen der Anlage das Langhaus dieser Kirche gewesen sein soll, ist definitiv auszuschließen.

Auch würde ich ausschließen, dass dieser Bau eine Krypta im herkömmlichen Sinn besessen hat. Die vorliegende "Krypta" war der entstandene Raum, der durch das nach Osten abfallende Gelände und die Anhebung des Fußbodens im Chorbereich konstruktiv entstand. Dass dieser Raum einen zentralen Pfeiler besaß und die Einwölbung durch ein Rippengewölbe erfolgte, wie das o. a. Statement of Significance angibt, ist durchaus möglich. Der Zugang zu diesen Substruktionen durch eine einzige Treppe ist folgerichtig; die Frage nach einer zweiten Treppe zu dieser "Krypta", wie sie im Statement formuliert ist, ist damit überflüssig. Eine ähnliche "Krypta" besitzt übrigens der Dom zu Erfurt, dessen Hochchor auf hohen Substruktionen steht, den sog. Kavaten. Dort ist diese sogar ausschließlich von außen zugänglich.

Dass die sog. Südkapelle erst um 1500 errichtet sein soll, halte ich für einen Irrtum. Ich sehe sie bauzeitlich. Vermutlich war sie keine Kapelle, sondern die Sakristei.

Da ich diesen Bau des 13. Jh. nicht zu den frühen Kirchen Schottlands zähle, komme ich nur bei meiner Rekonstruktion der Baugeschichte noch einmal auf sie zurück.

Interessanter ist dagegen der Vorgängerbau, von dem nur das romanische, gestufte Säulenportal erhalten ist, wenn auch nicht am originalen Einbauort. Stilistisch ist das Portal der zweiten Hälfte des 12. Jh. zuzuordnen. Wie oben bereits erwähnt, soll der Bau eine kreuzförmige Saalkirche gewesen sein. Die Annahme eines langgestreckten Ostarms ist willkürlich. Sie entspringt anscheinend der Vorstellung, dass dieser bis zu dem sog. St. Ninian's Shrine oder St. Ninian-Heiligtum reichte, der am Ostende des Chors des Kathedralneubaus (heute in der "Krypta") verortet wird, wo auch die "Candida Casa" vermutet wird.

Ich schlage folgende alternative Baugeschichte der Whithorn Priory vor:

Die Errichtung der ersten Kirche in Whithorn und die Gründung des Bistums 1128 dürften zusammengehören. Belege für einen früheren Kirchenbau gibt es nicht. Die Kirchengründung stand offenbar von Anfang an unter der Oberhoheit der römischen Kirche, von der auch die Erhebung zum Bistum ausging. Nun dürfen diese frühen Bistumsgründungen sicher nicht überbewertet werden. Sozusagen wurde anfangs fast jede Kirchengründung zum Bistum erhoben, zumindest in der Phase, in der sich die römische Kirche den Einfluss auf die sich im Land entwickelnde Kirche sichern wollte. Ob das Bistum erfolgreich war oder nur vor sich hindümpelte oder sogar einging, war dann kein Problem der römischen Kirche.

Der Kirchenbau war vermutlich nach der Mitte des 12. Jh. fertiggestellt. Von diesem Kirchenbau stammt das heute noch vorhandene Portal, vermutlich das ehemalige Westportal.

Dieser Kirchenbau und die wahrscheinlich etwa parallel errichteten Klostergebäude wurden 1177 von einem Konvent der Prämonstratenser besetzt. Der Abt des Klosters hatte auch das Bischofsamt inne, vermutlich ohne größere Außenwirkung.

Vermutlich in der zweiten Hälfte des 13. Jh. beabsichtigte der Bischof von Whithorn einen größeren und prächtigeren Kathedralbau für das Bistum zu errichten. Zu diesem Bau gehören die erhaltenen Reste im Osten. Nach meiner Auffassung kam der Bau nicht über die Fundamente und Sockelmauern der Ostteile hinaus. Möglicherweise sollten später die Fundamente der bestehenden Kirche für die Mittelschiffsarkaden des Neubaus genutzt werden, was die Übernahme der genauen Ausrichtung und der Schiffsbreite für den Neubau nahelegen. Die übrigen Fundamente des Langhauses und des möglicherweise vorgesehenen Westbaus waren bis zur Aufgabe des Bauvorhabens noch nicht angelegt. Wäre der Bau vollendet gewesen, so ergäbe sich die Frage, wo das ganze verbaute Material geblieben ist? Wenn der Bau verfallen wäre, würden sicher noch irgendwelche Reste des Aufgehenden vorhanden sein. Dass der Bau komplett abgeräumt wurde und dabei die Sockelmauern des Ostschlusses unberührt geblieben sind, ist kaum nachvollziehbar.

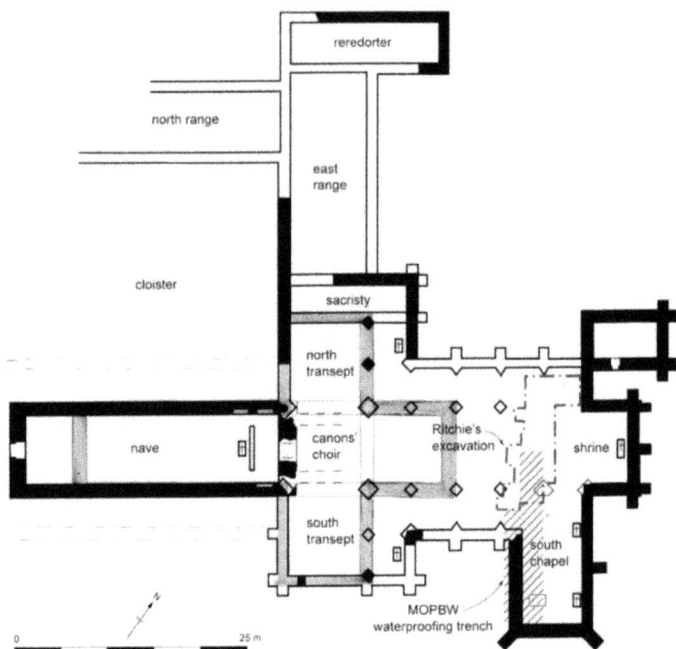

Whithorn, Gründungsbau (Rekonstruktionsvorschlag)

Der Grund für die Einstellung des Baus ist nicht bekannt. Er dürfte mit der allgemeinen kirchlichen Entwicklung in Schottland zusammenhängen, bei der Whithorn vielleicht aufgrund der abgelegenen Lage keine Rolle mehr spielte.
Vermutlich wurde der Altbau weitergenutzt, bis das Kloster in der Reformationszeit zerstört und aufgehoben wurde.

Die heutigen westlichen Reste der Whithorn Priory sind nachreformatorisch, wobei glücklicherweise das schöne romanische Portal eine Wiederverwendung gefunden hat.

Die Nord-Süd-orientierte Kirche St. Ninian der Pfarrei Whithorn der Church of Scotland, nördlich der Ruinen des ehemaligen Klosters, ist ein Bau von 1822 und hat mit der alten Klosterkirche nichts zu tun. Bei ihrem Bau hat man offenbar vorhandene Fundamente der Klausur wiederverwendet, womit die ungewöhnliche Orientierung erklärlich ist.

Im Zusammenhang mit Whithorn werden oft noch zwei weitere Bauten in der Umgegend genannt, die angeblich Pilgerkirchen auf dem Weg nach Whithorn gewesen sein sollen.
Das ist einmal St Ninian's Chapel in Isle of Whithorn, einem Ort ca. 5 km südöstlich von Whithorn. Sie soll erstmals in den 1100er Jahren errichtet worden sein. Der Ursprungsbau soll aus einem kleinen Schiff und einem separaten, schmaleren Altarraum bestanden haben und stand innerhalb einer Ummauerung, die noch z. T. erhalten ist. Der heutige Bau (Ruine) ist angeblich ein Umbau aus der Zeit um 1300. [https://www.historicenvironment.scot/visit-a-place/places/st-ninians-chapel/]

Der andere Bau ist die Chapel Finian, ca. 20 km nordwestlich von Whithorn unmittelbar an der Küstenstraße, von der nur die Grundmauern erhalten sind. "Den Parallelen in Irland nach zu urteilen, wurde die Chapel Finian wahrscheinlich in den 900er oder 1000er Jahren erbaut - es ist jedoch möglich, dass sie nicht die erste Kapelle an diesem Ort war." Sie soll im irischen Stil erbaut worden sein und aus einem einzigen rechteckigem Raum (6,7 x 4,1 m) mit einem Eingang in der Südwand bestanden haben. [https://www.historicenvironment.scot/visit-a-place/places/chapel-finian/]
Nach [https://www.whithorn.com/archaeology/] soll die Kapelle im 11. Jh. errichtet worden sein.
Der Bau war von einer Trockenmauer umschlossen.

Die beiden o. a. Bauten haben primär nichts mit dem Kloster in Whithorn zu tun. Ihre angebliche Funktion als Zwischenstation für Whithorn-Pilger ist konstruiert und hat keinen realen Hintergrund. Bei der Chapel Finian ist möglicherweise die Funktion als sakraler Bau anzuzweifeln, ebenso die Datierung in das 11. Jh.

Als Beleg für die frühmittelalterliche Geschichte von Whithorn wird auf die im Museum präsentierten skulptierten Steinkreuze und -platten verwiesen. "Die behauenen Steine sind der einzige Teil des PIC (Property in Care - MM), der die frühe Geschichte der Stätte dokumentiert. Die einzigen sichtbaren baulichen Überreste des frühen Klosters sind die Kirchenreste östlich der Krypta. Die behauenen Steine sind daher ein einzigartig wichtiger Ausdruck des Lebens und Glaubens der Menschen von Whithorn aus dem 5. bis 12. Jahrhundert."
[Statement of Significance, https://www.historicenvironment.scot/archives-and-research/publications/publication/?publicationid=c3880d30-8531-4b17-a0f4-a8b800fcf677]
Die im Museum gezeigten skulptierten Steinkreuze und -platten sind eine über einen längeren Zeitraum zusammengetragene Sammlung, keinesfalls alle aus Whithorn. Der sog. Latinus-Stein, der um 450 n. Chr. datiert wird, soll das älteste datierte christliche Monument Schottlands sein. Der größte Teil der Sammlung soll der sog. "Whithorn School" angehören, die traditionell in das 10. und 11. Jh. datiert wird.
Wie die skulptierten Steinkreuze Irlands bedürfen auch die skulptierten Steinkreuze und -platten Schottlands einer Neubewertung, insbesondere unter Berücksichtigung der verkürzten Chronologie. Die skulptierten Steinkreuze und -platten dürften wie die Großkreuze Irlands wesentlich später einzuordnen sein, frühestens in das späte 11.(?) bzw. vorwiegend in das 12. Jh. Ob auch einzelne vorkatastrophische Objekte, z. B. der Latinus-Stein, darunter sind, wäre zu prüfen. Der Standort in Whithorn wurde offenbar seit langer Zeit als Friedhof genutzt.

Natürlich müssen auch die vorliegenden archäologischen Befunde in dieser Richtung neu bewertet werden, ohne die Voreinstellung der frühen Klostergeschichte. Die ergrabenen frühen Steingebäude, wie das welches für die "Candida Casa" gehalten wird, waren vielleicht frühere Grabbauten wie man sie auf römischen Nekropolen findet.

Irland

Glendalough, Clonmacnoise, Inis Cealtra (Holy Island), Durrow, Kells, Monasterboice, Nendrum - Frühmittelalterliche Klostersiedlungen in Irland

Die sog. iroschottische Kirche soll die Kirchenorganisation gewesen sein, die bis zum 10. Jh. in Irland, auf der Isle of Man und in Schottland verbreitet war. Sie soll u. a. durch ein ausgeprägtes Mönchtum gekennzeichnet gewesen sein. Erst zwischen dem 12. und 13. Jh. infolge der normannischen Eroberung soll sie die Hierarchie und Liturgie der lateinischen (römischen) Kirche übernommen haben. [https://de.wikipedia.org/wiki/Iroschottische_Kirche]

Werfen wir einen kritischen Blick auf die vermeintlich materiellen Zeugnisse des iroschottischen Mönchtums in Irland.
Als materielle Belege dafür werden einmal die illustrierten Handschriften (z. B. Book of Durrow, Book of Lindisfarne, Book of Kells) gesehen, die zwischen 650 und 800 entstanden sein sollen, darüber hinaus die frühmittelalterlichen Klostersiedlungen mit ihren Kirchen und Rundtürmen und die vielfach reich skulptierten Hochkreuze.
Nach meiner Auffassung sind die illustrierten Handschriften und die Hochkreuze falsch, d. h. viel zu früh, datiert. Schon ILLIG hat die frühen Hochkreuze in Irland, Schottland und England in das 11. und 12. Jh. verjüngt [ILLIG 2015-2, 340ff]. ILLIG's Verjüngung der Hochkreuze halte ich für nicht ausreichend. Ich sehe die skulptierten Hochkreuze ab dem

12. Jh., parallel mit der Entwicklung der Bauskulptur in England und auf dem Kontinent.

Die sog. Klostersiedlungen halte ich für eine Fehlinterpretation. Diese ummauerten Siedlungen, jeweils mit angeblich einer oder mehreren Kirchen und einem Rundturm, dürften eher befestigte Herrschaftssitze gewesen sein. Ob die als Kirchen gesehenen Gebäude alle ursprünglich wirklich solche waren, darf zumindest angezweifelt werden.

In der irischen und schottischen Archäologie sind sog. Ráths und Duns bekannt, wobei die Abgrenzung anscheinend nicht eindeutig ist.

"In der *Archäologie* bezeichnet **Ráth** (*irisch ráth; Ráthanna* oder *líos*) ein *eisenzeitliches* oder älteres *irisches Erdwerk*. ... Erste Ringforts entstehen in der Bronzezeit. Der Schwerpunkt liegt allerdings zwischen 600 und 1000 n. Chr. Ihr Bau endet etwa um 1300 n. Chr." [https://de.wikipedia.org/wiki/Ráth]

"Ein Dun ... ist eine zumeist runde *bronze-* oder *eisenzeitliche* Anlage aus *Trockenmauerwerk* mit oft um die 20,0 m Durchmesser (*Loher Fort, Moneygashel*), die in Westirland häufig und in *Schottland* auch als „Atlantic Roundhouse" bekannt ist. Das und weitaus häufigere Äquivalent des Dun ist der irdene Rath. ... Duns wurden zwischen 300 v. Chr. und 1300 n. Chr. ... gebaut bzw. genutzt." [https://de.wikipedia.org/wiki/Dun]

So soll z. B. das Kloster Nendrum "inmitten einer(sic) vorchristlichen Ráth" errichtet worden sein [https://de.wikipedia.org/wiki/Nendrum-Kloster].

Ich denke, dass die sog. frühmittelalterlichen Klostersiedlungen im Zusammenhang mit diesen Anlagen zu sehen sind.

Die Rundtürme sollen nach STOLL bis in das 12. Jh. hinein vor allem Wacht- und Schutztürme [STOLL, 310] gewesen sein, wobei er die Herkunftsfrage dieser Türme für ungeklärt hält. Für die Funktion als Schutzturm spricht nur der höher gelegene Zugang zum Turm, ähnlich den Bergfrieden deutscher Burgen. Die relativ geringen Innenabmessungen (ca. 3 m Durchmesser) lassen eine solche Funktion eher bezweifeln. Vielleicht ist in diesem Zusammenhang

222

bemerkenswert, dass Rundtürme auch außerhalb solcher befestigten Areale errichtet wurden, so am Ufer des Shannon nahe der ebenfalls bekannten sog. Klostersiedlung Clonmacnoise.

Bei der Höhe der Rundtürme von ca. 23 - 35 m dienten sie vermutlich als Wachtturm und vielleicht auch zur Alarmierung der Nachbarn bei der Annäherung von Feinden. Von den ehemals vielleicht 120 Türmen sind heute noch ca. 65, ein Großteil nur in Resten, erhalten. Die frühesten Rundtürme sollen Anfang des 10. Jh. errichtet worden sein, der Höhepunkt ihrer Errichtung sei im 11./12. Jh. gewesen, die jüngsten stammen aus der ersten Hälfte des 13. Jh. Ihr Vorkommen im 10. Jh. ist wieder einzig den Schriftquellen geschuldet. Ich sehe ihre Hauptbauzeit im 12./13. Jh. Sie waren natürlich nicht gegen die imaginären Wikingerüberfälle gerichtet, sondern eher gegen die Übergriffe aus England und Wales.

In der Liste der Welterbekandidaten sind folgende, vermeintlich frühmittelalterliche Klostersiedlungen aufgeführt: Glendalough, Clonmacnoise, Inis Cealtra, Durrow, Kells und Monasterboice [https://de.wikipedia.org/wiki/Welterbe_in_Irland].

Glendalough

Angeblich eine Gründung des hl. Kevin (um 498-618!). "... aus seiner Eremitage wurde rasch ein belebtes Zentrum und eine Schule der Iroschottischen Kirche." [https://de.wikipedia.org/wiki/Glendalough] Im 12. Jh. sollen bereits mehr als 3000 Menschen im Tal gelebt und sieben Kirchen bestanden haben [ebd.].
"Gegründet im frühen 7. Jahrhundert - im 11. und 12. Jahrhundert grundlegend umorganisiert" [http://monastic.ie/history/glendalough/]

Glendalough. Übersichtsplan des Klosterrkomplexes mit den Bauten (1 - Tor, 2 - Rundturm, 3 - Kathedrale, 4 - Priesterhaus, 5 - St. Kevin's Kirche) Entnommen von [http://monastic.ie/tour/glendalough/]

Bauten:
Torbau - zweistöckiger Bau aus vornormannischen Mauerwerk, der einzige dieser Art in Irland
Kathedrale - angeblich St. Peter und Paul gewidmet. Kirchenschiff mit seinen Antae angeblich aus der frühesten Bauphase. "Der Altarraum und die Sakristei stammen aus dem späten 12. und frühen 13. Jh. ... Auch das Nordportal zum Kirchenschiff stammt aus dieser Zeit." [https://en.wikipedia.org/wiki/Glendalough].

Rundturm, 33 m hoch, angeblich um 1066 errichtet.
Priesterhaus - kleines romanisches Gebäude mit unbekannter Funktion (12. Jh., kompletter Wiederaufbau).
Kapelle St. Kevin's Church (auch St. Kevin's Kitchen). Sie soll "wahrscheinlich um oder kurz vor 1100 erbaut" worden sein [http://monastic.ie/tour/glendalough/]. Ursprünglich nur ein gewölbter Saal mit Westeingang und einem Rundbogenfenster in der Ostwand. Der Chorbogen und der nicht mehr vorhandene Altarraum sowie die Sakristei später. "Die Kirche hatte auch einen ersten Stock aus Holz." [https://en.wikipedia.org/wiki/Glendalough] Nach [http://monastic.ie/tour/glendalough/] verfügt sie über einen Dachboden zwischen der Tonnengewölbedecke und dem Dach.

Nichts weist auf eine Existenz der Anlage lange vor dem 12. Jh. hin. Die Gründungsgeschichte um den hl. Kevin ist konstruiert. Die o. a. grundlegende Umorganisation ist vermutlich die Erstanlage dieser befestigten Siedlung. Das Gebäude der sog. Kathedrale wurde vermutlich erst im späten 12. und frühen 13. Jh. in eine Kirche umgewandelt. Dass die sog. Kapelle St. Kevin's Church mit ihrem Obergeschoss ursprünglich wirklich eine Kirche war, halte ich für zweifelhaft.

Clonmacnoise

Angeblich Gründung im Jahr 544 oder 548, auf den hl. Ciarán (516-549) zurückgehend oder von ihm selbst.
"Auf dem weitläufigen Gelände wurden vom 10. bis 17. Jahrhundert immer neue, kleine Kapellen und Kirchen errichtet, die letztendlich die Gesamtanlage ergaben. Auffällig ist, dass keine der Kirchenruinen ob ihrer Größe besonders heraussticht." [https://de.wikipedia.org/wiki/Clonmacnoise]

Größte Ausdehnung im 12. Jh. Zerstörungen durch Wikinger und Normannen. Im 17. Jh. Verwüstung durch Cromwell, danach Verfall der Anlage.

"Die Annals of Clonmacnoise sind eine Chronik der Ereignisse in Irland von der Vorgeschichte bis 1408 n. Chr. Das Originalmanuskript oder die Originalmanuskripte sind verloren, und die Namen der Verfasser sind unbekannt. Die Chronik wird so genannt, weil man annahm, sie basiere auf Materialien, die im Kloster von Clonmacnoise gesammelt wurden." [https://en.wikipedia.org/wiki/Clonmacnoise]

Clonmacnoise. Übersichtsplan der Klostersiedlung (Tafel vor Ort) [https://mapio.net/pic/p-2313038/]

226

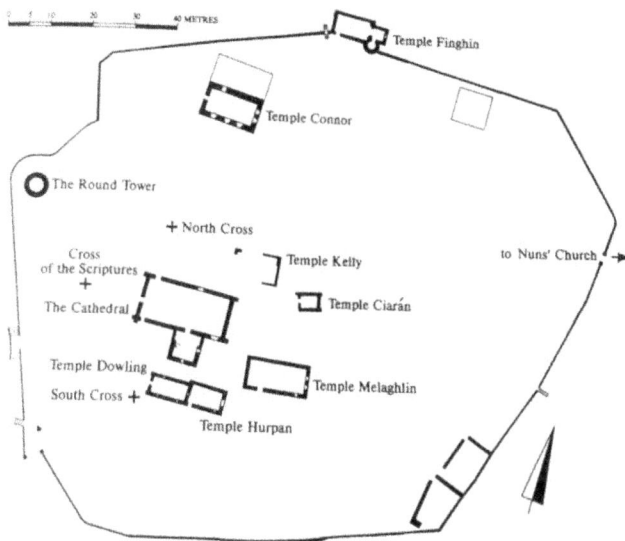

Clonmacnoise. Übersichtsplan der Klostersiedlung
Entnommen von
[https://pilgrimagemedievalireland.com/2012/09/10/the-
pattern-day-at-clonmacnoise/]

Bauten:
Temple Finghin & McCarthy's Tower - Romanische Kirche mit
angebautem Rundturm, Mitte - Ende 12. Jh. (Rundturm
abweichend von den freistehenden Rundtürmen Irlands, z. B.
Zugang ebenerdig von Kirchenraum)
O'Rourke's Tower - Rundturm, 1124
Temple Connor - Kirche, 11. Jh.(?)
Temple Kelly - Kirche, 12. Jh.(?), nur Grundmauern erh.
Temple Ciarán - Kirche, 10. Jh.(?)
Kathedrale (Temple McDermot) - Kirche, um 909 begonnen.
Temple Melaghlin - Kirche, um 1200
Temple Dowling - Kirche, urspr. 10. Jh.
Temple Hurpan - Anbau an Temple Dowling, 17. Jh.

227

Die Gründungsgeschichte um den hl. Ciarán ist ein Konstrukt. Die sog. Annalen von Clonmacnoise sind ein vermutlich spätmittelalterliches Produkt.
Der Baubeginn der sog. Kathedrale um 909 durch König Flann Sinna (909: oratory at Clonmacnoise rebuilt in stone on Flann's orders) ist den späteren, gefälschten Schriftquellen entnommen. Für die Datierung der Bauten in das 10. und 11. Jh. gibt es keinen nachvollziehbaren Beleg (die Datierung von purem Mauerwerk ins 10./11. Jh. halte ich für äußerst fraglich). Dass die o. a. Bauten bis auf den Rundturm tatsächlich alle Kirchen gewesen sein sollen, ist nicht nachvollziehbar. Ich sehe die Gesamtanlage im 12. Jh.

Inis Cealtra (Holy Island)

Der ursprüngliche Name Inis Cealtra soll im Altirischen „Kircheninsel" bedeuten. Sie wird auch "Insel der Sieben Kirchen" genannt.
[https://de.wikipedia.org/wiki/Holy_Island_(Clare)]

Um 520 Klostergründung durch den hl. Colum Mac Cremthainn († 548). "Dieser St. Colum ist eine bekannte Figur der frühen irischen Kirche, die klösterlich bleiben sollte, bis sich im 11. Jahrhundert eine diözesane und kirchliche Organisation herausbildete.
St. Colum wird mit der klösterlichen Stätte von Terryglass, Co Tipperary, in Verbindung gebracht, wo er begraben werden wollte - und schließlich, sieben Jahre nach seinem Tod etwa 548 n. Chr. auf Inis Cealtra begraben wurde."
[https://www.irishtimes.com/news/the-holy-island-ground-1.311255]

"St. Caimin, der Mitte des 7. Jahrhunderts starb, gründete hier eine Abtei der Iroschottischen Kirche."
[https://de.wikipedia.org/wiki/Holy_Island_(Clare)]

836 und 922 von Wikingern geplündert. Wiederaufbau durch Hochkönig Brian Boru († 1014). Nach der Zerstörung 1615 nicht wieder genutzt. [ebd.]

THE MONASTIC SITES & HISTORIC REMAINS

Landing Place

Road marked on O.S. Map

Bullán
Bullán
Cottage
Bullán
Bullán
St Michael's Church
HEAP OF STONES
Confessional
St Caimin's Church
Landing Stage
GRAVE YARD
Station
BASE OF CROSS
Round Tower
Bullán
Bullán
St Brigid's Church
St Mary's Church
HOLY WELL
Bargaining Stone

100 FT   0   100   200   300 FEET

MACALISTER.—INIS CEALTRA.

Holy Island. Übersichtsplan der Klostersiedlung. Entnommen von [https://www.holyisland.ie/history.html]

229

Bauten:
Rundturm - nach dem Einsiedler St. Cosgrath benannt, der angeblich im 10. Jh. hier wohnte.
Kirche von St. Caimin - Teile spätes 10. Jh., urspr. Saalbau mit Anten an beiden Giebeln. Im 12. Jh. romanische Türöffnung in Westmauer und Chor zwischen den Anten des Ostgiebels eingebaut. Das Portal im 19. und 20. Jh. unterschiedlich rekonstruiert.
St. Michael's Church - Es wird vermutet, dass an dieser Stelle eine Kirche gestanden hat. Höchstwahrscheinlich Begräbnisplatz für ungetaufte Kinder.
Taufkirche (St. Brigid) - romanisch, im großen Sturm von 1839 schwer beschädigt und danach als Haus und als Eisenhütte wieder aufgebaut.
St. Mary - größtes Gebäude auf der Insel, frühes 13. Jh., Pfarrkirche

Die Gründungsgeschichte um den hl. Colum und den hl. Caimin sowie die Wikingerüberfälle und der Wiederaufbau durch Hochkönig Brian Boru sind konstruiert.
Die Datierungen des Rundturms und der Kirche St. Caimin in das 10. Jh. sind nicht nachvollziehbar. Alle Bauten m. E. 12. Jh. und später.

Durrow

Das ursprüngliche Kloster angeblich 553 oder 556 von Columban von Iona gegründet.

"Durrow war zu Lebzeiten Kolumbas und über Jahrhunderte nach seinem Tod ein bekanntes Bildungszentrum. Der Ehrwürdige Bede nannte es *Monasterium nobile in Hiberniâ* ... Durrow wurde, wie Clonard, Derry und die meisten anderen Klöster in der Gegend, häufig von den Wikingern verwüstet, aber erst nach der normannischen Invasion vollständig zerstört." [https://en.wikipedia.org/wiki/Durrow_Abbey]
"Aus dem Jahr 1155 ist das Niederbrennen einer örtlichen Kirche überliefert." [https://de.wikipedia.org/wiki/Durrow]

"Aus architektonischer Sicht enthält die Stätte zwei interessante Merkmale: Durrow Abbey House, ... die Kirche aus dem späten achtzehnten/frühen neunzehnten Jahrhundert, die ihrerseits auf den Grundrissen mindestens einer früheren Kirche aus dem Mittelalter errichtet wurde. Es wird auch vermutet, dass die mittelalterliche Kirche selbst an der Stelle einer ehemaligen Abteikirche aus dem 12. Jahrhundert erbaut wurde." [ebd.]

Durrow. Übersichtsplan der Klostersiedlung. (1 - St. Columba's Kirche und Friedhof, 2 - Durrow Hochkreuz, 3 - frühmittelalterliche Grabplatten, 4 - Kreuzfragment, 5 - Motte, 6 - Ort der Burg, 7 - Reste der Klosterummauerung, 8 - Sockelstein, 9 - St. Columcille's Brunnen) Entnommen aus [HARRINGTON, 12]

"Die berühmte Bilderhandschrift "Book of Durrow", die heute im Trinity College in Dublin aufbewahrt wird, befand sich spätestens 916 in der Abtei, obwohl sie wahrscheinlich anderswo angefertigt wurde. Es wurde nach der Reformation in den Händen eines örtlichen Bauern entdeckt und gilt als das früheste erhaltene, vollständig verzierte Evangelienbuch der Insel. Man nimmt an, dass es aus dem 7. oder 8. Jahrhundert stammt, obwohl das Datum seit langem umstritten ist." [ebd.]

HARRINGTON beschreibt in seinem *Conservation Plan* die kärglichen Überreste. Außer einem Hochkreuz und einigen Grabplatten gibt es keine mittelalterlichen baulichen Zeugnisse der Klostersiedlung. Die frühere Umwallung des Klosterbereichs sei teilweise noch zu erkennen. Die heutige Kirche (St. Columba's Church) stammt aus dem frühen 18. Jh.

Die Gründung durch Columban von Iona ist konstruiert. Die Erwähnung durch den "Ehrwürdigen Bede" ist wertlos, da Bede's Schriften Pseudepigraphen sind, d. h. spätere Falschzuschreibungen.
Es gibt letztendlich keinen Beleg für die Existenz eines Klosters vor dem 12. Jh.

"Im späten zwölften Jahrhundert entstand in Durrow eine anglo-normannische Siedlung, die an die frühere Klostersiedlung anknüpfte. Die Gründung des Augustinerpriorats von St. Maria von Durrow kann auf das Jahr 1144 datiert werden und war eines der ersten Augustinerpriorate, die im Rahmen der Kirchenreform des zwölften Jahrhunderts gegründet wurden." [HARRINGTON, 27]

Das Augustinerpriorat war das erste Kloster an diesem Standort.
Denkbar ist, dass die archäologisch nachgewiesene Motte, angeblich 1180 errichtet [https://en.wikipedia.org/wiki/Durrow_Abbey], in Wirklichkeit älter ist und die Wehranlage eines dortigen Herrschaftssitzes war, der an der Stelle der Burg zu verorten sein dürfte.

Die vermeintlichen Reste der Klosterummauerung gehören vermutlich zu einer vorgeschichtlichen Wallanlage. Mit den mittelalterlichen Anlagen haben diese höchstwahrscheinlich nichts zu tun.

Das Hochkreuz datiert in das späte 12. Jh. Die ähnlichen Kreuze in Monasterboice und Clonmacnoise hat ILLIG in das spätere bzw. an das Ende des 12. Jh. datiert. Vorstellbar ist ein romanischer Vorgängerbau der Kirche, aber sicher nicht vor dem 12. Jh.

"Das Book of Durrow steht in *keinem Zusammenhang* mit Durrow im County Laois." [https://de.wikipedia.org/wiki/Durrow]

Es ist schon erstaunlich, dass die erfundene, illustre Gründungsgeschichte und das bekannte Book of Durrow, das offenbar nichts mit Durrow zu tun hat, Durrow zum Welterbekandidaten gemacht haben.

Kells

Wie das Kloster in Durrow soll auch das in Kells vom hl. Columban von Iona gegründet worden sein, und zwar etwa 554. Zu Beginn des 9. Jh. soll Kells von vor den Wikingern fliehenden Mönchen erneut gegründet worden sein. Kirchengeschichtlich bedeutend die Synode von Kells im Jahr 1152, die gar nicht in Kells stattgefunden haben soll, sondern in Mellifont Abbey. [https://de.wikipedia.org/wiki/Kells_(Meath)]

"Es wird angenommen, dass das heutige Kloster in Kells um 804 n. Chr. von Mönchen aus dem St. Colmcille's-Kloster in Iona gegründet wurde, die vor Wikingerinvasionen geflohen waren." [https://en.wikipedia.org/wiki/Kells,_County_Meath]

"Nördlich der Kirche befindet sich ein Glockenturm, der alles ist, was von einer mittelalterlichen Kirche übrig geblieben ist."

[http://www.megalithicireland.com/Kells   Monastery, Meath.html]

Berühmt das Book of Kells, das angeblich um 800 entstand. "Neben anderen Theorien geht man davon aus, dass das Book of Kells entweder in Iona begonnen und in Kells fertiggestellt wurde oder von aufeinander folgenden Mönchsgenerationen vollständig in Kells geschrieben wurde. Auf jeden Fall war es in Kells, und es wird allgemein angenommen, dass es von Iona dorthin gebracht wurde." [https://en.wikipedia.org/wiki/Abbey_of_Kells]
"Seit dem 12. Jahrhundert wurde die Siedlung im Englischen und Anglo-Normannischen als Kenenus, Kenelles, Kenles, Kenlis, Kellis und schließlich Kells bezeichnet." [https://en.wikipedia.org/wiki/Kells,_County_Meath]

Bauten:
Rundturm - 26 m hoch, angeblich aus dem 10. Jh.
St. Colmcille' House - kleines steinernes Gebetshaus (Oratorium), wahrscheinlich aus dem 11. Jh. "Der Zugang zu den Schlafräumen der Mönche im Dachgeschoss erfolgt über eine Leiter." [ebd.]
"Es stammt aus dem 10. Jahrhundert und soll gebaut worden sein, um die Reliquien des heiligen Kolumcille zu beherbergen. Das Dach ist tonnengewölbt mit 3 kleinen Kammern im Dachraum. Der Zugang erfolgt über eine (moderne) Leiter. Es gibt keinen Mörtel im Haus, es besteht aus gestapelten und abgewinkelten Steinen, eine erstaunliche Leistung der frühen Architektur." [http://www.megalithicireland.com/Kells   Monastery, Meath.html]
Nach [https://en.wikipedia.org/wiki/Abbey_of_Kells] würde das Oratorium aus dem 10. Jh. stammen.
Der ursprüngliche, heute vermauerte Eingang in das Oratorium war in der Westwand in zwei Meter Höhe. Der heutige Eingang in der Südwand ist modern. [http://www.megalithicireland.com/Kells   Monastery, Meath.html]

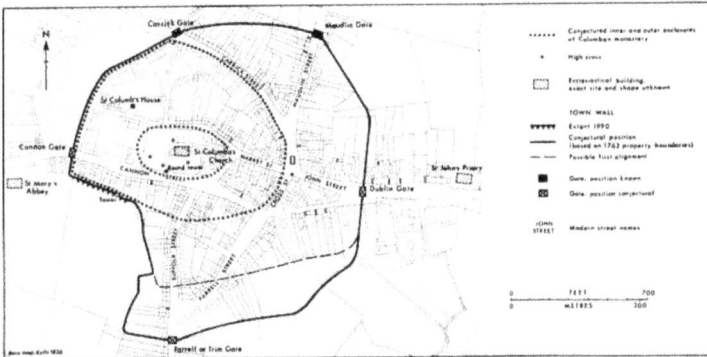

Karte des mittelalterlichen Kells, das angeblich in etwa dem klösterlichen Kells entspricht
[http://www.visitingkells.ie/christian-built-heritage.html]

Die Gründungsgeschichte ist wieder ein Konstrukt, sowohl die des 6. Jh. als auch die des 9. Jh. Für einen zentralen Kirchenbau gibt es nicht einen Hinweis. Die Annahme, dass der Rundturm zu einer Kirche gehört hat, ist haltlos.

Die Identifikation des sog. *St. Colmcille' House* als Oratorium ist willkürlich. Vermutlich diente der Bau profanen Zwecken, z. B. der sicheren Aufbewahrung von Nahrungsmitteln.
Die Datierung des Rundturms und des o. a. kleinen Gebäudes in das 10. Jh. erfolgt ohne Grundlage.
Die Hochkreuze sind aus dem späten 12. Jh.
Ich sehe in Kells eher einen befestigten Herrschaftssitz, wozu der Rundturm und die in o. a. Plan dargestellte (vermutete) innere und äußere Befestigung passen.
"Kells wurde im 14. Jahrhundert zu einer vollständig ummauerten Stadt, nachdem im späten 12. Jahrhundert die mit Stein und Kalk ummauerte Burg de Lacy im Stadtzentrum erbaut worden war. Die frühesten Hinweise auf eine solche Mauer finden sich in einem Mauersteuerzuschuss von 1326."
[https://thebrookofkells.wordpress.com/2017/09/19/5-amazing-facts-about-the-walls-castles-of-kells/]

235

Monasterboice

Klostersiedlung angeblich gegründet vom hl. Buite († 521). 1097 nach einem Brand aufgegeben. [https://de.wikipedia.org/wiki/Mainistir_Bhuithe] "Über das Kloster ist außer einer Liste der Äbte (759-1122) wenig bekannt. Es verfiel nach der Gründung der nahe gelegenen Zisterzienserabtei Mellifont im Jahre 1142." [https://en.wikipedia.org/wiki/Monasterboice]

"Die Stätte umfasst die Überreste von zwei Kirchen, die im 14. Jahrhundert oder später erbaut wurden, sowie einen früheren Rundturm, ist aber vor allem für ihre hohen Kreuze bekannt. ... Die drei Hochkreuze stammen aus dem 10. Jahrhundert und gehören zur Schriftengruppe (sie zeigen biblische Szenen)" [ebd.]

Nach dem Heritage Guide No. 71:
"Die Südkirche ist die größere der beiden Kirchen und war im späteren Mittelalter eindeutig die Pfarrkirche. Die früheste Phase war eine einfache rechteckige Kirche mit einem mit einem Türsturz versehenen Westportal, das etwa aus dem elften Jahrhundert stammt. In einer zweiten Phase, wahrscheinlich aus dem zwölften Jahrhundert, wurde das Westportal geschlossen, neue Eingänge in der Nord- und Südwand geöffnet und ein nicht mehr vorhandener Altarraum am Ostende hinzugefügt." [https://www.boynevalleytours.com/pdf/monasterboice.pdf]

"Die Nordkirche ist ein einfaches rechteckiges Gebäude aus dem dreizehnten Jahrhundert ... Möglicherweise ersetzte sie eine frühere, dem Heiligen Buíthe geweihte Märtyrerkirche ..." [ebd.]

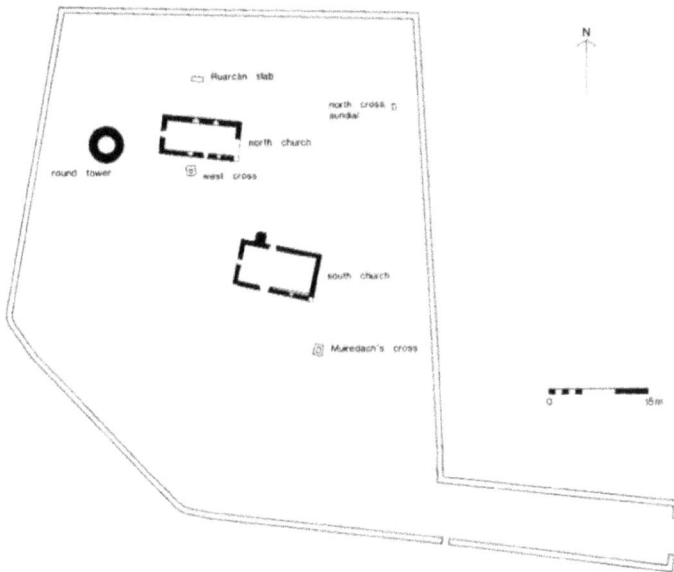

Monasterboice. Plan der Klostersiedlung mit Eintragung der beiden Kirchen, dem Rundturm und den Hochkreuzen. Entnommen von [https://www.boynevalleytours.com/pdf/monasterboice.pdf]

Bauten:
Rundturm - 28,5 m hoch, wahrscheinlich kurz nach 968 erbaut und bei einem Brand 1098 beschädigt [https://en.wikipedia.org/wiki/Monasterboice]
South Church - Saalbau etwa 11. Jh., im 12. Jh. Anbau eines Altarraumes, im Spätmittelalter Pfarrkirche
North Church - Bau des 13. Jh., möglicherweise auf den Fundamenten eines früheren Baus

Die Gründungsgeschichte ist eine fromme Legende. Die Datierung des Rundturms in das 10. Jh. entbehrt jeder

Grundlage. Vielleicht wird dessen Bau durch den Brand von 1097/98 markiert.
Nach meiner Auffassung war die sog. Südkirche ursprünglich ein Profanbau des befestigten Herrschaftssitzes, der im 12. Jh. zur Kirche umgebaut wurde.
Ob die sog. Nordkirche tatsächlich einen Vorgänger hatte, ist offenbar unklar. Wenn ja, so war dieser sicher keine Kirche, sondern eher ein weiterer Profanbau des Adelssitzes.

Die Errichtung der Anlage sehe ich ungefähr um 1100.
Die Hochkreuze gehören dem späten 12. Jh. an.   [ILLIG 2015-2, 350].

Nendrum-Kloster

"Das Nendrum-Kloster (irisch *Naondroim*) ist eine von St Mochaoi gegründete Anlage der Iroschottischen Kirche auf Mahee Island, der größten Insel im Strangford Lough, im County Down, in Nordirland. Mochaoi, der von St. Patrick bekehrt worden sein soll, starb Ende des 5. Jahrhunderts." [https://de.wikipedia.org/wiki/Nendrum-Kloster]

"Vom 7. bis 9. Jahrhundert zeichnen die Annalen von Ulster für Nendrum eine Folge von Bischöfen und Äbten auf. ... Eine kleine Benediktiner Abtei wurde von John de Courcy im 12. Jahrhundert gegründet und die Kirche war 1306 Gemeindezentrum. Nendrum scheint aber im 15. Jahrhundert durch eine zugänglichere Anlage bei Tullynakill auf dem Festland, ersetzt worden zu sein." [ebd.]

"Mittelalterliche Aufzeichnungen besagen, dass es im 5. Jahrhundert gegründet wurde, aber dies ist ungewiss. Das Kloster endete irgendwann zwischen 974 und 1178, aber seine Kirche diente einer Pfarrei, bis die Stätte im 15. Jahrhundert aufgegeben wurde." [https://en.wikipedia.org/wiki/Nendrum_Monastery]

"Das Inselkloster von Nendrum wurde traditionell im 5. Jahrhundert von Mochaoi gegründet, nach dem die Insel Mahee benannt ist, obwohl ein späteres Datum für die Gründung vorgeschlagen wurde." [ebd.]

Nendrum soll schon früh ein Bischofssitz gewesen sein, weil in den Annalen von Tigernach und von Ulster ein Bischof Cronan genannt wird [ebd.].

Die englische Wikipedia zitiert William REEVES, Autor der *Ecclesiastical Antiquities of Down, Connor, and Dromore* (1847): "Wahrscheinlich wurde es bald darauf von den Dänen geplündert und abgerissen, deren Schiffe ständig in Strangford Lough schwammen. Wenn der Name das nächste Mal auftaucht, gehört es als Eigentum des Sitzes von Down, mit dem sich John de Courcy 1178 die Freiheit nimmt, es den Mönchen einer englischen Abtei zu überlassen." [ebd.]

"Die englischen Mönche waren Benediktiner und gründeten eine kleine Zelle auf der Insel Mahee. Im Jahr 1306 wurde Nendrum jedoch als Pfarrkirche erwähnt, und im 15. Jahrhundert wurde sie für einen neuen Standort im Dorf Tullynakill aufgegeben. Der Standort von Nendrum ging dann verloren, bis er 1844 von William Reeves wiederentdeckt wurde" [ebd.]

"Die wichtigsten klösterlichen Überreste, die heute zu sehen sind, sind drei konzentrische Cashels (Einfriedungen) aus Trockenmauerwerk, die jedoch in den 1920er Jahren von Lawlor im Wesentlichen wieder aufgebaut wurden. In der zentralen Cashel befinden sich die Überreste des Rundturms, eine Kirchenruine mit einer Sonnenuhr und ein Friedhof. Die zweite Cashel enthält eine so genannte "Klosterschule" oder Werkstatt und andere Bestattungen ... ." [ebd.]

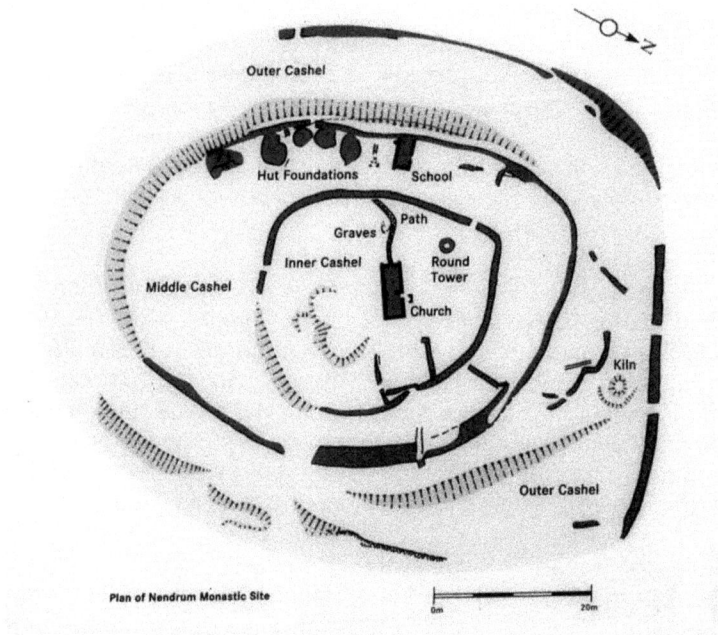

Nendrum-Kloster. Lageplan. Entnommen von [https://de.wikipedia.org/wiki/Nendrum-Kloster]

Auch in Nendrum ist die Gründungsgeschichte konstruiert. Die Anlage war ursprünglich ein befestigter Herrschaftssitz. In der Kernburg befand sich der Rundturm und ein offenbar massives Gebäude, in der Vorburg waren zugehörige Wirtschaftsgebäude u. ä. angeordnet. 1178 wurde die Anlage englischen benediktinischen Mönchen überlassen. Vermutlich nutzten diese das massive Gebäude als Kirche.
Von dem Benediktinerkloster ist nichts weiter bekannt. Vermutlich ging das Kloster bald ein.
Bis zur Aufgabe der Siedlung diente die Kirche noch als Pfarrkirche.

Ardfert, St Brendan

Ardfert ist ein Dorf im Südwesten Irlands, in der Grafschaft Kerry, nahe der Atlantikküste.
Ardfert soll der Geburtsort von St. Brendan, dem Reisenden, gewesen sein, der angeblich um das Jahr 500 geboren wurde. "Er gründete dort im 6. Jahrhundert ein Kloster, aber sowohl die Stadt als auch das Kloster wurden 1089 und erneut 1151 durch einen Brand zerstört."
[https://en.wikipedia.org/wiki/Ardfert]

"In Ardfert wurde im 6. Jahrhundert ein Kloster von Brendan dem Reisenden gegründet, über das jedoch kaum etwas bekannt ist. Zu diesem Zeitpunkt war Ardfert noch kein Bischofssitz. Erst auf der Synode von Rathbreasail im Jahr 1111 wurde das Bistum Kerry mit Sitz in Ratass in der Nähe von Ardfert gegründet. Das war jedoch nur temporär, da bereits 1117 der erste Bischof Anmchad Ó hAnmchada in Ardfert bestattet wurde. Es wird davon ausgegangen, dass das Hin und Her auf die Auswirkungen kriegerischer Auseinandersetzungen zu zurückzuführen ist, die 1089 zur Zerstörung der Kirche in Ardfert führten, und dass 1111 keine intakte Kirche in Ardfert zur Verfügung stand bzw. Ardfert zu unsicher erschien." [https://de.wikipedia.org/wiki/Sankt-Brendan-Kathedrale_von_Ardfert]

"Die Baugeschichte der Kathedrale erstreckt sich über mehrere Perioden. In der Nordseite des Kirchenschiffs befinden sich noch Reste der 1089 zerstörten Kirche. Auf der Westseite ist ein romanisches Portal mit Blendarkaden aus einem vorangegangenen Bau integriert worden, das Elemente der 1134 errichteten Cormac's Chapel auf dem Rock of Cashel übernahm und deswegen der zweiten Hälfte des 12. Jahrhunderts zuzuordnen ist. 1152 muss die erste Kathedrale bereits fertig gewesen sein, da in der damals stattfindenden Synode von Kells diese als die schönste und größte Kirche der Diözese und daher am besten als Kathedrale geeignet betrachtet wurde." [ebd.]

"Nordwestlich der Kathedrale selbst befindet sich Temple-na-hoe, eine spätromanische Kirche, deren Altarraum inzwischen verschwunden ist. Sie hat anstelle von Antae an jedem Eckstein drei Viertelsäulen mit Köpfen und Vogelmotiven auf den Kapitellen verziert. Ein mit Spiralbossen verziertes Gesims stützt das Dach. Das Westportal ist schlicht, aber das Südfenster ist mit Blumenornamenten und der Chorbogen mit Chevron-Ornamenten verziert."
[https://en.wikipedia.org/wiki/Ardfert_Cathedral]

Ardfert, Grundriss der sog. Kathedrale sowie der Temple Na Hoe und des Na Griffin. Entnommen von [http://www.phouka.com/tr/ireland/photos/abbeys/ardfert/cathe dral/01-ard.htm]

"In Ardfert befand sich ein keltisch-christliches Kloster, das angeblich im 6. Jahrhundert vom Heiligen Brendan gegründet wurde. Obwohl die Synode von Ráth Breasail 1111 die Kathedrale für Ciarraige in der Ratass-Kirche in der Nähe von Tralee errichtet hatte, wurde sie 1117 nach Ardfert verlegt. Die Diözese wurde später in "Ardfert und Aghadoe" umbenannt, obwohl unklar ist, ob die "Kathedrale" von Aghadoe jemals als eigenständige Diözese betrieben wurde.

Die Stätte verfügt über drei mittelalterliche Kirchenruinen, wobei das wichtigste und früheste Gebäude aus dem 12. Jahrhundert stammt. Auf dem angrenzenden Friedhof befinden sich zwei weitere Kirchen, der Tempel Na Hoe aus dem 12. Jahrhundert und der Tempel Na Griffin aus dem 15. Jahrhundert.

[https://en.wikipedia.org/wiki/Ardfert_Cathedral]

Der hl. Brendan ist eine fromme Legende. Das einzige gesicherte Datum sei die Gründung des Klosters Clonfert um 560 [https://de.wikipedia.org/wiki/Brendan_der_Reisende] und auch dieses ist konstruiert (siehe dort).

Die kirchliche Entwicklung in Ardfert beginnt nach meiner Auffassung erst im 12. Jh. Vermutlich ist die erste Kirche in Ardfert der ebenfalls nur als Ruine erhaltene Bau im Nordwesten der Kathedrale, genannt Temple-Na-Hoe, ursprünglich ein einfacher Saalbau mit einem eingezogenem Altarraum, welcher jedoch nicht mehr existiert. Die Auffassungen über dessen Errichtung differieren. Während die englische Wikipedia bei diesem Bau von einer spätromanischen Kirche spricht, meint anscheinend die deutsche Wikipedia, dass dies die Reste der 1089 zerstörten Kirche seien.

Eine Datierung dieses sehr schlichten Baus fällt sehr schwer, da es kaum stilistische Anhaltspunkte gibt. Das ornamentierte Rundbogenfenster weist in spätromanische Zeit, d. h. nach Mitte des 12. Jh. Die Grundrisslösung lässt keine genauere Datierung zu, da solche Saalkirchen in ganz Europa sowohl im 11. als auch im gesamten 12. Jh. für einfache Kirchen durchaus üblich waren. Vermutlich ist die Datierung dieses kleinen Baus in die zweite Hälfte des 12. Jh. zutreffend. Für eine frühere Kirche gibt es keine Belege.

Dieser kleine Kirchenbau wurde vermutlich im späten 13./14. Jh. durch die sog. Kathedrale ersetzt. Das spätromanische Portal in der Nordecke der Westwand der sog. Kathedrale passt nicht zu dem gotischen Bau, zudem ist die Anordnung sehr eigenwillig und dürfte nicht original sein. Vermutlich wurde es bei einer späteren Restaurierung von einem anderem Bauwerk an diese Stelle versetzt. Dass dieses Portal der Rest eines Vorgängerbaus der Kirche ist, ist m. E. ausgeschlossen.

Die Frage des Bischofssitzes in Ardfert ist offensichtlich nicht ganz eindeutig. Wie oben ausgeführt, soll im Jahr 1111 das Bistum Kerry mit Sitz in Ratass in der Nähe von Ardfert gegründet und 1117 soll der erste Bischof Anmchad Ó hAnmchada in Ardfert bestattet worden sein. Eine andere Interpretation ist, dass das Bistum 1117 nach Ardfert verlegt worden sein soll.

Ich biete eine abweichende Rekonstruktion: Der Kirchengründer, der seine Gründung von Beginn an unter die Obhut der römischen Kirche gegeben hat, erhielt von der römischen Kirche die Ernennung zum Bischof, womit sowohl die Bestattung eines Bischofs in Ardfert als auch die Bezeichnung des Kirchenbaus als Kathedrale eine Erklärung findet. Mit dieser Ernennung waren ausschließlich kirchliche Zuständigkeiten verbunden, deren Realisierung von den tatsächlichen Machtverhältnissen abhingen. Die meisten dieser "Bistümer" verschwanden später spurlos oder gingen in späteren Neugründungen bzw. Erzbistümern auf.

Ardmore, St Declan's Church

Ardmore ist ein kleiner Ort an der Südküste Irlands. Seine Bekanntheit verdankt Ardmore einer angeblichen Klostergründung durch den hl. Declan, einem noch komplett erhaltenen Rundturm und der Ruine der wegen ihrem Skulpturenschmuck durchaus sehenswerten, romanischen Kathedrale.

"Das erste Kloster in Ardmore wurde von St. Declan (Decclain) gegründet. Er gilt als eine Säule des Christentums im südlichen Irland und soll bereits Bischof der iroschottischen Kirche in Munster gewesen sein, als St. Patrick ankam. ... Die Kirche von Ardmore wurde von Moel-Ettrim Ó Duibh-rathra vor seinem Tod im Jahre 1203 errichtet. Wahrscheinlich wurde dabei der Rest einer älteren Kirche integriert. Die Kirche hatte ab 1170 einen Bischof und wird seither als Kathedrale von Ardmore geführt."
[https://de.wikipedia.org/wiki/Ardmore_(Irland)]

"Auf einem Hügel oberhalb des Dorfes stehen ein gut erhaltener 30 m hoher Rundturm aus dem 12. Jahrhundert und die Ruinen einer Kathedrale aus dem 12. und 13. Jahrhundert mit einem angrenzenden Oratorium aus dem 8. Jh. An einer der Außenwände der Kathedrale sind einige Steinmetzarbeiten zu sehen, die aus einem früheren Gebäude aus dem 9. Jh. stammen."
[https://en.wikipedia.org/wiki/Ardmore,_County_Waterford]

"Die Ardmore-Kathedrale befindet sich auf dem Gelände des St.-Declans-Klosters und wurde 1170 offiziell als Kathedrale anerkannt. Sie wurde von Meolettrim O. Duibh-rathra einige Zeit vor seinem Tod im Jahr 1203 als Recorded Monument errichtet.
Sie hat im Laufe der Jahrhunderte mehrere Bauphasen durchlaufen, und das heutige Gebäude gehört verschiedenen Epochen und Stilen an. Der Chor ist der älteste Teil der Kathedrale und stammt aus dem 9. Jahrhundert, während das Kirchenschiff aus dem späten zwölften Jahrhundert stammt. Weitere Arbeiten an der südlichen Seitenwand und am Ostgiebel stammen aus dem vierzehnten Jahrhundert."
[http://www.ardmorewaterford.com/st-declans-catherdral/]

"Die Kathedrale - Dies ist die archäologisch bedeutendste und auch architektonisch interessanteste der aufgezählten Überreste. Sie besteht aus Kirchenschiff und Chor, die durch einen sehr schönen und sehr frühen Spitzbogen getrennt sind. Fast jede Phase der alten irischen Architektur ist in dieser

Kirche vertreten. Der älteste Teil ist im Chor zu suchen, an dessen nördlicher Außenseite Mauerwerk von fast zyklopischem Charakter untersucht werden kann. Vermutlich gehörte dieser zur ursprünglichen chorlosen Kirche St. Declan, die vor der Mitte des 12. Jahrhunderts durch die Einbeziehung in die heutige Kathedralruine umgebaut wurde." [ebd.]

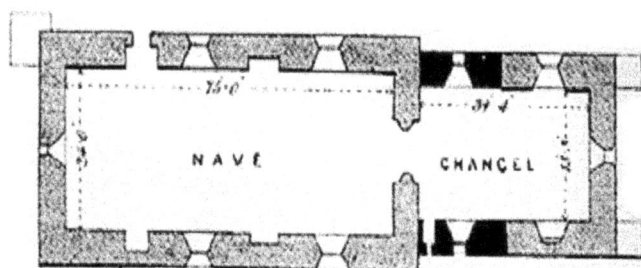

PLAN OF CATHEDRAL

Ardmore, Kathedrale St. Declan. Grundriss entnommen von [http://www.ardmorewaterford.com/st-declans-catherdral/]

Das ist noch nicht alles in Ardmore:
"Südöstlich der Kathedrale befindet sich ein kleines Steingebäude oder Oratorium, in dem sich das Grab des Heiligen Declan befinden soll. Möglicherweise aus dem 9. oder 10. Jahrhundert n. Chr. stammend, wurde es 1716 von Dr. Thomas Mills, Bischof von Waterford, renoviert. ... Der Boden des Oratoriums ist mit großen Steinplatten ausgelegt und enthält eine scheinbar leere Grabnische. Diese Öffnung wird als letzte Ruhestätte für Declan gedeutet, und die Pilger pflegten kleine Bodenproben als Reliquien des Heiligen aus der Grube zu entnehmen."
[http://irisharchaeology.ie/2015/04/st-declans-monastery-ardmore-co-waterford/]

Nachfolgend eine bereinigte Baugeschichte:
Die Klostergründung durch den hl. Declan ist fromme Legende, mehr nicht. Ardmore war vermutlich ein ursprünglicher Herrschaftssitz, dessen Anlage im 12. Jh. erfolgte. Zu diesem gehörte auch der heute noch erhaltene Rundturm, der auch traditionell dem 12. Jh. zugeordnet wird. Die Kirchengründung ist dem Ausbau des Herrschaftssitzes zuzurechnen. Die Ernennung eines Bischofs 1170 dürfte die Gründung datieren. Offenbar erfolgte die Kirchengründung von vorn herein unter der Oberhoheit der römischen Kirche, womit der Kirchenstifter mit dem Bischofstitel belohnt wurde. Der ab 1170 errichtete Kirchenbau ist der heute als Ruine erhaltene Saal. Der Skulpturenschmuck der Westfassade, das Stufenportal in der Nordwand und die reich gegliederten Fenstern in der Nord-, Süd- und Westwand bestätigen die Errichtung im letzten Viertel des 12. Jh. bzw. sogar am Beginn des 13. Jh. Die Reliefs der Westwand dem 9. Jh. und damit einem Vorgängerbau zuzuordnen, ist abzulehnen. Die allgemeine Entwicklung der Bauskulptur beginnt erst im 12. Jh. Alle früheren Einordnungen sind definitiv falsch.

Der Altarraum ist vermutlich ein späterer Anbau. Der spitzbogige Chorbogen dürfte kaum vor Mitte des 13. Jh. errichtet worden sein, vielleicht sogar erst deutlich später, z. B. im 15./16. Jh. Ein Indiz für den nachträglichen Anbau sehe ich in den Stützpfeiler beidseitig neben dem Chorbogen auf der Schiffsseite. Offenbar hatte man statische Bedenken infolge des Öffnens der Ostwand.
Dafür, dass der Altarraum eine ältere Saalkirche gewesen ist, gibt es keinen nachvollziehbaren Beleg.

Das sog. Oratorium mit dem angeblichen Grab des hl. Declan ist eine willkürliche, haltlose Zuweisung eines Bestandsgebäudes auf dem Grundstück, das erst im 18. Jh. aus ruinösen Resten sozusagen "wiedererstand".

Insgesamt ist festzustellen, dass es keinen wirklichen Beleg für eine kirchliche Entwicklung vor dem späten 12. Jh. gibt.

Clonfert, Kathedrale St Brendan

Clonfert ist ein kleines Dorf in der Mitte Irlands nahe dem Fluss Shannon. Es liegt nur ca. 13 km südwestlich der bekannten, angeblich frühmittelalterlichen Klostersiedlung Clonmacnoise.

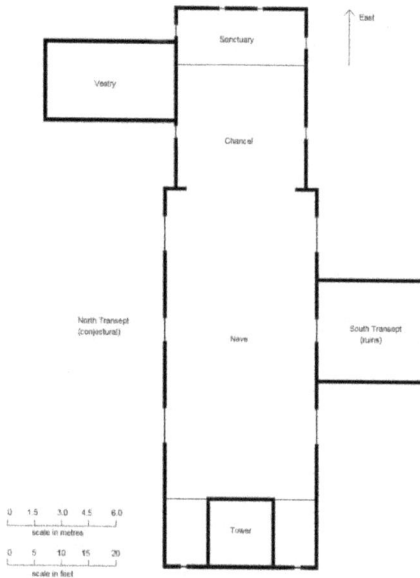

Clonfert, Kathedrale St Brendan. Grundriss. Entnommen von [https://www.gloine.ie/search/building/3115/clonfert-cathedral]

Der heutige Kirchenbau - im Erscheinungsbild eher ein spätgotischer Bau - weist an verschiedenen Stellen einige eindeutig ältere Bauelemente auf, so z. B. die zwei schmalen, spätromanischen Fenster (13. Jh.) in der Ostwand des Chors sowie das prächtige Portal in der Westfassade. Darüber

hinaus sei das heute noch als Ruine vorhandene ehemalige Südquerhaus in romanischer Zeit erbaut worden.
Das früheste Bauteil der Kirche, das reich skulptierte Westportal, soll aus der Zeit um 1180 stammen. [https://en.wikipedia.org/wiki/Clonfert_Cathedral]

Abweichend davon soll gemäß dem Corpus of ROMANESQUE SCULPTURE in Britain & Ireland [https://www.crsbi.ac.uk/view-item?i=14412] das Kirchenschiff der älteste Teil des Gebäudes sein, "möglicherweise aus dem 10. Jh. ... Der Chor ist wahrscheinlich eine Ergänzung aus dem frühen 13. Jh., während die Querschiffe, die Sakristei und der Turm Hinzufügungen aus dem 15. Jh. sind." Das Westportal wird als spätere Hinzufügung gesehen. [ebd.]

Unabhängig davon verweist Clonfert auf eine wesentlich ältere kirchliche Geschichte:
"Das heutige Gebäude wurde im 12. Jahrhundert an der Stelle einer früheren, von Saint Brendan gegründeten Kirche aus dem 6. Jahrhundert errichtet, die mit einem von ihm gegründeten Kloster verbunden war und in der er begraben wurde." [https://en.wikipedia.org/wiki/Clonfert_Cathedral]

Die Wikipedia zu Clonfert:
"Gegründet wurde der Vorläufer dieser Kirche im Osten des County Galway nahe dem Shannon und unweit von Clonmacnoise von St. Brendan (dem Seefahrer), im Jahre 577, auf dem Land des Clans der Hy Many oder O'Kelly.
Auf seinem Höhepunkt soll die Schule von Clonfert 3000 Mönchen eine Ausbildung gewährt haben. Clonfert wurde auf der Synode von Rathbreasail im Jahre 1111 zum Zentrum einer Diözese ausgewählt. Dies wurde 1152 auf der Synode von Kells-Mellifont bekräftigt, als Clonfert zur Erzdiözese Tuam kam. ... 1152 (nach anderen Quellen 1161) wurde Peter Ó Mordha der Abt von Boyle Abbey hier neuer Abt. Er ließ 1167 die große Kathedrale errichten." [https://de.wikipedia.org/wiki/Clonfert]

"Mitte des sechsten Jahrhunderts gründete der Heilige Brendan der Seefahrer im kleinen Städtchen Clonfert ein Kloster. Das Kloster war jahrhundertelang ein blühendes Zentrum des Lernens. Früher waren schätzungsweise 3.000 Mönche in Clonfert ansässig. Es war vielen Wikingerangriffen ausgesetzt und wurde 1016, 1164 und 1179 erneut niedergebrannt. Das einzige erhaltene Zeugnis des Klosters ist die St.-Brendan-Kathedrale aus dem 12. Jh."
[http://www.megalithicireland.com/Clonfert Cathedral.html]

Die frühe Geschichte um den hl. Brendan und dem von ihm angeblich gegründeten Kloster sowie sein Grab in der Kirche beruhen auf erfundenen und gefälschten Schriftquellen und sind fromme Legende. In der englischen Wikipedia zur Kathedrale von Clonfert sind die Nennungen Clonferts in den Annalen aufgelistet, beginnend 561 bis 1266. Als frühester Eintrag, für das Jahr 561, ist die Gründung von *Cluain Ferta Brénainn*. dem heutigen Clonfert, durch einen Engel vermerkt. Ich erachte diese Auflistung für eine Erfindung späterer Zeit ohne irgendeinen realen Hintergrund.

Dass das Kirchenschiff aus dem 10. Jh. stammt, ist abzulehnen. Dafür gibt es nicht einen stichhaltigen Beleg. Ich denke, es gab in Clonfert einen spätromanischen Bau, von dem nur der Chor und das Westportal erhalten sind. Möglicherweise sind beide Bauteile etwa zeitgleich, m. E. Anfang des 13. Jh.
Die Kirche wurde im 15. Jh. völlig umgebaut. Die ursprünglich auf der Nord- und Südseite vorhandenen Anbauten waren keine Querhäuser wie sie der romanische Kirchenbau kennt, sondern einfach spätere Kapellenanbauten, vermutlich des 15. Jh.

Ob Clonfert ein wirklicher Bischofssitz war, halte ich für äußerst fraglich. Denkbar ist, dass der Kirchengründer, der seine Gründung offenbar von Anfang an unter die Oberhoheit der römischen Kirche stellte, von dieser zum Bischof ernannt wurde. Mit dieser Ernennung bekam er jedoch keine Machtbefugnisse, sondern allein kirchliche Aufsichtsrechte.

(Von der römischen Kirche wurden insbesondere in der Anfangszeit oftmals an völlig bedeutungslosen Orten - nicht nur in Irland, sondern auch in Schottland, aber auch in Italien - Kirchengründer zu Bischöfen ernannt. Mit Verdichtung der Gründungen führte diese Verfahrensweise zwangsläufig zu Konflikten, weshalb eine Neuordnung, die Einführung von Erzbistümern, erforderlich war. Vielfach hatten diese frühen "Bistümer" keinen Bestand oder gingen später in anderen Bistümern auf bzw. wurden zu Suffraganbistümern. In der frühen Zeit hatte die Ernennung zum Bischof wohl eher einen ideellen Wert. Die Kirche ging damit keine Verpflichtung ein. Macht, vor allem ökonomische Macht, auf die es letztlich ankam, konnte sie nicht verleihen.)
1152 soll Clonfert zur Erzdiözese Tuam gekommen sein.

Mellifont Abbey, Zisterzienserabtei

Mellifont liegt im Osten Irlands nördlich von Dublin nahe der Küste. Der Ort ist für die leider - bis auf einige spärliche Reste der Klausur - nur in den Fundamenten erhaltene Zisterzienserabtei bekannt, der ersten überhaupt in Irland.
Die Gründung der Zisterzienserabtei erfolgte 1142. Initiiert soll sie durch den hl. Malachy, Erzbischof von Armagh, worden sein, "der die Reform der irischen Kirche in der Mitte des zwölften Jahrhunderts anführte." [http://monastic.ie/history/mellifont-cistercian-abbey/]

Die Kirche soll bereits 1157 feierlich eingeweiht worden sein. Bekannt sind die Streitigkeiten zwischen den Mönchen aus Clairvaux und den irischen Mönchen, "die in den neuen Stiftungen ihre eigenen Bräuche fortsetzten und die französischen Mönche zur Abreise zwangen. Die "Verschwörung des Mellifont" des 13. Jh. begann mit dem Widerstand gegen die Dekrete des Generalkapitels des Zisterzienserordens. Mönche aus englischen Gemeinschaften wurden entsandt, um die Ordnung in den irischen Abteien wiederherzustellen, aber diese Strategie blieb erfolglos, bis Stephan von Lexington, Abt von Stanley (und später Abt von

Clairvaux) 1228 Irland besuchte. Er erzwang den Rücktritt des Abtes von Mellifont und verringerte den irischen Einfluss in Mellifont dank der Unterstützung Heinrichs III. (gest. 1272) und der lokalen anglo-normannischen Lords erheblich." [ebd.]

Mellifont Abbey. Plan der Klosteranlage. Nach einer Tafel vor Ort.

Sofern die Nachricht über die Einweihung 1157 stimmt, so war vermutlich zu dieser Zeit noch nicht die gesamte Kirche fertiggestellt. An der Abtei wurde noch im 13. und 14. Jh. gebaut, wie das als Ruine erhaltene Brunnenhaus und die ebenfalls erhaltene, im Osten an den ursprünglichen Kapitelsaal angebaute Kapelle (Kreuzrippengewölbe) belegen.

Ob die o. a. Streitigkeiten wirklich aus den Differenzen zwischen der ursprünglichen keltischen Kirche und der römischen Kirche herrühren darf bezweifelt werden. Nach meiner Auffassung gab es keine frühere keltische Kirche. Möglicherweise richtete sich der Widerstand der irischen Mönche gegen die französischen Mönche nur gegen die Fremdbeherrschung ihres Klosters. Die später von der römischen Kirche konstruierte Kirchengeschichte deutete diese Differenzen in ihrem Sinn um.

Literaturverzeichnis:

Anwander, Gerhard (2004): Wibald von Stablo – Hans Constantin Faußner: Mutiger Forscher entlarvt genialen Fälscher. Langfassung zum Artikel der ZEITENSPRÜNGE 2003/3. Entwurf vom 10.03.2004

Arndt, Mario (2015): Die wohlstrukturierte Geschichte: Eine Analyse der Geschichte Alteuropas. BoD Norderstedt

Bailey, Richard N. (1976): The Anglo-Saxon Church at Hexham, *Archaeologia Aeliana Series 5*, IV, 1976, 47-67 [https://archaeologydataservice.ac.uk/archiveDS/archiveDownl oad?t=arch-3433-1/dissemination/AAseries5/AA504new/archael504-000-000-PDFs/archael504-047-068-bailey.pdf]

Bailey, Richard N./O'Sullivan, Deirdre (1979): Excavations over St. Wilfrid's crypt at Hexham, 1978', *Archaeologia Aeliana Series 5*, 7, 142-57 [https://archaeologydataservice.ac.uk/archiveDS/archiveDownl oad?t=arch-3433-1/dissemination/AAseries5/AA507new/archael507-000-000-PDFs/archael507-145-157-bailey.pdf]

Bernstein, Meg (2018): A Bishop of Two Peoples: William of St. Calais and the Hybridization of Architecture in Eleventh-Century Durham. In: Journal of the Society of Architectural Historians 77, no. 3 (September 2018), 267–284

Bidwell, Paul (2010): A survey of the Anglo-Saxon crypt at Hexham and its reused Roman stonework. *Archaeologia Aeliana Series 5*, Vol 39, 53-145. [https://archaeologydataservice.ac.uk/archiveDS/archiveDownl oad?t=arch-3433-1/dissemination/AAseries5/AA539typeset/archael539-000-000-PDFs/archael539-053-145-bidwell.pdf]

Cambridge, Eric (1979): C. C. Hodges and the nave of Hexham Abbey, Archaeologia Aeliana Series 5, 7, 158-68. [https://archaeologydataservice.ac.uk/archiveDS/archiveDownl oad?t=arch-3433-1/dissemination/AAseries5/AA507new/archael507-000-000-PDFs/archael507-159-168-cambridge.pdf]

Cambridge, Eric/Williams, Alan (1995): Hexham Abbey: a review of recent work and its implications, Archaeologia Aeliana Series 5, 23, 51-138 [https://archaeologydataservice.ac.uk/archiveDS/archiveDownl oad?t=arch-3433-1/dissemination/AAseries5/AA523new/archael523-000-000-PDFs/archael523-051-138-cambridge.pdf]

Fawcett, Richards (2011): A plan of 1545 for the fortification of Kelso Abbey. Proc Soc Antiq Scot 141 (2011), 269-278 (Society of Antiquaries of Scotland) [https://www.google.de/url?sa=i&url=http%3A%2F%2Fjournals.socantscot.org%2Findex.php%2Fpsas%2Farticle%2Fdownlo ad%2F9777%2F9744%2F&psig=AOvVaw2oXHqJZPGq9rBazl-Yyrli&ust=1596792477561000&source=images&cd=vfe&ved=0CAIQjRxqFwoTCLiPzNuhhusCFQAAAAAdAAAAABAF]

Franz, Dietmar (2009): Hans Constantin Faußner - Wibald von Stablo - Thietmar von Merseburg. In ZEITENSPRÜNGE 21(1), 231-249

Hallett, Cecil (2008): Bell's Cathedrals: The Cathedral Church of Ripon
A Short History of the Church and a Description of Its Fabric.
Release Date: June 16, 2008 [eBook #25800] Project Gutenberg
[http://www.gutenberg.lib.md.us/2/5/8/0/25800/25800-h/25800-h.htm]

Harrington, Howley (2005): Durrow Abbey, Co. Offaly. Conservation Plan. Howley Harrington Architects in association with Cunnane Stratton Reynolds CRDS Ltd & Dr Christopher Moriarty [https://www.yumpu.com/en/document/view/30229847/durrow-abbey-co-offaly-conservation-plan-offaly-county-council]

Illig, Heribert (2001): Wer hat an der Uhr gedreht. Wie 300 Jahre Mittelalter erfunden wurden. Econ Taschenbuch, 4. Auflage, München.

Illig, Heribert (2007): Arbeitsentlastung für Wibald. Eine Wandlung der These von Hans Constantin Faußner. In ZEITENSPRÜNGE 19(2), 407-412

Illig, Heribert (2015-1): Großbritannien während der *dark ages*. Erhaltene Bauten und Siedlungsreste. In: ZEITENSPRÜNGE 27(2), 306-335

Illig, Heribert (2015-2): Irland und seine Hochkreuze. In: ZEITENSPRÜNGE 27(2), 336-361

Illig, Heribert (2015-3): Frühmittelalter auf den britischen Inseln. In: ZEITENSPRÜNGE 27(2), 362-387

Klawes, Günter (2012): Nennius: Historia Brittonum. Zweisprachige Ausgabe Lateinisch-Deutsch. Übersetzt, eingeleitet und erläutert von Günter Klawes. Marixverlag Wiesbaden

Kubach, Erich (1968): Die Architektur zur Zeit der Karolinger und Ottonen. In: Kubach, Erich/Elbern, Victor H.: Das frühmittelalterliche Imperium. Kunst der Welt. Die Kultur des Abendlandes. Ihre geschichtlichen, soziologischen und religiösen Grundlagen. Serie 6, Mittelalterliche Kunst Osteuropas-Architektur des Barock-Das frühmittelalterliche Imperium. Zürich, Baden-Baden, 5-106

Meisegeier, Michael (2017): Der frühchristliche Kirchenbau - das Produkt eines Chronologiefehlers. Versuch einer Neueinordnung mit Hilfe der HEINSOHN-These. BoD Norderstedt

Meisegeier, Michael (2018-1): Das Heilige Grab in Gernrode - alles klar, oder? Eine alternative Baugeschichte. BoD, Norderstedt

Meisegeier, Michael (2018-2): Die ottonischen Kirchen St. Servatii, St. Wiperti und St. Marien in Quedlinburg. Eine notwendige Revision. BoD Norderstedt

Meisegeier, Michael (2019-1): Frühe Kirchenbauten in Mitteldeutschland. Alternative Rekonstruktionen der Baugeschichten. 2. überarbeitete und ergänzte Auflage. BoD Norderstedt

Meisegeier, Michael (2019-2): Frühe Kirchenbauten in Deutschland - alle zu früh datiert. Kirchenbau ohne Karolinger, Ottonen, Salier, Staufer. BoD Norderstedt

Meisegeier, Michael (2020): Frühe Kirchenbauten in Frankreich. Alternative Rekonstruktionen der Baugeschichten. BoD Norderstedt

Page, William (1925): Parishes: Wing. In: A History of the County of Buckingham: Vol. 3, pp. 449-458. *British History Online* https://www.british-history.ac.uk/vch/bucks/vol3/pp449-458 [15.10.2020]

Page, William (1928): 'Durham : Churches and advowsons'. In *A History of the County of Durham: Volume 3*, London, pp. 136-142. *British History Online* http://www.british-history.ac.uk/vch/durham/vol3/pp136-142 [21.10.2020].

Pitcairn, Sheila (o. A.): Time Line of some of the Events for Dunfermline Abbey Nave and Parish Church. Compiled by Sheila Pitcairn
[http://www.royaldunfermline.com/Resources/DUNFERMLINE_TIME_LINE.pdf]

Rodwell, Warwick/Atkins, Caroline (2011): ST PETER'S, Barton-upon-Humber, Lincolnshire: A Parish Church and its Community Vol. 1, History, Archaeology and Architecture, Part 1. Oxford/Oakville
(https://books.casematepublishing.com/St_Peters_Barton-upon-Humber Volume_1_Human_Remains.pdf)

Salzman, Louis Francis (1937): A History of the County of Northampton. Volume 4, London
'Parishes: Earls Barton' pp. 116-122, British History Online
http://www.british-history.ac.uk/vch/northants/vol4/pp116-122
[accessed 20 September 2020]
'Parishes: Brixworth' pp. 150-157, British History Online
http://www.british-history.ac.uk/vch/northants/vol4/pp150-157
[accessed 10 September 2020]

Shapland, Michael (2008): St Mary's, Broughton, Lincolnshire: A Thegnly Tower—Nave in the Late Anglo-Saxon Landscape, Archaeological Journal, 165:1, 471-519,
DOI: 10.1080/00665983.2008.11020751

Stoll, Robert Th ./ Roubier, Jean (1966): Britannia Romanica. Die hohe Kunst der romanischen Epoche in England, Schottland und Irland. Wien, München

Taylor, H. McCarter. and Taylor, J. J. (1961): The seventh-century church at Hexham: A new appreciation. Archaeologia Aeliana Series 4. Vol 39, 103-134.
[https://archaeologydataservice.ac.uk/archiveDS/archiveDownload?t=arch-3433-1/dissemination/AAseries4/AA439new/archael439-000-000-PDFs/archael439-103-134-taylor.pdf]

Ward-Perkins, Bryan (2007): Der Untergang des Römischen Reiches und das Ende der Zivilisation. Darmstadt